Vera Peiff

Positives Denken

Alles was Sie schon immer wußten, aber sich nicht trauten, in die Tat umzusetzen

MIDENA

Die Deutsche Bibliothek – CIP-Einheitsaufnahme

Peiffer, Vera:
Positives Denken : Alles was Sie schon immer wußten, aber sich nicht trauten, in die Tat umzusetzen ; Positiv-Training, Fallbeispiele und Erfahrungsberichte / Vera Peiffer. [Übers. aus dem Engl. von Monika Ratnamaheson]. – Küttigen / Aarau : Midena-Verl., 1996
Einheitssacht.: Positive thinking <dt.>
ISBN 3-310-00262-4

Die englische Originalausgabe erschien 1989 unter dem Titel: Positive Thinking bei Element Books Ltd., Shaftsbury, Dorset, England; Rockport, Massachusetts, USA; Brisbane, Queensland, Australien

Übersetzung aus dem Englischen von Monika Ratnamaheson, Bietigheim-Bissingen

Lektorat: Michael Schönberger
Umschlaggestaltung: Steinkämper und Lohmann, Igling
Umschlagfotografie: © Tony Stone, Chris Harvey

MIDENA VERLAG AUGSBURG 1996
© Weltbild Verlag GmbH, Augsburg
Satz: satz-studio gmbh, Bäumenheim
Druck und Bindung: Presse-Druck Augsburg
ISBN 3-310-00262-4
Printed in Germany

Inhalt

Vorwort – Bitte nicht lesen!

Entschuldigen Sie, haben Sie schon länger Probleme mit Ihren Augen? Sie haben keine Probleme. Gut. In diesem Fall sollten Sie sich die Überschrift vielleicht noch einmal durchlesen. Ja? Nun überspringen Sie das Vorwort einfach und gehen zum nächsten Kapitel über. Vielen Dank.

Nicht zu glauben ... Sie lesen ja immer noch weiter, wo ich Sie doch ausdrücklich gebeten hatte, nicht weiterzulesen!

Wissen Sie, als ich mit dem Schreiben an diesem Buch begann, fragte mich eine Freundin, wie weit ich mit dem Buch denn schon sei, und ich antwortete, ich hätte gerade mit dem Vorwort angefangen. Meine Freundin winkte geringschätzig ab und meinte, sie läse nie das Vorwort in einem Buch und, soweit sie wüßte, täte das auch kein anderer. Das machte mich nachdenklich. Da ich wollte, daß man mein Vorwort liest, dachte ich, warum nicht das Vorwort benutzen, um eine Theorie zu bestätigen.

Die Tatsache, daß Sie gebeten wurden, das Vorwort *nicht* zu lesen, hat es praktisch unwiderstehlich gemacht – schließlich lesen Sie ja immer noch, nicht wahr?

Merke

Je mehr man versucht, etwas nicht zu tun,
desto unwiderstehlicher wird es.

Ihnen werden eine ganze Anzahl dieser Merksätze in den kommenden Kapiteln dieses Buches begegnen. Im folgenden zeige ich Ihnen, was es mit ihnen auf sich hat und wie Sie das aus diesen Merksätzen gewonnene Wissen zu Ihrem Vorteil nutzen können. Darüber hinaus bin ich mir sicher, daß Sie die Erkenntnisse aus diesem Buch erfolgreich für sich werden umsetzen können, vorausgesetzt, Sie *handeln* entsprechend Ihrer Absicht, mehr aus Ihrem Leben zu machen, und setzen diese Erkenntnisse darum auch in die Tat um.

Theoretisches Wissen ist etwas Wunderbares. Es erhöht das eigene Selbstwertgefühl, beeindruckt Freunde und macht sich gut im Lebenslauf. All dies ist sehr nützlich und sicherlich auch wünschenswert, aber theoretisches Wissen führt noch nicht zu Veränderung: Es wird Sie niemals von einem unglücklichen in einen glücklichen oder von einem erfolglosen in einen erfolgreichen Menschen verwandeln.

Um Ihr Leben zum Besseren zu wenden, ist mehr erforderlich als nur theoretisches Wissen. Sie müssen die Theorie in die Praxis umsetzen. Das bedeutet natürlich, daß Sie die Verantwortung für Ihr Wohlergehen übernehmen und aufhören müssen, andere für Dinge verantwortlich zu machen, die in Ihrem eigenen Leben mißlingen. Das ist nicht leicht, denn, machen wir uns nichts vor, es ist doch viel angenehmer, den Eltern, der Regierung oder dem Wetter die Schuld zuzuschieben, wenn man mit bestimmten Seiten des Lebens nicht zurechtkommt, als zuzugeben, daß man selbst seinen Teil nicht geleistet hat und deshalb noch immer am selben alten Arbeitsplatz sitzt, ohne Partner ist oder sich noch immer so elend wie vor zwei Jahren fühlt.

Die Verantwortung für das eigene Handeln selbst zu übernehmen ist langfristig eine Gewinnstrategie. Sie öffnet Tür und Tor zu völlig neuen Möglichkeiten, so zum Beispiel zu Gesundheit, Wohlstand, Glück, Zufriedenheit und Selbstverwirklichung.

Dem, was Sie erreichen können, sind praktisch keine Grenzen gesetzt, vorausgesetzt, Sie stehen dahinter. Dieses Buch wird Ihnen helfen, erfolgreich zu sein, aber, um die Theorie in die Praxis umzusetzen, ist Ihr Engagement nötig. Dieser endgültige Entschluß liegt ausschließlich bei Ihnen. Beginnen Sie *jetzt*. Warten Sie nicht auf den »richtigen Augenblick«, der kommt vielleicht nie.

Merke

Der beste Zeitpunkt, neue Vorsätze umzusetzen, ist jetzt (und nicht der 1. Januar).

Glauben Sie mir, Sie können es schaffen!

Vera Peiffer

Erster Teil

Der willentliche Einfluß auf die Materie: Der Pendelversuch

Bevor wir uns mit theoretischen Erklärungen befassen, wie der Verstand eigentlich funktioniert, möchte ich, daß Sie folgenden Versuch machen:

Nehmen Sie einen Faden und befestigen Sie an einem Ende einen Ring. Es ist egal, welche Art Faden Sie dazu verwenden oder welchen Gegenstand Sie ans Ende binden. Haben Sie keinen Ring, dann können Sie einen Schlüssel oder einen Kugelschreiber mit Halterung benützen. Hauptsache, der Gegenstand läßt sich am Fadenende befestigen.

Jetzt wickeln Sie das andere Fadenende um Ihren rechten Zeigefinger. Da wichtig ist, daß Sie Ihre rechte Hand absolut ruhig halten, würde ich vorschlagen, Sie setzen sich an einen Tisch, stützen beide Ellbogen gut auf die Tischplatte auf und stabilisieren zusätzlich das rechte Handgelenk mit Ihrer linken Hand.

Senken Sie Ihren rechten Zeigefinger, so daß der Gegenstand auf dem Tisch liegt, heben Sie dann langsam den Zeigefinger wieder an, so daß der Gegenstand bewegungslos knapp über der Tischoberfläche hängt. *Besonders wichtig ist, daß Sie Ihre Hand bei der Durchführung des Versuchs nicht bewegen.*

Nun fixieren Sie mit Ihrem Blick den Gegenstand und stellen Sie sich vor, daß das Pendel von links nach rechts auszuschlagen beginnt. Verfolgen Sie diese Bewegung vor Ihrem geistigen Auge. Stellen Sie sich vor, wie der Gegenstand zu schwingen beginnt, von links nach rechts, wieder nach links und dann nach rechts. Sagen Sie leise vor sich hin: »Links, rechts, links, rechts«, und Sie werden sehen, daß das Pendel tatsächlich von links nach rechts auszuschlagen beginnt. Zuerst wird es nur sehr leicht ausschlagen. Darum stellen Sie sich die Bewegung weiterhin vor, sehen Sie, wie die Bewegung vor Ihrem geistigen Auge stärker wird, und dann werden Sie feststellen, daß dies auch tatsächlich eintritt.

Nun senken Sie Ihre Hand wieder und lassen den Gegenstand auf der Tischplatte aufliegen. Dann heben Sie den Gegenstand von der Oberfläche wieder behutsam hoch, so daß er frei in der Luft hängt. Nun stellen Sie sich vor, daß der Gegenstand sich im Uhrzeigersinn im Kreis bewegt. Lassen Sie Ihre Augen im Uhrzeigersinn um den Gegenstand kreisen, sehen Sie die Bewegung vor sich, und Sie werden feststellen, daß das Pendel ganz langsam beginnt, in der gedachten Richtung zu schwingen. Achten Sie dabei immer darauf, daß Sie die Hand, mit der Sie das Pendel festhalten, nicht bewegen.

Natürlich können Sie das Pendel auch im Gegenuhrzeigersinn, von sich weg oder auf sich zu schwingen lassen. Das Ergebnis ist immer das gleiche: das Pendel schwingt in die von Ihnen gedachte Richtung. Faszinierend, nicht wahr?

Bevor Sie Ihre Arbeit kündigen, um sich als weltberühmter Bühnenkünstler in der Domäne des Pendelschwingens zu profilieren, wollen wir uns ansehen, was hier eigentlich geschieht. Sie waren fest entschlossen, Ihre Hand absolut ruhig zu halten. Gleichzeitig stellten Sie sich vor, daß das Pendel sich in einer bestimmten Richtung bewegen würde. Mit anderen Worten: Ihre Willenskraft stand mit Ihrem Vorstellungsvermögen im Widerspruch.

Merke

Stehen Willenskraft und Vorstellungsvermögen miteinander im Widerspruch, so setzt sich das Vorstellungsvermögen letztlich durch.

Sehen wir uns ein anderes Beispiel an. Sicherlich kennen Sie jemanden, der in der Fahrprüfung durchgefallen ist, obwohl er außerhalb der Prüfungssituation in der Lage war, das Auto in drei Zügen zu wenden oder in eine Parklücke einzuparken. Die Nervosität, die diese Menschen in der Prüfungssituation zeigen, ist nichts anderes als der Konflikt zwischen Willenskraft und Vorstellungsvermögen. Sie *wollen* die Prüfung bestehen, sie *wollen* Ihre Sache gut machen, aber sie *stellen sich vor*, daß sie bei der Prüfung durchfallen. Und, wie wir bei dem Pendelversuch feststellen konnten, ist das Vorstellungsvermögen stärker als die Willenskraft, und darum wird der Prüfungskandidat nervös, gerät in Panik und fällt bei der Fahrprüfung durch. Um Ihre Wünsche wirkungsvoll zu unterstützen, müssen Sie darauf achten, daß Ihre Vorstellung und Ihr Wunsch in dieselbe Richtung weisen. Aber darauf werden wir später noch eingehen.

Nun, aber was machen Sie, wenn Ihr Pendel nicht ausgeschlagen hat und Sie nun mit hochrotem Kopf dasitzen und überlegen, ob Sie die Seiten dieses Buches nicht lieber zum Einwickeln Ihres Frühstücksbrots verwenden sollten?

Merke

Geben Sie niemals auf!

Der Unterschied zwischen einem erfolgreichen und einem erfolglosen Menschen besteht darin, daß der erfolgreiche Mensch weitermacht, während der erfolglose aufgibt. Also, probieren Sie´s gleich noch einmal!

Sie sind es vielleicht nicht gewohnt, Ihre Vorstellungskraft allzu häufig einzusetzen, aber diese Fähigkeit läßt sich durch Übung erlernen. Kinder verfügen in der Regel über ein sehr gutes Vorstellungsvermögen. Sollte Ihnen diese Fähigkeit als Erwachsener verlorengegangen sein, so müssen Sie sie einfach durch häufigeres Praktizieren neu erlernen. Mit dem Vorstellungsvermögen ist es ähnlich wie mit dem Radfahren: Man verlernt es nie völlig. (Auf S. 28 finden Sie eine Übung zur Schulung Ihres Vorstellungsvermögens.)

Das Unterbewußtsein

Der Verstand besteht wie ein Eisberg aus zwei Teilen, nämlich dem *Bewußtsein*, praktisch die Spitze des Eisbergs, das uns bei der täglichen Entscheidungsfindung hilft und uns auch in neuen Situationen unterstützt, in denen wir rational abwägen müssen, was zu tun ist und wie es zu tun ist. Der andere Teil ist das *Unterbewußtsein*, das, wie der Eisberg unter Wasser, die weitaus größere Masse besitzt. Das Unterbewußtsein ist mit der Wiederholung erlernter Verhaltensweisen befaßt. Es kann sehr hilfreich sein, da es uns die schnellere Bewältigung von immer wieder auftretenden Situationen ermöglicht. Haben wir erst einmal gelernt, mit einer bestimmten Situation umzugehen, können wir später ähnliche Situationen leichter bewältigen, da wir auf bereits vorhandene Informationen zurückgreifen können. Haben wir z. B. einmal die Erfahrung gemacht, daß eine Ofentür heiß ist, werden wir das nächste Mal, wenn wir sie öffnen müssen, einen Lappen benutzen, anstatt uns wieder die Finger zu verbrennen. Wissen wir einmal, wie man beim Autofahren die Gänge einlegt, müssen wir uns diesen Vorgang nicht mehr bewußt machen, da die gespeicherten Informationen in der jeweiligen Situation automatisch präsent sind. Wissen wir einmal, wo sich die einzelnen Buchstaben auf der Schreibmaschinentastatur befinden, können wir blind tippen, da wir in unserem Unterbewußtsein ein Bild der Tastatur gespeichert haben.

Informationen aus dem Bewußtsein gelangen direkt ins Unterbewußtsein. Zwischen beiden Bewußtseinsbereichen besteht eine sehr enge Verbindung. Alles, was Sie einmal gesehen, gehört oder mitgemacht haben, wird vom Bewußtsein wahrgenommen und dann im Unterbewußtsein als Erinnerung abgespeichert. Zu dieser Erinnerung gehören das Ereignis selbst *und* das Gefühl, von dem das Ereignis begleitet war.

Nehmen wir einmal an, Sie werden von einem Hund gebissen. Sie erleben das eigentliche Geschehen und erfahren die mit dem Ereignis einhergehenden Gefühle von Schock, Schmerz und Angst. Das Ereignis und diese begleitenden Gefühle werden nun im Unterbewußtsein gespeichert. Diese Erinnerung beeinflußt von jetzt an Ihr Verhalten in ähnlichen Situationen. Wenn Sie das nächste Mal einen Hund sehen, reagieren Sie entsprechend dem erinnerten Verhaltensmuster, d. h., wenn Sie einem Hund begegnen, bekommen Sie Angst oder, hat das ursprüngliche Ereignis einen besonders großen Schock ausgelöst, wechseln Sie auf die andere Straßenseite über, um dem Hund aus dem Wege zu gehen.

Oder nehmen wir ein anderes Beispiel. Angenommen, jemand sagt Ihnen immer wieder, Sie seien unnütz. Das kann Ihr Vater sein, Ihre Mutter, Ihr Mann, Ihre Frau, Ihre Freundin, Ihr Freund, Ihr Chef oder jemand, der rangmäßig über Ihnen steht oder mit dem Sie eine enge Beziehung haben. Wenn Ihnen ein Vorwurf häufig gemacht wird, wird er im Unterbewußtsein gespeichert, selbst wenn Sie wissen, daß er unbegründet oder übertrieben ist. Gleichzeitig werden auch die dazugehörigen Gefühle der Wut, Frustration und Niedergeschlagenheit mitgespeichert.

Hat der andere Gelegenheit, die Anschuldigung regelmäßig über eine lange Zeit hinweg zu wiederholen, dann fangen Sie an, sich wirklich unnütz und unfähig zu *fühlen*, denn so lautet die automatische Botschaft aus Ihrem Unterbewußtsein, jedesmal wenn Sie einer neuen Situation gegenüberstehen, in der Sie sich beweisen müssen.

Sie geraten nun in einen Teufelskreis: Weil Sie glauben, unnütz zu sein, verhalten Sie sich dementsprechend. Weil Sie neue Situationen vermeiden, fühlen Sie sich als Versager, und deshalb versagen Sie auch. Und jetzt ist die anfängliche Kritik wahr geworden, *selbst wenn Sie ja vielleicht überhaupt nie unnütz gewesen sind.*

Diese beiden Beispiele zeigen, daß es eine Verbindung gibt zwischen den Informationen oder Ereignissen, die wir bewußt aufnehmen bzw. erleben (Tatsachen), dem darauffolgenden Speichern des Ereignisses und der damit verbundenen Gefühle im Unterbewußtsein (Erinnerung) und der Art und Weise, wie wir später in der gleichen Situation reagieren (Verhalten).

Haben wir aus irgendeinem Grund das Gefühl, mit einer Situation nicht fertig werden zu können, wird das in unserem Unterbewußtsein eine negativ besetzte Erinnerungsspur hinterlassen. Und wenn es dann später zur gleichen oder einer ähnlichen Situation kommt, nehmen wir automatisch an, daß wir nicht in der Lage sind, die Situation zu meistern. Wir *erwarten*, daß alles wieder verkehrt läuft, wir *stellen uns vor*, daß wir es nicht schaffen, und im Endeffekt bekommen wir dann genau das, was wir uns vorgestellt haben – wir schaffen es wirklich nicht.

Merke

Ist die Tatsache-Erinnerung-Verhaltenskette einmal hergestellt, funktioniert sie automatisch.

Natürlich kann es auch sein, daß Sie sich an das ursprüngliche Ereignis nicht mehr erinnern, und trotzdem ruft später eine ähnliche Situation die Gefühle erneut hervor, die Sie beim ursprünglichen Erlebnis empfunden hatten. Es kann gut sein, daß Sie sich nicht mehr daran erinnern können, im Alter von zwei Jahren von einem Hund gebissen worden zu sein, Ihr Unterbewußtsein wird Sie jedoch an diesen Vorfall »erinnern«, indem es in Ihnen noch das gleiche Angstgefühl entstehen läßt, das Sie bei dem damaligen Vorfall empfunden hatten.

Gefühle kommen nicht einfach aus heiterem Himmel, sie stehen immer in Zusammenhang mit einem wirklichen Ereignis, das wir aus irgendeinem Grund vielleicht schon vergessen haben. Je mehr dieses Ereignis von einem negativen Gefühl begleitet war, desto größer ist die Wahrscheinlichkeit, daß das Ereignis selbst unterdrückt wird, d. h., daß wir uns an den Vorfall nicht mehr erinnern können.

Merke

Gefühle, die in der Erinnerung gespeichert sind, drücken sich immer als Verhalten aus.

Das gute ist, daß die Tatsache-Erinnerung-Verhaltenskette auch im positiven Sinne funktioniert. Wenn Ihnen vermittelt worden ist, daß Sie auch dann geliebt werden, wenn Sie Fehler machen, dann speichert Ihr Unterbewußtsein diese Information als Gefühl von Sicherheit zusammen mit der Botschaft, daß Sie in jedem Fall geliebt werden, egal ob Sie etwas fehlerlos können oder nicht. Entsprechend können Sie sich dann neuen Situationen relativ furchtlos stellen, weil Sie die Sicherheit haben, daß, selbst wenn alles schiefgeht, Sie immer noch ein Gefühl der Selbstachtung bewahren werden.

Es wird Ihnen aufgefallen sein, daß ich betone, daß diese Information *wiederholt* erfolgen muß, bevor sie im Unterbewußtsein Wurzeln schlägt, und daß ein Ereignis von *besonders starken Gefühlen* begleitet sein muß, um sich dem Unterbewußtsein einzuprägen und das Folgeverhalten zu beeinflussen.

Es ist wichtig, diese Punkte nicht zu vergessen:

Merke

Je öfter eine Botschaft wiederholt wird, desto tiefer prägt sie sich im Unterbewußtsein ein.

Merke

Je intensiver das Gefühl, das ein bestimmtes Ereignis begleitet, desto intensiver prägt sich dieses Gefühl im Unterbewußtsein ein.

Was ist Positives Denken?

Positives Denken heißt, die Beeinflußbarkeit Ihres Unterbewußtseins positiv zu nutzen. In den vorangehenden Kapiteln haben wir festgestellt, daß Informationen vom Bewußtsein ins Unterbewußtsein gelangen.

Das Unterbewußtsein sucht nicht aus, und es beurteilt auch nicht, ob die Informationen richtig oder falsch, vernünftig oder dumm, wahr oder unwahr sind. Es speichert die Informationen wie ein treuer Diener, um zu einem späteren Zeitpunkt ein Verhalten hervorzubringen, das mit der gespeicherten Information übereinstimmt.

Wollen wir unser Verhalten oder unsere Leistung beeinflussen, muß das über unser Unterbewußtsein geschehen. Das heißt, wir müssen neue, positive Gedanken auswählen, die wir unserem Unterbewußtsein bewußt und wiederholt zuführen, denn nur, wenn Gedanken wiederholt werden, setzen sie sich in unserem Unterbewußtsein fest. Werden negative Gedanken wiederholt, beeinflussen sie das Unterbewußtsein negativ, und das führt zu negativen Ergebnissen, weil Gedanken, Wünsche und Ideen vom Unterbewußtsein in die Realität umgesetzt werden. Um positives Verhalten herbeizuführen, müssen wir negativ in positiv verwandeln.

Merke

Die Qualität Ihrer Gedanken bestimmt die Qualität Ihres Lebens.

Ihr Denken bestimmt wirklich und wahrhaftig, wie es Ihnen im Leben geht. Stellen Sie sich folgende Situation vor: Es ist 7.30 Uhr morgens. Sie sind gerade aufgewacht. Sie öffnen langsam die Augen, Ihr Gehirn kommt nach und nach in die Gänge, und Sie fangen an, sich über den vor Ihnen liegenden Tag Gedanken zu machen. Sie denken an die Besprechung, an der Sie am Vormittag werden teilnehmen müssen und in der Sie zugeben müssen, daß Sie ein besonders dringendes Problem nicht haben lösen können. Außerdem müssen Sie sich am Nachmittag mit einem problematischen Kunden auseinandersetzen. Es ist noch immer 7.30 Uhr morgens. Obwohl bis jetzt noch gar nichts passiert ist, haben Sie schon schlechte Laune.

Ich kann nun laute Protestrufe hören wie »Ich möchte Sie mal an meiner Stelle sehen, wenn Sie sich mit so einem Haufen sturer Schwachköpfe auseinandersetzen müssen!« oder »Wenn Sie so schlau sind, warum kommen Sie nicht *selbst* und verhandeln mit meinem Kunden! Er schreit die ganze Zeit nur immer herum!« und so weiter. Aber Moment mal! Ich bestreite ja gar nicht, daß das Treffen problematisch und Ihr Kunde ein schwieriger Mensch ist, aber es hat doch wirklich keinen Sinn, wenn Sie *obendrein* auch noch bei schlechter Laune sind, denn damit machen Sie alles nur noch schlimmer.

Wenn Sie schlechte Laune haben, dann sind Sie einfach nicht in Form. Sie sind angespannt, gereizt und verlieren die Kontrolle. Sie können sich nicht konzentrieren, sind ängstlich und nervös. Und damit nicht genug: Weil Sie schlecht gelaunt sind, sind Sie beim Frühstück vielleicht besonders einsilbig oder mürrisch, und das wird Ihre Familie nicht gerade erfreuen. Sie sind etwas unfreundlich zu Ihren Arbeitskollegen, die Ihre schlechte Laune dann vielleicht mit einer Stichelei quittieren, und darüber regen Sie sich dann *erst recht* auf (»Warum kümmern die sich nicht um ihre eigenen Angelegenheiten?«) – und dann hören Sie, daß die Besprechung auf die folgende Woche verschoben worden ist. Das ist womöglich das Schlimmste, was passieren kann, denn jetzt müssen Sie sich eine weitere Woche lang mit Sorgen herumschlagen, bis Sie die Besprechung endlich hinter sich gebracht haben. Oder falls die Besprechung tatsächlich am gleichen Tag stattfindet, dann haben Sie bereits all Ihre wertvolle Energie darauf vertan, sich aufzuregen. Abends gehen Sie dann erschöpft nach Hause, verpassen dem Hund einen Tritt und fragen sich, ob Sie für diese anstrengende Arbeit wirklich genug bezahlt bekommen ...

Zu diesem Zeitpunkt sollte Ihnen etwas klar werden. Ja, ich sage Ihnen, was es ist: Es ist *Ihre* Schuld, wenn Sie Ihre Energie so vergeuden – *es liegt nicht an Ihrer Arbeit, sondern an Ihnen!* Die negativen Gedanken, mit denen Sie Ihren Tag begonnen haben, sind die Ursache der Misere.

Bestimmte Ereignisse in Ihrem Leben lassen sich nicht verhindern – es wird Besprechungen geben, Kunden werden mitunter schwierig sein –, aber Sie können auf jeden Fall den Blickwinkel ändern, aus dem Sie diese Ereignisse *betrachten.* Mit einer positiven Einstellung fühlen Sie sich nicht nur innerlich besser, sondern Sie kommen auch besser mit dem Ereignis selbst klar, und vor allem werden Sie einen positiven Einfluß auf Ihre Umgebung ausüben. Ein entspannter, glücklicher Mensch ist beliebt, und Ihre positive Einstellung wird bald Zinsen tragen, ganz einfach, weil andere freundlicher auf Sie reagieren.

Merke

Was Sie an andere aussenden, kommt wie ein Bumerang zu Ihnen zurück.

Dieser Merksatz stimmt – und zwar immer. Es ist nur eine Frage der Zeit, bis man erntet, was man gesät hat. Das gilt für alle Bereiche, im privaten wie im beruflichen Leben.

Eine positive Einstellung zu haben heißt, offen und freundlich zu sein. Es bedeutet nicht, der Prügelknabe anderer zu werden. Positiv sein bedeutet zu sagen, was man will und auch danach zu streben. Es bedeutet nicht, andere zu schikanieren. Eine positive Einstellung zu haben bedeutet, sich bewußt dafür zu entscheiden, optimistisch zu sein. Es bedeutet nicht, die Welt durch eine wirklichkeitsfremde rosarote Brille zu betrachten. Positiv eingestellt zu sein bedeutet, sich und andere zu mögen und sich für die Menschen, die einen umgeben, zu interessieren.

Merke

Jemand, der interessiert ist, ist auch interessant.

Eine positive Einstellung zu haben bedeutet, sich weniger Sorgen zu machen und mehr Freude zu haben, sich dafür zu entscheiden, zuversichtlich zu sein, anstatt seinen Kopf mit düsteren und verzweifelten Gedanken zu füllen, lieber glücklich als unglücklich zu sein. *Sie* müssen dafür sorgen, daß Sie sich innerlich gut fühlen.

Merke

Es ist von größter Wichtigkeit, daß Sie sich um sich selbst kümmern und danach streben, glücklich zu sein.

Wenn Sie denken, dieser Merksatz sei egoistisch, dann betrachten Sie das Ganze einmal von einer anderen Seite. Ohne selbst glücklich zu sein, können Sie auch niemand anderen glücklich machen, für andere eine Hilfe sein oder in Ihrem eigenen Tun Erfolg haben. Stellen Sie sich einen unglücklichen Psychologen vor, der versucht, einen Klienten vom Selbstmord abzubringen. Stellen Sie sich einen übellaunigen Verkäufer vor, der seine Ware an einen Kunden zu verkaufen versucht. Stellen Sie sich einen mürrischen Ehemann vor, der versucht, seine Ehe über Wasser zu halten.

Also, wie glücklich sind Sie? Machen wir eine Bestandsaufnahme:

Zehn Minuten Alleinsein

Versuchen Sie folgendes: Setzen Sie sich ganz alleine in ein Zimmer, ohne Radio oder Fernsehen, und tun Sie für zehn Minuten gar nichts.

Wenn man sich selbst nicht leiden kann, können zehn tatenlos verbrachte Minuten zur Ewigkeit werden. Man ist gezwungen, sich mit potentiell unangenehmen Gedanken über sich selbst auseinanderzusetzen, und ist letztendlich nicht in der Lage, sich zu entspannen und abzuschalten.

Viele Menschen, besonders Frauen, haben ein schlechtes Gewissen, wenn es darum geht, auszuspannen oder allein sein zu wollen. Sie neigen dazu, »ausspannen« mit »herumsitzen und nichts Produktives tun« gleichzusetzen und das »Alleinseinwollen« mit »Ungeselligkeit und folglich Teilnahmslosigkeit« gleichzusetzen. Kommen Ihnen diese Gedanken bekannt vor, meine Damen? Dann wird es jetzt Zeit, daß Sie Ihre Einstellung ändern.

Auf den folgenden Seiten finden Sie Übungen zur körperlichen und geistigen Entspannung (S. 25) sowie Analysen verschiedener Problembereiche (S. 48 ff.).

Es kann gut sein, daß Sie sich zuerst mit Ihrem spezifischen Problem auseinandersetzen müssen, bevor Sie in der Lage sind, sich zu entspannen. Versuchen Sie trotzdem, zuerst die Entspannungsübungen durchzuführen. Dadurch bekommen Sie zuerst einmal einen Anhaltspunkt, wie es im Augenblick um Ihre Gemütsruhe steht. Wenn Sie sich erst einmal konstruktiv mit Ihrem Problem auseinandergesetzt haben, dann machen Sie die Übungen noch einmal, und Sie werden merken, wie Sie sich dann viel besser entspannen können.

Zweiter Teil

Was geht in Ihrem Kopf vor?

Achten Sie doch einmal darauf, an was Sie so tagsüber denken. Überprüfen Sie die Qualität dieser Gedanken. Hängen Sie destruktiven Gedanken von Haß, Schuld, Wut oder Neid nach? Derartige Gedanken sollten Sie im Keim ersticken und durch positive ersetzen.

Wenn Sie die negativen Gedanken nicht sofort loswerden, dann beginnen sie größer zu werden und überhandzunehmen. Hören Sie Ihren Gedanken zu. Es wird Sie überraschen, daß Sie in bestimmten Situationen dazu neigen, negativ zu denken. Nehmen Sie sich vor, einen negativen Gedanken niemals zu Ende zu denken. Sobald Sie merken, daß Ihre Gedanken negativen Bahnen folgen, sagen Sie im Geiste »Halt!« und ersetzen die Gedanken durch solche positiven Inhalts.

Hier sind einige klassische negative Gedanken und Vorschläge, wie sie durch positive Gedanken ersetzt werden können.

- **Eine Schwäche in eine Stärke verwandeln**

Negativ
»Oh Himmel, ich wünschte, ich müßte heute abend nicht auf diese Party gehen. Ich weiß nie, was ich sagen soll, wenn ich neue Leute treffe.«

Positiv
»Ich freue mich, heute abend auf die Party zu gehen und einige interessante Leute zu treffen. Ich mag andere Leute und bin ein guter Zuhörer. Andere Leute unterhalten sich gerne mit mir.«

- **Nicht mehr das Opferlamm spielen**

Negativ
»Ich bin verärgert, weil mein Chef mir noch immer nicht mitgeteilt hat, ob ich eine Gehaltserhöhung bekomme.«

Positiv
»Ich verdiene eine Gehaltserhöhung. Ich habe meinem Chef genug

Zeit gegeben, sich zu entscheiden. Darum kann ich mich heute zuversichtlich an ihn wenden und fragen, wie seine Entscheidung ausgefallen ist.«

Negativ
»Ich fühle mich betrogen. Meine Putzfrau macht nie die Fenster sauber.«

Positiv
»Bis auf die Fenster macht meine Putzfrau ihre Arbeit gut. Ich kann sie freundlich, aber deutlich darauf hinweisen.« (Wenn Sie nicht zu Hause sind, wenn Ihre Putzfrau kommt, dann legen Sie ihr einen Zettel hin oder rufen Sie sie an. Wenn Sie nichts sagen, dann ändert sich auch nichts.)

• **Seien Sie nett zu sich**
Negativ
»Das Leben geht an mir vorbei. Mir passiert nie mal was Schönes.«

Positiv
»Heute ist der erste Tag vom Rest meines Lebens. Heute ist alles anders. Ich habe beschlossen, mir ein wenig Luxus zu gönnen (Wanderung auf dem Lande/Kino/Sauna/gutes Essen), ich habe es verdient!«

Negativ
»Ich bin völlig erledigt, aber ich kann mich nicht ausruhen, weil ich noch das Geschirr spülen muß.«

Positiv
»Ich habe hier das Sagen. Ich entscheide, wann ich das Geschirr spüle. Ich bin jetzt müde, darum ist es in Ordnung, wenn ich mich jetzt ausruhe. Das habe ich verdient. Das Geschirrspülen kann bis später/morgen/nächste Woche warten.«

• **Selbstbild**
Negativ
»Ich habe Angst vor dem Vortrag, den ich nächste Woche halten muß. Es macht mich ganz nervös, wenn alle mich anschauen.«

Positiv
»Auf den Vortrag bin ich gut vorbereitet. Ich weiß, was ich sagen will, und freue mich darauf, mein Wissen mit anderen zu teilen. Andere interessieren sich für das, was ich zu sagen habe.« (Natürlich ist es

wichtig, daß Sie sich gut vorbereitet haben. Alles positive Denken der Welt kann Ihnen nicht zum Erfolg verhelfen, wenn Sie sich auf den Vortrag nicht vorbereiten.)

Es gibt einige Regeln, die Sie bei der Entwicklung Ihrer neuen, positiven Gedanken beachten sollten.

• **Vermeiden Sie negative Formulierungen**
Sagen Sie nicht: »Ich werde nicht ängstlich sein«, sondern: »Ich bin ruhig und entspannt«. Mit anderen Worten, denken Sie an das, was Sie *wollen*, nicht an das, was Sie *nicht* wollen.

• **Gebrauchen Sie das Präsens**
Wenn möglich, vermeiden Sie das Futur. Sagen Sie: »Ich bin zuversichtlich, wenn ich vor anderen spreche«, und nicht: »Ich werde zuversichtlich sein, wenn ich vor anderen spreche. »Ihr Unterbewußtsein faßt alles wortwörtlich auf. Wenn Sie von etwas Zukünftigem sprechen, dann wartet Ihr Unterbewußtsein mit Ihnen zusammen auf die Zukunft. Wichtig ist aber, daß Sie *jetzt* zuversichtlich sind, um dann beim tatsächlichen Eintreten des Ereignisses zuversichtlich zu sein.

• **Denken Sie die neuen, positiven Gedanken immer wieder**
Sie werden feststellen, daß die alten negativen Gedanken immer wieder aufkommen, wenn Sie »gerade nicht hinschauen«. Alte Gewohnheiten sind schwer totzukriegen. Jedesmal wenn Sie sich bei negativen Gedanken erwischen, ersetzen Sie sie ganz konsequent. Sie werden sehen, daß sich Ihre Mühe lohnt: Positive Gedanken kommen schließlich ganz automatisch, und konstruktives Denken geht Ihnen in Fleisch und Blut über.

• **Beginnen Sie noch heute**
In einem früheren Beispiel erklärte ich, daß die ersten Gedanken, die Ihnen morgens durch den Kopf gehen, entscheiden, wie der Tag für Sie verläuft. Hier folgen einige Beispiele, wie Sie sich selbst für einen erfolgreichen Tag programmieren können.

- »Ich freue mich auf einen schönen Tag. Ich stehe neuen Ideen offen gegenüber, und ich erfülle all meine Aufgaben gut und leicht.«
- »Ich mag mich und andere. Ich arbeite gut mit anderen zusammen, ich bin konstruktiv und helfe anderen gerne. Es fällt mir leicht, andere zur guten Zusammenarbeit zu gewinnen.«
- »Ich bin gelassen. Ich gehe Probleme ruhig und entspannt an. Ich

betrachte Probleme als Sprungbrett für neue Ideen. Sie helfen mir, neue Fähigkeiten zu entwickeln.«
- »Heute ist ein harmonischer Tag. Ich bin in Harmonie mit der Welt um mich herum. Ich kann meine Ziele deutlich erkennen und weiß, daß ich sie leicht erreichen kann.«
- »Heute ist ein wunderbarer Tag, der mir angenehme Überraschungen bringt. Ich habe Glück. Ich ziehe das Glück wie ein großer Magnet an.«

Dies sind nur einige Beispiele. Suchen Sie sich das Beispiel aus, das Ihnen am meisten zusagt, kombinieren Sie mehrere Beispiele und verändern Sie sie ruhig, so daß sie Ihrer persönlichen Situation entsprechen. Achten Sie dabei darauf, daß Sie die Regeln auf Seite 21 einhalten.

Es hilft Ihnen vielleicht, wenn Sie Ihre positiven Gedanken auf einem Blatt Papier festhalten und es im Laufe des Tages mehrmals durchlesen. Nach mehrmaligem Lesen können Sie die Sätze schnell auswendig. Wiederholen Sie sie im Geist immer wieder, so daß sie sich fest dem Unterbewußtsein einprägen.

Eine kleine Warnung: Wenn Sie diese positiven Leitgedanken im Geist wiederholen, kommen Sie sich vielleicht etwas albern vor. Während Sie sich sagen: »Heute ist ein wunderbarer Tag«, flüstert diese leise Stimme in Ihnen: »Das stimmt ja gar nicht! Es regnet, und ich habe keine Lust, zur Arbeit zu gehen.« Derartige störende negative Gedanken können anfangs recht häufig aufkommen. Es ist, als liefe in Ihren Gedanken ein altes Tonband ab, das sich über Ihre neuen Gedanken lustig macht. («Mach dir doch nichts vor! Ich weiß, heute ist *kein* wunderbarer Tag!«) Am Anfang ist die Versuchung oft groß aufzugeben. Niemand kommt sich gerne lächerlich vor, auch nicht, wenn er allein ist, aber als positiver Denker kapitulieren Sie nicht mehr so rasch.

Benützen Sie einfach den folgenden Trick, um diese Anfangsschwierigkeit zu überwinden. Stellen Sie sich vor, Sie sind eine andere Person, eine neue Person, die entschlossen und zuversichtlich, ruhig und gelassen ist. Suchen Sie sich ein Vorbild und tun Sie so, als wären *Sie* diese Person. Sicherlich macht sich Superman keine Gedanken darüber, ob er in seiner flotten Bekleidung oder in seinen Unterhosen dastehen wird, wenn er in Erscheinung tritt. Nun stellen Sie sich einfach vor, Superman bzw. Superwoman zu sein. *Handeln* Sie voller Zuversicht, auch wenn Sie widersprüchliche Gefühle empfinden. Betonen Sie, daß es richtig ist, wenn Sie Ihre Denkweise zum Besseren verändern. Dieser erste Schritt ist für Sie selbst gedacht: Bevor Sie andere Leute von Ihrem neuen positiven Selbstbild überzeugen können, müssen Sie sich selbst überzeugen. Gehen Sie dabei folgendermaßen vor:

- Stellen Sie sich vor den Spiegel und schenken Sie sich ein gewinnendes Lächeln.
- Sagen Sie sich, daß von heute an alles besser wird.
- Sagen Sie sich, daß Sie einen neuen Anfang machen. Was andere über Sie in der Vergangenheit gesagt haben, ist ab sofort null und nichtig. Von jetzt an entscheiden Sie, was Sie von sich denken, und Sie ziehen es vor, Gutes von sich zu denken.
- Wiederholen Sie Ihren neuen Leitgedanken immer wieder, auch wenn Ihnen gerade ein anderer noch den letzten Platz in der U-Bahn weggeschnappt hat. Sie führen sich damit nicht hinters Licht. Sie sorgen nur dafür, daß Sie Ihre Energie nicht verschwenden. Sie sind zu Großem unterwegs. Lassen Sie sich also nicht von Kleinigkeiten aufhalten.

Setzen Sie sich mit Ihrem Unterbewußtsein in Verbindung

Im Unterbewußtsein werden nicht nur Erinnerungen und Gefühle gespeichert, sondern auch Phänomene wie Kreativität, Intuition und Ideen.

Eine Intuition kommt Ihnen ganz plötzlich und weist Sie in eine bestimmte Richtung. Eine Idee schießt Ihnen beim Rasenmähen plötzlich durch den Kopf, und in einer Sekunde haben Sie die Lösung für ein Problem gefunden, das Sie schon seit Tagen beschäftigt. Ihr Unterbewußtsein hat Ihnen zu einer Lösung verholfen.

Sind Sie Künstler, dann hilft Ihnen das Unterbewußtsein in ähnlicher Weise: Es liefert die Inspiration oder den kreativen Gedanken für Ihr nächstes Werk. Kreative Berufe bringen Menschen enger in Kontakt mit ihrem Unterbewußtsein als dies bei vielen Bürotätigkeiten der Fall ist. Bei Bürotätigkeiten ist Kreativität meist unerwünscht, da sie die Routine durcheinanderwirft und womöglich die Autorität des Chefs untergraben könnte, besonders wenn jemand aus den unteren Rängen der Hierarchie die gute Idee hatte und nicht der Chef selbst!

Gute Ideen werden nicht immer anerkannt oder umgesetzt, und sicherlich werden viele unter Ihnen bestätigen können, daß auf jede gute Idee mindestens zehn Leute kommen, die sagen, sie sei nicht machbar. Sehr oft macht Routine die Arbeit und das Leben schwer, da sie überflüssige Schranken auferlegt und Langeweile verbreitet.

Heutzutage werden die Leistungen des Bewußtseins stark *überbewertet* (das, wie Sie sich erinnern, lediglich den kleineren Teil unserer gesamten geistigen Fähigkeiten ausmacht) und die Kräfte des Unterbewußtseins dementsprechend *unterbewertet*. Im allgemeinen glauben wir nur, was wir sehen und anfassen können. Wir glauben nur an die Dinge, die meßbar sind und zu denen mit Zahlen und experimentellen Daten gespickte Tabellen existieren. Kreativität, Intuition und Ideen nehmen (außer in Fällen, wo sich erwiesen hat, daß sie eine Menge Geld einbringen) in der Regel einen ziemlich untergeordneten Platz ein, weil sie nicht meßbar sind und daher offiziell nicht existieren. Aber wenn Sie einmal überlegen, dann steht doch am Anfang jeder Leistung eine Idee. Irgend jemand hatte zu einem bestimmten Zeitpunkt eine Eingebung und gründete die Firma, für die Sie heute tätig sind. Irgend jemand hatte einmal die Idee und begann das erste Auto herzustellen ...

Merke

Jede Errungenschaft hat Ihren Ursprung in einer Idee.

Denken Sie darüber nach. Was hat Sie dazu veranlaßt, dieses Buch zu kaufen? Vielleicht hat der Titel oder der Buchumschlag Ihre Aufmerksamkeit erregt, und das brachte Sie auf den Gedanken, daß das Buch Ihnen helfen könnte, eines Ihrer Probleme zu lösen. Wahrscheinlich sind Sie das Inhaltsverzeichnis oder das Stichwortverzeichnis durchgegangen, um zu sehen, ob es ein Kapitel zu Ihrem Problem gibt. Sie haben dann eine halbe Seite des Kapitels gelesen und schließlich das Buch gekauft.

Ideen können zufällig entstehen. Sie lassen sich nicht erzwingen. Ideen haben nichts mit Willenskraft zu tun. Je krampfhafter man nach einer Idee sucht, desto weniger hat man eine. Je mehr Willenskraft man einsetzt, desto geringer ist die Wahrscheinlichkeit, daß man in sein Unterbewußtsein vordringt. Ideen entstehen ohne unser Zutun und sind plötzlich da, während man gerade an etwas völlig anderes denkt.

In gleicher Weise hat auch Intuition nichts mit Willenskraft zu tun. Intuition ist eine richtungsweisende Kraft in einem selbst, die einen auf scheinbar irrationale Art und Weise lenkt und sich doch so oft als richtig erweist.

Das Unterbewußtsein ist immer für Sie tätig. Selbst wenn Sie aufgehört haben, über ein Problem nachzudenken, ist Ihr Unterbewußtsein noch immer damit beschäftigt, und wenn Sie entspannt genug sind, um diese innere Stimme wahrzunehmen, wird das Unterbewußtsein eine Lösung in Form einer Intuition oder Idee vorbringen. Das kann entweder tagsüber oder auch nachts in einem Traum (wenn auch in verschleierter Form) geschehen.

Träume helfen, die Sorgen und Ängste, die sich tagsüber angesammelt haben, abzubauen, so daß Sie schlafen können. Ohne Träume würden diese Sorgen Sie wachhalten, und Sie könnten Ihre Kräfte nicht durch Schlaf regenerieren.

Um diese Fähigkeiten des Unterbewußtseins zu nutzen, muß man ein Gefühl für diese »innere Stimme« entwickeln. Es ist äußerst wichtig, das Bewußtsein in Schach zu halten, damit es nicht die Führung übernimmt und das Unterbewußtsein blockiert. Dauernde Sorgen und »Katastrophenängste« machen Sie völlig unempfänglich für konstruktive Gedanken.

Wollen Sie Intuition und kreative Gedanken nutzen, müssen Sie lernen, das Bewußtsein zumindest teilweise auszuschalten. Das machen Sie sowieso ab und zu ganz automatisch. Denken Sie daran, wie Sie manchmal an Ihrem Schreibtisch sitzen und verträumt aus dem Fenster schauen, ohne etwas zu betrachten und ohne wahrzunehmen, was um Sie herum geschieht. Sie denken einfach nur ganz intensiv an etwas und können es praktisch vor sich sehen. In diesen Momenten sind Sie in einem Zustand des Tagträumens, in dem Ihr Bewußtsein etwas träge ist und Ihnen erlaubt, Gefühle und Gedanken an die Oberfläche kommen zu lassen. Das Tagträumen beansprucht Sie für gewöhnlich völlig, und Sie sitzen ganz ruhig da. Das können Sie nur, wenn Sie sich keine Sorgen machen. Sobald Sie sich Sorgen machen, werden Sie unruhig. Das Aufkommen von Sorgen ist eine Störung durch Ihr Bewußtsein, und Sie müssen es in Schach halten, um von Ihrem Unterbewußtsein zu profitieren.

Probieren Sie doch einmal die folgenden Übungen aus, um festzustellen, ob Sie in der Lage sind,

- selbst einzuschätzen, wie leicht oder schwer es Ihnen fällt, zu entspannen,
- sich des Unterschieds zwischen einem angespannten und einem entspannten Zustand bewußt zu werden,
- mit Ihrem Unterbewußtsein in Verbindung zu treten.

Atemübung

- Nehmen Sie entweder im Stehen oder im Liegen eine bequeme Position ein.
- Verschränken Sie weder Arme noch Beine, denn das erzeugt körperliche Anspannung.

Merke

Körperliche Anspannung erzeugt geistige Anspannung. Geistige Anspannung erzeugt körperliche Anspannung.

- Legen Sie sich eine Hand etwas über Nabelhöhe auf den Bauch.
- Suchen Sie die Hauptspannungspunkte und entspannen Sie sie ganz bewußt:
  - Entspannen Sie Ober- und Unterkiefer.
  - Entspannen Sie Ihre Schultern.
  - Entspannen Sie Ihre Hände.
- Schließen Sie die Augen und machen Sie sich die Lage Ihres Körpers auf dem Stuhl oder Bett bewußt. Konzentrieren Sie sich für einen Moment auf den Kopf, dann auf die Arme, den Rumpf, die Beine.
- Hören Sie etwa zehn Atemzüge lang auf Ihren Atem. Tun Sie nichts. Es ist unerheblich, ob Sie schnell oder langsam atmen, hören Sie einfach darauf.
- Beginnen Sie nun, tiefer zu atmen. Achten Sie beim Einatmen darauf, daß Sie bis in den Bauch hinunter atmen. Sie wissen, daß Sie es richtig machen, wenn sich Ihre auf dem Bauch liegende Hand mithebt. Beim Ausatmen wird der Bauch in sich zusammensinken und die Hand absinken.
- Atmen Sie zehnmal tief in den Bauch ein, halten Sie den Atem dann jedesmal an, bis Sie bis fünf gezählt haben, dann atmen Sie wieder aus.
- Kehren Sie zu Ihrem normalen Atemrhythmus zurück.
- Spannen Sie langsam alle Muskeln an, entspannen Sie sie dann und öffnen Sie die Augen wieder. Sie sollten sich nun in einem Zustand körperlicher Ruhe befinden.

Falls Sie Probleme haben

Haben Sie Schwierigkeiten, Ihren Bauch beim Einatmen groß werden zu lassen?
Versuchen Sie mit offenen Augen den Bauch rund zu machen, indem Sie ihn mit Hilfe Ihrer Muskulatur vorschieben. Legen Sie eine Hand auf den Bauch, um dieses Gefühl wahrzunehmen. Jetzt kombinieren Sie das Vorschieben der Bauchmuskulatur mit dem Einatmen. Schließlich versuchen Sie, den Bauch nur durch Einatmen groß werden zu lassen.

Sind Sie am Ende der Übung nicht entspannt?
Machen Sie sich wegen irgend etwas große Sorgen? Probleme können sich sehr wohl störend auf die Übung auswirken und Ihnen die Kon-

zentration erschweren. Das ist normal. Widersetzen Sie sich diesen störenden Gedanken nicht, denn Druck erzeugt Gegendruck. Sagen Sie sich einfach: »Ich kann fühlen, daß mich etwas beunruhigt – das ist in Ordnung so. Ich werde mir weiter Sorgen darüber machen, wenn ich die Übung abgeschlossen habe. Aber nun setze ich die Übung fort.« Sagen Sie sich das jedesmal, wenn beunruhigende Gedanken Sie bei der Übung stören.

Versuchen Sie zu angestrengt, sich zu entspannen? Sie brauchen nicht perfekt zu sein. Diese Übung soll *nicht* alle Ihre Probleme lösen; sie trägt nur dazu bei, körperliche Anspannung zu reduzieren. Erwarten Sie also nicht, daß Sie am Schluß der Übung im Koma liegen! Die Übung läßt Sie ein paar Schritte Abstand vom Alltagsleben gewinnen, nicht mehr und nicht weniger.

Merke

Je krampfhafter Sie versuchen, sich zu entspannen, desto weniger gelingt es Ihnen.

Ärgern Sie sich, weil Sie sich nicht besser entspannen können? Finden Sie es unerträglich, wenn Sie nicht der unangefochtene Champion in allem sind? Setzen Sie sich häufig selber unter Druck? Wenn Sie diese Fragen mit Ja beantworten, dann ist es höchste Zeit, daß Sie netter zu sich selbst sind.

Im Moment sind Sie zu kritisch und ungeduldig mit sich selber und behandeln sich unfair. Tun Sie das bitte nicht! Sie haben eine Pause *verdient,* und Sie dürfen Fehler machen und Schwächen haben wie jeder andere auch. Gehen Sie mit sich wie mit einem kleinen Baby um: Zeigen Sie viel Liebe und Verständnis. Versuchen Sie die Übung nun noch einmal. Sie werden feststellen, daß sie Ihnen diesmal besser gelingt.

Sie können diese Übung überall machen, im Bus, in der U-Bahn, im Wartezimmer des Zahnarztes, wenn Sie erschöpft sind und keine Zeit für ein Schläfchen haben, wenn Sie gestreßt sind. Richtiges Atmen wird Ihre Sorgen lindern, Ihnen neue Energie geben und Sie in die Lage versetzen, klar zu denken.

Tief zu atmen heißt, daß die ganze Lunge (und nicht nur die obere Lungenhälfte) mit Luft gefüllt ist und darum mehr Sauerstoff in Ihre Blutbahnen gelangt. Das Gehirn benötigt Sauerstoff, um richtig zu funktionieren. Außerdem lockert und entspannt tiefes Atmen die Bauchmuskeln und den Solarplexus (der Bereich in der Magengegend, in dem eine große Anzahl von Nerven zusammentrifft). Bei entspanntem Solarplexus können Ihre inneren Organe gut funktionieren. Durch tiefes Atmen versetzen Sie Ihren Körper in einen harmonischen Zustand.

Gedanken-Urlaub

- Machen Sie diese Übung in direktem Anschluß an die Atemübung oder wählen Sie einen Zeitpunkt, wenn Sie sowieso weitgehend entspannt sind. Sie sollten die gedankliche Urlaubsübung unter streßfreien Bedingungen ausprobieren, so daß Sie in der Lage sind, sie später in schwierigen Situationen anzuwenden.
- Machen Sie es sich bequem und schließen Sie die Augen.
- Rufen Sie sich zuerst einen Ihrer Koffer in Erinnerung. Stellen Sie sich vor, daß er fertig gepackt auf Ihrem Bett liegt. Während Sie den offenen Koffer betrachten, wiederholen Sie im Geiste das Wort »Urlaub«. Versetzen Sie sich in Urlaubsstimmung, bringen Sie sich auf den Geschmack. Sehen Sie die Situation vor Ihrem geistigen Auge und empfinden Sie die Begeisterung, zu Ihrem Lieblingsurlaubsort zu fahren. Geld spielt keine Rolle, je teurer desto besser.
- Jetzt sind Sie startbereit. Schließen Sie den Koffer. Nun befinden Sie sich auf dem Flughafen, Bahnhof oder am Seehafen (Sie werden selbstverständlich von einem Wagen mit Chauffeur dorthin gebracht) und besteigen das Flugzeug, den Zug oder das Schiff.
- Sie haben Ihren Urlaubsort erreicht. Es ist wunderbar und genau so, wie Sie es sich wünschen. Betrachten Sie in Gedanken alles ganz genau: die Berge, das Meer, den Strand, die Bäume, die Landschaft, was Sie eben ausgewählt haben. *Sehen* Sie sich selbst umhergehen und die Schönheit der Gegend genießen, *fühlen* Sie die Hochstimmung, die Sie in dieser herrlichen Umgebung empfinden. Versetzen Sie sich ganz in Ihren Tagtraum: Machen Sie diesen gedanklichen Urlaub zu einem ganz und gar erfreulichen Ereignis.
- Wollen Sie zurückkehren, dann spannen Sie langsam alle Muskeln an, darauf entspannen Sie sie wieder und öffnen die Augen – und behalten Sie das Lächeln auf den Lippen, es steht Ihnen!

Falls Sie Probleme haben

Haben Sie Schwierigkeiten, sich einen idealen Urlaub vorzustellen?

Vielleicht haben Sie Ihr Vorstellungsvermögen schon eine Zeitlang nicht mehr benützt, und es ist daher »eingerostet«. Um Ihr Vorstellungsvermögen und Ihre Phantasie wieder zu aktivieren, beginnen Sie mit einem Gegenstand aus Ihrer unmittelbaren Umgebung: einer Pflanze, dem Telefon, einem Bild, was gerade in der Nähe ist. Schauen

Sie sich den Gegenstand genau an und beachten Sie jedes kleine Detail.

Dann schließen Sie die Augen und beschreiben den Gegenstand im Geiste so detailliert wie möglich. Nun öffnen Sie die Augen wieder und überprüfen, ob Sie den Gegenstand richtig in Erinnerung behalten haben. Je öfter Sie dies üben, desto besser werden Sie sich etwas in Gedanken vorstellen können. Die Tatsache, daß Sie sich erinnern können, bedeutet, daß Sie sich ein geistiges Bild von dem Gegenstand gemacht haben. Was Sie sich nicht vorstellen können, können Sie auch nicht beschreiben. Verbessern Sie Ihr Vorstellungsvermögen, verbessern Sie damit automatisch auch Ihr Erinnerungsvermögen.

Haben Sie Schwierigkeiten, Ihren Urlaub zu genießen?
Was hat Ihren Tagtraum getrübt? War es Ihnen unmöglich, sich etwas ganz und gar Erfreuliches und ohne jegliche Mängel vorzustellen? Vielleicht kommt Ihnen diese Übung unrealistisch vor, und Sie wollen mir sagen, daß Sie bei Ihrem letzten Urlaub in Mallorca in dieser miesen kleinen Pension an der Hauptstraße gelandet sind, wo Ihnen vermutlich das Zimmermädchen die Ohrringe gestohlen hat, da sie nirgends mehr auffindbar waren ... Ist das der Fall, so fürchte ich, ist Ihnen der Sinn der Übung nicht klargeworden.

Wir alle wissen, daß im Leben nicht alles perfekt ist. Es wird immer Hochs und Tiefs und unvorhergesehene Hindernisse geben. Das ist nun einmal so, egal ob wir froh oder traurig darüber sind. Wir können unvorhersehbare Ereignisse in unserem Leben nicht verhindern, aber wir können beeinflussen, wie wir mit ihnen umgehen.

Wir können uns aussuchen, wie wir die Probleme betrachten wollen: als etwas Positives oder Negatives. Wir können uns aussuchen, ob wir glücklich oder unglücklich sein wollen. Ganz egal, wofür wir uns entscheiden, Probleme wird es immer geben. Wir können uns also entweder ängstlich in eine Ecke verziehen und darauf warten, daß die nächste Sache schiefgeht und ganz unglücklich mit dem Leben sein, oder wir können uns den Problemen stellen, uns mit ihnen bestmöglich auseinandersetzen und uns dabei ansonsten gut fühlen. Übrigens, sind Sie sich auch *ganz* sicher, daß Sie die Ohrringe nicht am Strand liegengelassen haben?

Der »Gedanken-Urlaub« ist reine Phantasie, aber das soll er auch sein. Genau wie das tiefe Atmen gibt er Körper und Geist die Möglichkeit, zu entspannen und neue Energie zu tanken. Außerdem hilft er Ihnen, einen Abstand von der Alltagsroutine zu gewinnen, so daß Sie gestärkt und gutgelaunt weitermachen können. Diese Übung soll Ihnen guttun und nur, wenn Sie sich etwas Schönes vorstellen, werden Sie den größten Nutzen aus dieser Übung ziehen.

Erstellen Sie Ihr eigenes Erfolgsprogramm

Im Leben bekommt jeder das, was er verdient, aber nur der Erfolgreiche gibt es auch zu. Es gibt keine himmlische Abteilung, die Erfolge verteilt. Jeder einzelne von uns muß sich sein Glück und seinen Erfolg selbst erarbeiten.

Es gibt immer wieder Teilnehmer meiner Workshops, die erklären, daß ihr Leben von ihrer Umgebung, ihrer momentanen finanziellen Situation, ihrem Partner, ihrem Chef oder ihrer beruflichen Tätigkeit beherrscht wird, und daß sie sich kaum Hoffnungen machen, daß es ihnen gelingen könnte, ihr Leben zu verbessern. Die äußeren Umstände erscheinen ihnen so überwältigend, daß sie meinen, ihre eigenen Bemühungen seien von Anfang an zum Scheitern verurteilt.

Wenn ich sie dann frage, was sie nun tatsächlich unternommen hätten, um ihre Situation zu verbessern, so stellt sich entweder heraus, daß sie überhaupt nichts unternommen haben, in der Annahme, es käme doch nichts dabei heraus, oder sie haben nach dem ersten (und meist schwachen) Versuch aufgegeben, obwohl sie bei der Außenwelt nicht einmal auf den erwarteten Widerstand gestoßen sind.

Veränderung kann Angst auslösen, und auch wenn die gegenwärtige Situation unerfreulich ist, ist sie manchem dennoch lieber als die Mühen und Aufregungen, die Veränderungen mit sich bringen, und das Risiko, in der Auseinandersetzung mit neuen Situationen ein paar Schrammen abzubekommen. Das ist dann ein bißchen wie mit dem Zahn, der im Wartezimmer des Zahnarztes plötzlich nicht mehr weh tut. Plötzlich haben Sie das Gefühl, es sei doch gar nicht so schlimm und eigentlich sollten Sie dem Zahnarzt nicht die Zeit stehlen; wahrscheinlich ist ja doch alles in Ordnung. Oder, wenn Sie eine unangenehme Angelegenheit mit einem Kollegen zu besprechen haben, ist es da nicht erstaunlich, wie Sie sich (nur, um das Gespräch mit dem Kollegen zu umgehen) an die Erledigung der Ablage und wenig dringlicher Arbeiten machen, die Sie normalerweise nicht leiden können?

Mit Veränderungen in unserem Leben ist es nicht anders. Wir haben Angst und versuchen diese Veränderungen zu vermeiden, auch wenn sie im Endeffekt sehr positiv für uns wären. Das Ziel der Reise gefällt uns schon, die Reise selbst aber weniger: »Lieber Gott, laß mich zwanzig Kilo abnehmen, aber mach es mir leicht!«

Im Leben weiterzukommen bedeutet, Neues zu lernen. Das mag nicht immer leicht sein, aber es lohnt sich, denn letztendlich stärkt es Ihr Selbstvertrauen und Ihre Selbstsicherheit. Sie werden auch feststellen, daß es nach einiger Zeit leichter wird, mit unliebsamen Situationen fertig zu werden, ganz einfach deswegen, weil Sie weniger Zeit mit *Sorgen* und mehr Zeit mit *Handeln* zubringen. Sie gehen die Probleme an, anstatt sie vor sich herzuschieben. Mit Aufschieben löst man keine Probleme, man schafft nur zusätzliche.

Es hat wenig Sinn, das Streben nach einer besseren Lebensqualität auf später zu verschieben. Als Sie in der Schule waren, haben Sie gesagt: »Wenn ich die Schule hinter mir habe, bin ich glücklich.« Dann waren Sie mit der Schule fertig und dachten: »Wenn ich eine Stelle bekomme, bin ich glücklich.« Wenn Sie einen Arbeitsplatz haben, machen Sie Ihr Glück von einer Frau bzw. einem Mann oder von einem Haus abhängig, später dann davon, daß die Kinder von zu Hause ausziehen. Bevor Sie sich versehen, sind Sie alt und grau und müssen erkennen, daß das Leben an Ihnen vorübergegangen ist. Viele Menschen vertun ihr Leben, indem sie auf das große Glück warten und dabei die vielen kleineren glücklichen Ereignisse, die im Laufe des Lebens geschehen, übersehen.

Achten Sie darauf, daß Ihnen das nicht passiert. Beginnen Sie damit, Ihr Leben *jetzt* zu genießen. Fangen Sie erst einmal an, im Hier und Jetzt und nicht in der Vergangenheit oder Zukunft zu leben, werden Sie sehr viele Dinge entdecken, die Ihnen gefallen. Sie müssen nur nach ihnen Ausschau halten und dann werden Sie überall auf sie stoßen. Wenn Sie heute Glück erwarten, dann haben Sie heute auch Glück. Versuchen Sie es, es funktioniert wirklich!

Der größte Feind (außer einem selbst) auf dem Weg zu einem besseren Leben ist wahrscheinlich die Gewohnheit. Wir gewöhnen uns so sehr daran, etwas auf bestimmte Art und Weise zu tun, in bestimmten Mustern zu denken, auf bestimmte Situationen beinahe schon automatisch zu reagieren, daß es fast scheint, als schalte unser Denken in bestimmten Situationen auf »Automatik« um. Darum scheinen Änderungen auch oft so schwierig zu sein. Handelt es sich bei der Gewohnheit um etwas relativ Unkompliziertes, wie etwa das Rauchen aufzugeben oder sich gesünder zu ernähren, dann können wir uns Änderungen gerade noch vorstellen, besonders wenn wir gerade viel Sekt getrunken haben, der 31. Dezember ist und es gleich noch mehr Sekt gibt ...

Wenn das Problem jedoch darin besteht, daß man sich dauernd Sorgen macht oder sich häufig ärgert, dann schiebt man die Schuld an seinen negativen Reaktionen gerne auf die Umwelt, und entsprechend können wir uns dann auch nicht vorstellen, daß wir etwas gegen unsere negativen Reaktionen unternehmen können. Wir haben das Gefühl, daß wir einfach nicht damit aufhören können, uns Sorgen zu machen, wenn unser Mann oder unsere Frau nicht rechtzeitig nach Hause kommt. Wir meinen, uns in einem teueren Restaurant nicht über ein schlechtes Essen beschweren zu können. Statt dessen sagen wir: »Wir kommen einfach nicht mehr hierher«, gehen nach Hause und ärgern uns noch eine ganze Woche lang über die Sache.

Wenn man sich nicht ändern will, lassen sich zahlreiche Ausreden finden, wie z. B.: »Ich *muß* mir Sorgen machen als Zeichen meiner *Anteilnahme*!« Was für ein Unsinn! Denken Sie einmal darüber nach. Es bringt doch gar nichts, sich Sorgen zu machen. Wenn Ihr Mann einen Unfall hat, können Ihre Sorgen nichts daran ändern. Hat Ihre Frau Affären, dann fragen Sie sie besser danach, als sich Sorgen zu machen. Wenn Sie sich in einem Restaurant beschweren, müssen Sie nicht unhöflich sein. Es ist völlig in Ordnung, darauf hinzuweisen, daß man von einer schlecht zubereiteten Mahlzeit nicht angetan war. Diese Gewohnheiten *kann* man ändern. Andere haben das geschafft, warum sollten Sie es also nicht auch schaffen?

Wollen Sie Ihrem Leben einen positiveren Bezugsrahmen geben, dann sollten Sie die folgenden Punkte beachten:

- Übernehmen Sie Verantwortung für sich selbst, Ihr Handeln und Ihre Gefühle. Sie sind ein Teil von Ihnen, und Sie sind der einzige, der sie beeinflussen kann. Warten Sie nicht darauf, daß sich die Außenwelt verändert, denn darauf können Sie lange warten.
- Machen Sie eine Bestandsaufnahme. Wo stehen Sie zur Zeit in Ihrem Leben? Prüfen Sie jeden Aspekt: Gesundheit, Finanzen, Arbeitsplatz, Partnerschaft, Selbstbild usw. Welche Aspekte möchten Sie gerne verbessern?
- Erstellen Sie eine Liste der Dinge, die Sie ändern möchten, und ordnen Sie sie nach Priorität. Nehmen Sie sich einen Punkt nach dem anderen vor – einen Punkt in den Griff zu bekommen ist besser, als halbherzige Versuche an mehreren Punkten zu unternehmen.
- Betrachten Sie den ersten Punkt auf Ihrer Liste. Was ist hier das Problem? Nehmen Sie das Problem auseinander und stellen Sie fest, welche äußeren Faktoren mit hereinspielen und inwiefern Ihre eigene Einstellung die Situation verschlimmert. Nehmen wir einmal an, Sie kochen innerlich, weil drei Verkäufer sich unterhalten, während Sie darauf warten, bedient zu werden. Der äußere Faktor ist, daß die Verkäufer ihrer Arbeit nicht nachkommen. Der interne Faktor ist, daß Sie zu schüchtern sind, um die Aufmerksamkeit der Verkäufer auf sich zu lenken. Es wird immer Verkäufer geben, die sich lieber unterhalten

als arbeiten, aber Sie müssen nicht bis an Ihr Lebensende schüchtern sein.
Sie werden feststellen, daß Sie meist nicht viel an den äußeren Umständen ändern können. Der Angriffspunkt muß deshalb Ihre eigene Einstellung sein.

- Setzen Sie sich ein Ziel. Stellen Sie ganz klar dar, was Sie wollen. Sagen Sie nicht: »Ich möchte gerne beliebter sein«, sondern sagen Sie: »Ich möchte mich auf Partys wohler fühlen.« Setzen Sie sich realistische Ziele. Sagen Sie nicht: »Ich möchte eine Figur haben wie Racquel Welch«, sondern sagen Sie: »Ich möchte mein Übergewicht verlieren.«
- Beginnen Sie mit der Vorarbeit. Ist Ihr Ziel, am Schluß Ihre Fahrprüfung zu bestehen, dann müssen Sie zuerst üben, das Auto in drei Zügen zu wenden. Alles positive Denken der Welt wird Ihnen nichts helfen, wenn Sie sich nicht gut auf die Prüfung vorbereitet haben.
- Wollen Sie einen Partner finden, sorgen Sie dafür, daß Sie attraktiv sind. Mit Lockenwicklern im Haar und einer Zigarette im Mundwinkel werden Sie sicherlich keinen Mann vor Verlangen verrückt machen, genausowenig wie ein Hemd mit Flecken über einem Spitzbauch und das allgemeine Erscheinungsbild eines verkommenen Einmannhaushaltes Frauen dazu veranlassen wird, sich Ihnen zu Füßen zu werfen.
- Verbannen Sie den Satz »Ich kann nicht« aus Ihrem Wortschatz. Wenn Sie sagen: »Ich kann nicht«, setzen Sie sich selbst Grenzen. Denken Sie an die Hummel. Laut den Gesetzen der Aerodynamik ist es der Hummel bei ihrem proportionalen Verhältnis von Körpergewicht zu Flügelmaßen unmöglich zu fliegen, aber sie weiß das nicht und fliegt einfach.

Merke

Sie können es, weil Sie glauben, daß Sie es können.

- Bereiten Sie sich körperlich und geistig vor. Sorgen Sie dafür, daß Sie in bester geistiger Verfassung sind, um mit Ihrem ersten Punkt zu beginnen. Machen Sie mindestens drei Wochen lang jeden Tag eine der Entspannungsübungen von Seite 25 ff. Gewöhnen Sie sich an, sich wenigstens einmal täglich zu entspannen, und Sie werden feststellen, daß Ihnen das Abschalten zunehmend leichter fällt. Damit schaffen Sie sich die Energie, die Sie für die anstehenden Aufgaben benötigen.
- Beginnen Sie Ihren Tag, indem Sie sich vor den Spiegel stellen und zu

sich sagen: »Ab heute wird alles besser.« Sagen Sie es mit Überzeugung.

- Stellen Sie sich vor, Sie haben Ihr Ziel erreicht. Was Sie sich in Gedanken vorstellen können, können Sie auch in der Wirklichkeit erreichen. Wenn Sie abnehmen wollen, stellen Sie sich vor, wie Sie aussehen, wenn Sie schlank sind und neue Garderobe in einer kleineren Größe tragen. Stellen Sie sich vor, wie Sie in dieser Kleidung vor dem Spiegel stehen und wie Sie vor Freude strahlen.

  Wenn Sie früher schon einmal schlanker gewesen sind, suchen Sie ein Foto heraus und tragen Sie es mit sich herum. Nehmen Sie einen Rock, eine Hose oder irgendein Kleidungsstück, das Ihnen momentan zu eng ist, aus dem Schrank, so daß Ihr Blick immer wieder darauf fällt, und sagen Sie sich: »Das werde ich bald wieder tragen!«

  Sie können es, weil Sie glauben, daß Sie es können. Füllen Sie Ihre Gedanken mit Vorstellungen Ihres neuen Ich. Sind Sie ein Mann, der in Gesprächen mit Frauen nervös wird, so stellen Sie sich vor, wie Sie in ein Gespräch vertieft sind, wie Sie selbstsicher sind und flüssig sprechen, wie Ihre Gesprächspartnerin Ihnen aufmerksam zuhört und Gefallen an dem Gespräch findet und wie sie Sie anlächelt. *Stellen Sie sich vor*, erfolgreich zu sein, dann *sind* Sie auch erfolgreich.
- Sie können es, weil Sie glauben, daß Sie es können. Schieben Sie jetzt also alle Ausreden zur Seite und *fangen Sie an*!

Einige Charaktere und ihre Strategien

In diesem Kapitel werden verschiedene Persönlichkeitstypen und ihre jeweiligen Besonderheiten vorgestellt.

Ich möchte aber gleich vorausschicken, daß es kaum jemanden gibt, der ausschließlich einer Kategorie zuzuordnen ist – wir alle weisen eine Vielzahl persönlicher Eigenschaften auf, die sich im Lauf der Jahre herausgebildet haben. Unsere Persönlichkeit ist uns angeboren, unterliegt aber gleichzeitig äußeren Einflüssen.

Wenn Sie Kinder haben, dann wissen Sie ja selber, wie sich Persönlichkeit bereits in sehr frühem Lebensalter zeigt. Das eine Baby schläft die Nacht durch, während ein anderes häufig schreit. Das eine Kind ist lebhaft, neugierig und wißbegierig, ein anderes still, ruhig und ein Spätentwickler.

Für das lebendige oder stille Kind hängt in den folgenden Jahren viel von seiner Umgebung ab. Wird die Lebhaftigkeit als etwas Positives gesehen, lernt das Kind mit großer Wahrscheinlichkeit, seine Energie in nützliche Bahnen zu lenken. Wird die Lebhaftigkeit als etwas Wünschenswertes gesehen (oft für Jungen, aber nicht für Mädchen) und dem Kind werden keinerlei Grenzen gesetzt, kann das Kind mitunter ungebärdig werden, weil es keine Führung erfährt.

Wird das lebhafte Kind andererseits von den Eltern oder Lehrern als hyperaktiv und ungezogen eingestuft, kann es sein, daß es aufgrund seines »negativen Verhaltens« eine Menge Probleme bekommt. Jedesmal wenn das Kind lebhaft ist, wird es bestraft. Auf diese Weise lernt das Kind dann, entweder seine Lebhaftigkeit zu unterdrücken oder in überzogener Form auszuleben und somit weitere Bestrafung zu provozieren. Strafen wiederum können das störende Verhalten des Kindes noch weiter verstärken, bis es schließlich wirklich zu einem unausstehlichen kleinen Balg geworden ist. Ein Paradebeispiel einer sich selbst bewahrheitenden Voraussage!

Schüchternheit läßt sich ebenfalls verschieden etikettieren. Entweder gilt sie als Zeichen »guter Manieren«, also als etwas Angemessenes und Wünschenswertes, oder man beschimpft und bestraft sie als etwas »Zurückgebliebenes« und »Dummes«. Wie man mit dem Kind dann umgeht und wie es sich entwickelt, hängt ganz von dem Stempel ab, den man dem Kind aufdrückt.

Das als »Kind mit guten Manieren« eingestufte Kind entwickelt sich unter Umständen zu einer äußerst gehemmten Persönlichkeit, die außerstande ist, negative oder positive Gefühle auszudrücken. Das als »zurückgeblieben« bezeichnete Kind entwickelt unter Umständen einen Minderwertigkeitskomplex und kann deshalb später nicht so viel erreichen. Es ist schon schwierig, alles richtig zu machen, nicht wahr? Vielleicht sollte man seinen Eltern Vergangenes verzeihen, denn wenn man selbst erst einmal Mutter oder Vater ist, merkt man, daß man selber auch Fehler macht.

Da der Einfluß von Eltern, Geschwistern, Lehrern und Mitschülern in der Kindheit und Jugend besonders groß ist, ist es logisch, daß die Einstellungen, die der junge Mensch in seinem sozialen Umfeld antrifft, sein Leben wesentlich prägen. Ein sechsjähriges Kind kann nicht einfach seine Sachen packen und das Haus mit den Worten verlassen: »So, jetzt reicht´s mir aber. Ich lasse mich doch nicht ständig wie einen Idioten behandeln! Immerhin bin ich der einzige hier, der mit Computern umgehen kann!« Statt dessen muß es sich die Vorwürfe seiner Eltern weiterhin anhören, bis es ausziehen kann, und das kann noch zehn Jahre oder länger dauern. Bis dahin ist dann aber der Glauben an seine Unzulänglichkeit in seinem Denken fest verankert.

Dieses Beispiel ist natürlich ein bißchen übertrieben, denn die meisten von uns haben in der Kindheit eine gesunde Mischung aus Lob und Tadel erfahren. Und trotzdem tun wir uns manchmal schwer, erwachsen zu werden. Manches, was wir als Kind erlebt haben, hat oft einen größeren Einfluß auf unser weiteres Leben, als wir damals glaubten. Wir alle haben unsere eigene Lebensgeschichte. Wir haben auch genauso unsere Schwierigkeiten, mit den Eltern zurechtzukommen, wie sich diese mit ihren Eltern auf die eine oder andere Weise arrangieren mußten. Das heißt jedoch nicht, daß unsere Vergangenheit unser Leben auch weiterhin bestimmen muß. Wenn Sie nicht mochten, wie Ihre Eltern mit Ihnen umgegangen sind, dann können Sie sich als Erwachsener jederzeit Freunde suchen, die Sie anders behandeln. Wenn Sie in den vergangenen zwanzig Jahren jedesmal einen Wutanfall hatten, wenn Sie jemand auf der Straße versehentlich anrempelte, dann wird es Sie erst einmal etwas Zeit und Mühe kosten, nicht mehr so negativ zu reagieren. Aber es lohnt sich letztendlich, wenn Sie sich dafür ein Magengeschwür ersparen.

Im folgenden finden Sie eine etwas überzogene, fast schon karikaturhafte Beschreibung verschiedener Charakterzüge. So ausgeprägt werden Sie diese Charaktere im wirklichen Leben kaum vorfinden, obwohl Sie sicherlich Menschen kennen, die eine Tendenz zu einigen der beschriebenen Charakterzüge haben.

Diese skizzenhafte Darstellung soll Ihnen dabei helfen, sich selbst einschätzen zu lernen, um Ihre Schwachpunkte auszumachen, denen eine Dosis positiven Denkens guttun würde. Nehmen Sie die folgenden Darstellungen mit einer Prise Humor und benutzen Sie sie als Leitfaden. Werfen Sie sich also nicht gleich vor einen Zug, nur weil Sie große Ähnlichkeiten mit dem *hinterhältigen Typus* an sich entdecken. Sollte das der Fall sein, dann beweist das nur, daß Sie ehrlich zu sich sind. Und das wiederum wird Ihnen helfen, der bessere Mensch zu werden, der Sie in Wirklichkeit sind.

Der Gönner

Der Gönner, ob männlich oder weiblich, hat ein scharf umrissenes Bild von der Welt. Was er hört, sieht oder erlebt, teilt er klipp und klar in gut oder schlecht, richtig oder falsch ein. Der Gönner legt ein für allemal fest, was zu welcher Kategorie gehört, und damit hat sich der Fall. Der Gönner hält sich nicht mit Gedanken über eventuelle Grauzonen zwischen Schwarz und Weiß auf.

Von Natur aus mit einer lauten Stimme ausgestattet, verkündet der Gönner sodann das Evangelium. Ob man es hören will oder nicht, der Gönner wird seine Meinung über jedes beliebige Thema zum besten geben. Wenn Sie schon mal im Krankenhaus waren, werden Sie sich an die herrische Krankenschwester erinnern, die morgens um 5 Uhr ins Zimmer stapft, um Fieber zu messen, und dabei im Kommandoton dröhnt: »Sind wir nicht faul? Noch immer schlafen! Nun machen Sie schon, Herr XY, öffnen Sie den Mund!« Und wollen Sie Näheres über die Tabletten wissen, die sie Ihnen gerade gegeben hat, so wird sie Sie vorwurfsvoll ansehen und antworten: »Nun, wir müssen uns schon an die Anweisungen von Herrn Doktor halten, nicht wahr Herr XY?« Das heißt, Sie werden von ihr zurechtgewiesen, denn nach ihren Regeln darf der Patient die Autorität des Arztes wie auch ihre eigene Autorität nicht in Frage stellen, und genau das haben Sie gerade getan.

Beachten Sie auch den ständigen Gebrauch des »Wir« anstatt des »Sie«. Sie sind nicht länger ein eigenständiger Mensch und egal, um was es geht, sie als Krankenschwester kennt sich am besten aus, deshalb nimmt sie Sie unter ihren mutterhaften, aber gleichzeitig nervtötenden Schutz und vereinnahmt Sie auf diese Weise. Deshalb das »Wir«.

Gönner neigen zu harter und schneller Kritik, die nicht immer konstruktiv ist. Obwohl sie gute Ideen haben, werden ihre Vorschläge von anderen oft abgelehnt, und zwar nur wegen der Art und Weise, in der diese vorgebracht werden.

Die guten Seiten des Gönners

Der Gönner weiß oft wirklich viel und ist aufrichtig daran interessiert, anderen zu helfen.

Die problematischen Seiten des Gönners

Der Gönner neigt zu Sturheit. Oft hat er seine Meinung bereits früh im Leben gebildet und sie seitdem nicht wieder überprüft. Gönner können etwas altmodisch sein und gehören zu der Gruppe von Menschen, die noch immer glauben, der Mikrochip sei ein Nebenprodukt der Wirtschaftskrise im Kartoffelanbau.

Gönner sind sich ihrer Meinung so sicher, daß sie meist Predigten halten, anstatt ein Zwiegespräch mit anderen zu führen. Gönner merken auch nicht, wenn sie die Gefühle anderer verletzen (»Ich will ja nur dein Bestes!«), wenn sie andere hart kritisieren. Damit machen sie sich unbeliebt, denn andere Menschen mögen sie entweder nicht oder haben Angst vor ihnen.

Der Seelenzustand des Gönners

Festgefahrene Meinungen sind ein Zeichen grundlegender Unsicherheit. Wenn einem die Welt furchteinflößend und verwirrend vorkommt, dann kann eine starre Denkstruktur eine Art Rettungsseil bilden, an das man sich klammern kann. Diese Starrheit hat jedoch

Nachteile. Brücken und auch Wolkenkratzer sind so gebaut, daß sie sich bei sehr starkem Wind ein wenig hin- und herbewegen können, und diese Flexibilität verhindert, daß sie bei einem Sturm einstürzen. Dasselbe gilt auch für Menschen. Diejenigen, die sich am besten an neue Situationen anpassen können, kommen am leichtesten zurecht.

Gönner vergeuden meist viel Energie damit, sich Veränderungen zu widersetzen, und verpassen manchmal Gelegenheiten, die für sie von Vorteil sein könnten, nur weil diese nicht in ihr Konzept passen und ihnen daher Angst machen (»In *mein* Büro kommt kein so neumodischer Computer, auf keinen Fall!«).

Die Maus

Die Maus ist eine einzige Entschuldigung auf Beinen. Auch heutzutage zählen meist Frauen zu dieser Kategorie. Mäuse haben das Gefühl, sich dafür entschuldigen zu müssen, daß sie überhaupt existieren, und wenn es nach ihnen ginge, stünde auf ihren Grabsteinen: »Entschuldigt meinen Staub.«

Mäuse haben Angst, lästig zu sein und anderen im Weg zu stehen. Sie warten lieber eine halbe Stunde, bis zwei Verkäufer ihre Unterhaltung beendet haben, anstatt auf sich aufmerksam zu machen.

Die Haltung der Maus ist in jeder Beziehung zögernd und abwartend. Sie ist unentschlossen, wenn sie ihre Familie bedient, sie zittert, wenn ihr Chef sie zum Diktat hereinruft oder wenn sie nach ihrer Meinung gefragt wird, weil sie sich nicht länger neutral verhalten kann und Stellung beziehen muß. Selbst wenn eine Maus versucht, sich neutral zu verhalten, zittert sie trotzdem innerlich, weil sie so überzeugt ist von ihrer Nutzlosigkeit (und wie wir ja inzwischen wissen, bestätigt sich der Gedanke der Nutzlosigkeit auch bald in der Wirklichkeit).

Mäuse sind nicht unbedingt beliebt, denn ihre Unterwürfigkeit und Überangepaßtheit wird oft als Dummheit verachtet, und ihre ständigen Entschuldigungen fallen den anderen auf die Nerven. Und wenn das Wörtchen »nein« morgen abgeschafft würde, hätte die Maus auch nichts dagegen, weil es ihr sowieso im Traum nicht einfallen würde, es jemals zu gebrauchen.

Die guten Seiten der Maus

Die Maus ist hilfsbereit, rücksichtsvoll und ein großer Trost für bedürftige Menschen. In der Regel hat die Maus viel Mitgefühl für andere (was jedoch nicht dasselbe ist wie Verständnis) und unterstützt unermüdlich jeden, der krank oder in irgendeiner Weise benachteiligt ist. Kleine alte Damen bezeichnen die Maus als einen »Engel«.

Bei Menschen, die Hilfe brauchen, fühlt sich die Maus sicher, und sie entwickelt Fähigkeiten, die sie selbst und andere angenehm überraschen. Da diese Seiten für andere nutzbringend sind, werden sie in der Regel als wünschenswert unterstützt.

Es muß allerdings betont werden, daß überschäumende Hilfsbereitschaft, die zur Selbstaufopferung tendiert und die eigene Gesundheit angreift, selbstzerstörerisch und damit eben nicht mehr positiv ist.

Die problematischen Seiten der Maus

Für stärkere Persönlichkeiten ist ein leichtes, die Maus auszunutzen. Ihre Unfähigkeit, »nein« zu sagen, und ihr starkes Pflichtbewußtsein anderen gegenüber macht es ihr praktisch unmöglich, unangemessene Forderungen abzulehnen.

Ihre Hilfsbereitschaft führt nicht unbedingt dazu, daß andere Menschen der Maus zugetan sind, denn vielen Leuten geht ihre servile Art auf die Nerven. Die Maus findet daher häufig nicht die Anerkennung für die guten Taten, die sie vollbringt.

Der Seelenzustand der Maus

In ihrem Inneren ist die Maus sehr viel komplexer, als es nach außen hin scheint. In ihrem Inneren herrscht Durcheinander und Aufruhr, denn irgendwo in ihr ist ein »Ich«, das raus möchte und das Ansprüche und Bedürfnisse hat, die jahrelang unterdrückt worden sind.

Ihr Bedürfnis nach Wertschätzung und Anerkennung treibt die Maus zu immer weiteren guten Taten und selbstlosem Handeln an, und wenn das von anderen nicht genügend gelobt wird, dann ist die Maus frustriert. Das wiederum treibt sie zu weiterem selbstlosen Handeln, und manchmal verfolgt sie andere geradezu, um bei ihnen gute Taten gegen eine mögliche Belohnung in Form von Anerkennung abzuladen. Bleibt ihr diese verwehrt, so wird die Maus wütend. Da aber Wut ein für einen Engel verbotenes Gefühl ist, muß es unterdrückt werden, und das kleine »Ich« wird noch kleiner. Die Maus neigt zu Erschöpfung und Nervenkrankheiten als Folge ihrer ständig unterdrückten Gefühle und Wünsche.

Der Märtyrer

Der Märtyrer (auch dies ein hauptsächlich weiblicher Charakterzug) erzählt jedem, wie schwach er ist, aber in Wirklichkeit ist er stark wie ein Ochse. Märtyrer besitzen große Energie und Entschlossenheit und setzen all ihre Kraft dafür ein, sich durchzusetzen und die uneingeschränkte Aufmerksamkeit ihrer Mitmenschen auf sich zu lenken, denn sie sind der Überzeugung, daß sie Aufmerksamkeit brauchen, verdienen und ein Anrecht auf sie haben. Ein Märtyrer wird Sie immer wieder daran erinnern, daß er Ihnen vor drei Jahren selbstlos einen Zehnmarkschein geliehen hat, wofür Sie ihm ewig dankbar zu sein haben.

Obwohl Märtyrer andere hauptsächlich als Publikum benutzen, brauchen Sie dennoch andere Menschen zur Bestätigung ihres Selbstwertgefühls. Ihr (unbewußtes oder bewußtes) Hauptziel im Leben ist, ein Gefühl der Wichtigkeit und Selbstachtung durch andere zu erreichen, und sie sorgen dafür, daß sie dies auch bekommen. Sie kennen sich mit Krankheiten und ihren Symptomen ganz gut aus und erzählen jedem von ihrem Gesundheitszustand, der natürlich immer schlecht ist oder Grund zur Beunruhigung gibt.

Manchmal benutzen Mütter dieses Verhalten als emotionale Erpressung, um ihr einziges Kind davon abzuhalten, endgültig von zu Hause auszuziehen oder abends auszugehen und sich auf diese Weise ein Privatleben aufzubauen. Sobald die Tochter oder der Sohn nach der Türklinke greift, legt sich die Mutter die Hand aufs Herz, und mit einem schmerzlichen und tapferen kleinen Lächeln wünscht sie dem Kind einen schönen Abend, aber in Wirklichkeit meint sie: »Aber natürlich, geh du nur aus! Es macht ja nichts, wenn ich einen Herzinfarkt bekomme, während du dich amüsierst.« Ist das Kind eine Maus, wird er oder sie diese Signale nicht ignorieren können und daher zu Hause bleiben.

Wirklich interessant wird es, wenn zwei Märtyrer aufeinandertreffen. Das Gespräch wird sehr ernst, und bald schon wird darum gewetteifert, wer denn nun kränker ist, wer die allerschlimmste Krankheit und wer die meisten Operationen hinter sich hat (»Der Chirurg konnte es einfach nicht fassen, wie jemand mit einem so riesigen Gallenstein überleben kann!«). Beide sprechen meistens gleichzeitig, und keiner hört dem anderen wirklich zu, weil beide zu sehr damit beschäftigt sind, sich an alle Einzelheiten ihrer Krankheiten zu erinnern, um endgültig ihren Gegner aus dem Feld zu schlagen.

Die guten Seiten des Märtyrers

Der Märtyrer besitzt in hohem Maße Energie und Entschlossenheit, die aber leider falsch eingesetzt werden.

Die problematischen Seiten des Märtyrers

Der Märtyrer übt große Anziehungskraft auf die Maus aus. Das ist wie eine sadomasochistische Beziehung: Der Märtyrer jammert, die Maus hört ehrfürchtig zu und hat das Gefühl, daß sie gebraucht wird.

Andere neigen dazu, dem Märtyrer aus dem Weg zu gehen, weil das ewige Jammern auf die Dauer schwer zu ertragen ist. Wenn andere den Märtyrer nicht besuchen, hat er das Gefühl, daß er mit all seiner Unsicherheit auf dem trockenen sitzt. Daraufhin produziert er dann weitere Symptome, so daß sich jeder schuldig fühlt und an sein Krankenbett zurückeilt, denn es könnte ja sein, daß der Märtyrer diesmal wirklich krank ist ...

Märtyrer laufen Gefahr, sich echte Krankheiten zuzuziehen, und zwar allein deswegen, weil sie die ganze Zeit an sie denken (siehe Seite 129 f.).

Der Seelenzustand des Märtyrers

Märtyrer sind im Grunde genommen einsame und unsichere Menschen, die in ihrem Leben nie genügend Aufmerksamkeit bekommen haben. Krankheit hat ihnen einmal zu Aufmerksamkeit verholfen, also greifen sie immer wieder darauf zurück. Haben sie das Glück, jemandem zu begegnen, der sich nicht erpressen läßt und gleichzeitig genügend Interesse für sie besitzt, um ihnen andere und positivere Wege zum Erreichen von Aufmerksamkeit zu zeigen, dann können sie oft lernen, ihre Energie in konstruktivere Bahnen zu lenken, und auf diese Weise überraschende neue Qualitäten an sich selbst entdecken.

Der Macho

Heutzutage tritt der Macho in verschiedenen Spielarten auf. Er ist keineswegs immer der in Geschenkpapier eingewickelte Sexprotz, an den man erst einmal automatisch denkt. Er kann genausogut geschmackvoll gekleidet sein, einen Terminkalender besitzen und das Weinlokal in der Nähe seines Büros frequentieren.

Obwohl der Macho als Person scheinbar ohne Hemmungen und kontaktfreudig ist, gibt es doch einen Bereich, der für ihn tabu ist – die Wahrheit über seine sexuellen Leistungen, die für gewöhnlich viel zu wünschen übrig lassen. Der Macho läßt sich durch diese Tatsache keineswegs von seinen Prahlereien abhalten, die er am liebsten beim Zusammensein mit anderen Männern oder in der Gegenwart einiger albern kichernder Mädchen zum besten gibt.

Das Gespräch dreht sich dabei in erster Linie um seine kürzlichen Eroberungen, und er erspart dem Zuhörer nicht die peinliche Aufzählung aller Einzelheiten, was er gemacht hat, wie oft, und obendrein nennt er noch Namen und Adresse des betreffenden Mädchens. Ist er mit einer Frau allein, dann läßt sich der Macho auch weiterhin über andere Frauen aus, was einerseits jeder Intimität den Todesstoß gibt, andererseits auch auf die Frau, mit der er gerade beisammen ist, einigermaßen unerfreulich wirkt.

All das Gerede ist bewußt oder unbewußt darauf angelegt, von seiner Unfähigkeit im Bett abzulenken, und sehr oft klappt dieser Trick auch, da manche Frau sich fragt, ob es vielleicht an ihr liegt, daß dieser anscheinend so potente Mann mit ihr Probleme im Bett hat.

Außerhalb des Bettes und auf der Straße legt der Macho eher ein Verhalten des »Hoppla, hier komme ich!« an den Tag. Auf der Überholspur fährt er mit hoher Geschwindigkeit ganz nahe auf und blinkt Sie mit der Lichthupe an, obwohl es ganz offensichtlich ist, daß zwei Lastwagen rechts von Ihnen und drei vor Ihnen fahren und daß es keine Möglichkeit gibt, ihn vorbeizulassen. Dieses Dichtauffahren ist lediglich eine Erwachsenenversion des Verhaltens eines kleinen Jungen auf seinem Dreirad, der schreit: »Mami, Mami, guck mal, was ich kann!« Der einzige Unterschied zu damals ist, daß er nun ein Rad mehr am Fahrzeug hat. Sein Reifegrad entspricht jedoch immer noch etwa dem, als er sein Dreirad fuhr.

Die guten Seiten des Machos

Es ist wunderbar, wenn er aufhört zu reden.

Die problematischen Seiten des Machos

Der Macho schafft vorwiegend Probleme für andere – besonders für die Frau, mit der er jeweils zusammen ist –, weil er eine wirklich intime Beziehung nicht ertragen kann. Er lebt an der Oberfläche des Lebens und bevorzugt Beziehungen, die keine Anforderungen an ihn stellen.

Der Macho ist ständig auf der Jagd und ruhelos: Er ist auf der Jagd nach der nächsten Frau, noch bevor er sein gegenwärtiges Abenteuer beendet hat, und ruhelos aufgrund seiner Unfähigkeit, eine tiefe Beziehung einzugehen.

Der Seelenzustand des Machos

Er ist ein einsamer Mensch, und sein unreifes Benehmen verdeckt sein schwer angeschlagenes Selbstwertgefühl und große Unsicherheit, die meist auf schlechte Behandlung und emotionale Vernachlässigung in den entscheidenden Jahren seines Lebens zurückgehen. Seine Unfähigkeit oder sein Unwille zuzugeben, daß irgend etwas nicht in Ordnung ist, macht es ihm fast unmöglich, Hilfe zu suchen.

Der Hinterhältige

Es gibt männliche und weibliche Vertreter dieser Kategorie, und man trifft sie nicht nur im Büroleben an. Jemanden hinter seinem Rücken herunterzumachen ist ein Charakterzug, den man bei Menschen mit einem Minderwertigkeitskomplex antrifft, die »ja« sagen, wenn sie in Wirklichkeit »nein« meinen, und die völlig außerstande sind, ihre Meinung zu sagen, wenn diese von der einer ranghöheren Person abweicht.

Der Hinterhältige ist superfreundlich, solange er mit einem anderen spricht, sobald der andere aber das Zimmer verlassen hat, beginnt er über ihn herzuziehen. Der ganze Gesichtsausdruck des Hinterhältigen verändert sich dann im Bruchteil einer Sekunde, und an die Stelle des fröhlichen, strahlenden Lächelns tritt ein finsterer oder verächtlicher Blick. Schließlich beginnt er entweder über die abwesende Person zu klatschen oder schlimmstenfalls sie bösartig zu verleumden.

Der Hinterhältige benutzt eine indirekte Methode, Dampf abzulassen, wenn er das Gefühl hat, von jemandem unterdrückt zu werden. Diese hinterhältige Art, andere hinter ihrem Rücken zu kritisieren, ist sehr destruktiv und führt lediglich dazu, daß die ganze Atmosphäre vergiftet wird und der Hinterhältige selbst sich immer mehr in seinen Ärger hineinsteigert, ohne das ursprüngliche Problem mit der anderen Person konstruktiv anzugehen.

Der Hinterhältige im Büro wird immer zu viel Arbeit von seinen Vorgesetzten annehmen, obwohl er weiß, daß er nicht in der Lage ist, mit soviel Arbeit fertig zu werden. Hinterhältige haben das Gefühl, ausgebeutet und schlecht behandelt zu werden, und das ärgert sie sehr. Dieses Problem lösen sie, indem sie umhergehen und jedem im Büro sagen, was für einen furchtbaren Chef sie doch hätten. Der einzige, der diese Vorwürfe nie zu hören bekommt, ist derjenige, der als einziger zur Problemlösung beitragen könnte – der Chef selbst.

Die guten Seiten des Hinterhältigen

Er hat eine Menge Energie, die leider falsch eingesetzt wird.

Die problematischen Seiten des Hinterhältigen

Ein einziger Vertreter dieser Kategorie kann oft allen, die mit ihm arbeiten oder leben, die Stimmung verderben. Der Hinterhältige fährt sich im Groll fest. Weil er sich nicht traut, ein Problem direkt anzugehen, hat er das Gefühl, die Kontrolle zu verlieren, und das wiederum reduziert das bißchen Selbstvertrauen, das er vielleicht noch hat, auf ein Minimum. Und somit geht das ganze Problem wieder von vorne los.

Das Seelenleben des Hinterhältigen

Der Charakterzug, andere hinterhältig zu kritisieren, kann dann entstehen (muß aber nicht), wenn eine Person wiederholt bestraft wird, weil sie ausspricht, was sie denkt, oder weil sie sich beschwert. Besonders stark prägt sich der Charakterzug ein, wenn dies in der Kindheit oder Jugend geschieht, es kann aber auch zu einem späteren Zeitpunkt im Leben geschehen, wenn man von einem Menschen, mit dem man zusammenlebt, dauernd gedemütigt wird. Wird jemand systematisch daran gehindert, seine Meinung zu äußern, führt dies unter Umständen dazu, daß die Person ihr Selbstvertrauen verliert oder sich anderen gegenüber unterlegen fühlt. Solche Menschen können ihre Wut und Frustration nicht ausdrücken und müssen daher nach anderen Mitteln suchen, um ihre aufgestaute Spannung loszuwerden, und das tun sie, indem sie andere hinter ihrem Rücken heruntermachen.

Der Arbeitswütige

Manche Menschen würden Arbeit am liebsten gänzlich vermeiden. Für den Arbeitswütigen ist genau das Gegenteil der Fall.

Ob der Arbeitswütige ißt, schläft oder denkt, er ist immer mit seiner Arbeit beschäftigt, und auch wenn er wollte, könnte er nicht aufhören, daran zu denken. Genau wie bei der Maus ist das Verhalten des Arbeitswütigen für andere nutzbringend und wird daher als positiv anerkannt, obwohl das Verhalten für den Arbeitswütigen selbst zerstörerisch ist. Es gibt Menschen, die hart arbeiten, aber das ist noch lange nicht das gleiche, wie arbeitswütig zu sein.

Arbeitswütige haben die Arbeit zum alleinigen Lebensinhalt gemacht, und gibt es einmal nichts zu tun, dann *schaffen* sie sich etwas. Arbeitswütige können nicht abschalten, weil sie es nicht wirklich wollen. Ausspannen bedeutet für sie Vergeudung von wertvoller Zeit, in der sie doch schon an dem neuen Vertrag arbeiten könnten.

Die weibliche Arbeitswütige ist oft in den mittleren Rängen von Firmen zu finden. Um von ihren männlichen Kollegen akzeptiert zu werden, muß sie doppelt so gut sein und ist daher gezwungen, besonders hart zu arbeiten.

Der Arbeitswütige läßt sich durch nichts und niemanden aufhalten: Noch während er sich im Krankenhaus von einem streßbedingten Herzinfarkt erholt, hat er sich ein Telefon ans Bett bringen lassen und einen Kollegen dazu gebracht, die Akten aus dem Büro einzuschmuggeln »... über den Fall Hintz und Kunz, nur damit ich auf dem laufenden bleibe ...«. Die erste Hälfte des Lebens verbringt er damit, seine Gesundheit zu ruinieren, um Geld zu verdienen, und die zweite Lebenshälfte verbringt er dann damit, das Geld zur Wiedererlangung der Gesundheit auszugeben. Wie unsinnig!

Die guten Seiten des Arbeitswütigen

Arbeitswütige sind sehr gewissenhafte Menschen mit viel Elan. Sie sind hoch motiviert und besitzen großes Verantwortungsgefühl und Engagement.

Die problematischen Seiten des Arbeitswütigen

Arbeitswütige sind nicht unbedingt immer effizient. Sie haben die Arbeit nicht im Griff: Die Arbeit hat sie im Griff. Wenn Arbeitswütige zu mir in Behandlung kommen, dann weiß ich ganz genau, daß es keinen Sinn hat, ihnen zu prophezeien, daß sie demnächst tot umfallen, wenn sie so weitermachen. Wenn ich meinem arbeitswütigen Klienten allerdings verspreche, daß er viel mehr leisten kann, wenn er lernt, sich zu entspannen, dann kann ich sicher sein, daß er eifrigst in der Therapie mitarbeitet.

Beziehungen haben im Leben des Arbeitswütigen keine Chance, weil er nicht dazu bereit ist, seine kostbaren Wachstunden mit Dingen zu vertun, die nichts mit Arbeit zu tun haben. Entsprechend leidet dann auch die Gesundheit des Arbeitswütigen, weil er sich regelmäßig körperlich verausgabt, ohne sich zwischendurch Ruhe zu gönnen.

Der Seelenzustand des Arbeitswütigen

Unaufhörliches Arbeiten kann ein Zeichen latenter Depression sein. Ist man unaufhörlich beschäftigt, so bleibt einem keine Zeit, sich hinzusetzen und kritische Gedanken über sich selbst aufkommen zu lassen. Andere Gründe für zwanghaftes Arbeiten können sein, daß man sich den Kollegen gegenüber minderwertig fühlt, daß man sich seiner Arbeit nicht gewachsen fühlt und daß man die Arbeit dazu benutzt, einer unerträglichen häuslichen Atmosphäre zu entfliehen.

Dritter Teil

Gebrauchsanweisung für diesen Teil

In diesem Teil des Buches geht es um Probleme, die von Teilnehmern meiner Kurse oder von Klienten, die mich einzeln aufsuchen, immer wieder als besonders belastend empfunden werden.

Zu Beginn jedes Kapitels finden Sie eine Liste von Aussagen, die für das jeweilige Problem charakteristisch sind. Nehmen Sie sich die Zeit, jeden Punkt durchzulesen, und entscheiden Sie, ob dieser Punkt auf Sie zutrifft. Sie brauchen dabei aber nicht zu zählen, wie viele der Aussagen beispielsweise unter dem Abschnitt »Einsamkeit« auf Sie zutreffen. Nur weil Sie zehn Punkte haben, sind Sie nicht einsamer, als wenn Sie nur einen hätten. Die Aussagen dienen lediglich dazu, Ihnen ins Bewußtsein zu rufen, aus welchen Gründen Menschen meinen, einsam zu sein.

Auf die Liste folgen Abschnitte, welche die Aussagen im einzelnen untersuchen, die überprüfen, welche Einstellung ihnen zugrunde liegt, und die zeigen, wie man ein Problem aus einer anderen Perspektive betrachten und entsprechend positiver angehen kann.

Danach finden Sie jeweils ein Skript, das Ihnen dabei helfen wird, das neue konstruktive Gedankenmuster in Ihrem Unterbewußtsein zu verankern. Ganz am Schluß des Kapitels steht immer ein Skript, aber in einigen Unterabschnitten finden Sie noch zusätzliche Skripts, die Ihnen helfen, mit diesem bestimmten Punkt zurechtzukommen.

Es ist wichtig, daß Sie Ihr Skript mehrmals täglich lesen. Schreiben Sie es sich auf ein Blatt Papier ab und tragen Sie es immer bei sich. Lernen Sie den Text auswendig und sprechen Sie ihn sich immer wieder im Geiste vor, damit Sie ihn durch dauerndes Wiederholen fest in Ihrem Unterbewußtsein verankern.

Da die Skripts ausschließlich positive Gedanken enthalten, werden sie Ihnen auch körperlich wohltun. Haben Sie erfreuliche, konstruktive Gedanken, dann entspannt sich der Körper. Wenn Sie an dieser Aussage zweifeln, dann versuchen Sie doch einmal das Gegenteil. Erinnern Sie sich an ein früheres Ereignis, das Sie sehr wütend gemacht hat. Denken Sie einen Moment daran. Sie werden feststellen, wie Ihr Körper auf diese negativen Gedanken reagiert: Die Kiefermuskeln verhärten sich, der Magen krampft sich zusammen, der Blutdruck steigt und läßt in Ihrem Kopf ein Druckgefühl entstehen: Sie fühlen sich allgemein unwohl.

Glücklicherweise funktioniert das andersherum genausogut. Füllen Sie Ihr Denken mit positiven Erinnerungen oder Gedanken, dann setzt der Körper Spannung frei, Muskeln und Organe entspannen sich und arbeiten harmonisch zusammen, und ein wohliges Gefühl durchströmt Ihren Körper. Um die Wirkung der Skripts noch zu verstärken, nehmen Sie sich abends die Zeit, sich zu entspannen und sich die positive Lösung Ihres spezifischen Problems vorzustellen.

Vergeuden Sie keine Zeit mehr damit, an das Problem zu denken, sondern denken Sie an die erfolgreiche Lösung des Problems. Für jede Verzögerung auf dem Weg zu Ihrem Ziel, für jedes Hindernis, das sich Ihrem Erfolg in den Weg stellt, eröffnen sich Ihnen zwei neue Möglichkeiten, das Hindernis zu überwinden. Schließt sich eine Tür, öffnen sich zwei andere dafür. Vertun Sie keine Zeit damit, auf die Wand zu schauen, sondern suchen Sie die Tür in der Wand. Gehen Sie konstruktiv an Ihre Probleme heran. Oft ist es so, daß Sie sich einfach nicht vorstellen können, wie Ihr spezifisches Problem gelöst werden könnte, und Sie verzweifeln, geraten in Panik, verlieren sämtliche Hoffnung und fühlen sich deprimiert.

Aber überlegen Sie doch mal. Es ist doch nicht das erste Mal, daß Sie mit einem Problem konfrontiert sind. Wie lief das denn in der Vergangenheit? Plötzlich tauchte wie aus dem Nichts eine Lösung auf und ich wette mit Ihnen, daß diese Lösung ganz überraschend kam. Es ist viel vernünftiger, sich erst einmal zu beruhigen, sich zu entspannen und daran zu *glauben*, daß sich eine Lösung im richtigen Augenblick finden wird, anstatt sich verrückt zu machen und zu verzweifeln.

Obwohl wir tagein, tagaus Probleme lösen, fehlt uns immer noch der Glauben daran, daß es auch für das nächste Problem eine Lösung gibt. Unser rationales Denken ist viel zu begrenzt, um die Lösung, die wir am Schluß finden, vorherzusehen. Hören wir auf damit, unser Gehirn überzubewerten, denn es besitzt keineswegs die wunderbaren Fähigkeiten, die unser IQ uns glauben macht. Ein Mensch, der mit seinem hohen IQ angibt, ist wie ein Häftling, der mit einer großen Gefängniszelle prahlt.

Die Intuition, die im Unterbewußtsein sitzt, ist sehr viel eher dafür geeignet, uns bei der Problemlösung zu helfen. Achten Sie einmal auf Ihre Träume und intuitiven Gedanken, und Sie werden oft feststellen, daß diese Ihnen eine Lösung auf dem Tablett servieren! Das Lösen von

Problemen ist keine Schwerstarbeit, es ist ein Kinderspiel, das aus einer entspannten Haltung heraus entsteht. Die großartigsten Ideen, die genialsten Erfindungen entstanden »zufällig«, während der Betreffende nicht einmal mehr an das Problem dachte. Albert Einstein berichtete, daß er, wenn er nach der Lösung eines mathematischen Problems suchte, die Fragestellung präzise in seinen Gedanken formulierte und dann einfach aufhörte, darüber weiter nachzudenken. Die Lösung stellte sich dann nach einiger Zeit immer ganz von allein ein. Das Unterbewußtsein ist die ganze Zeit für uns tätig, sogar wenn wir schlafen, und liefert uns schließlich treu und brav die benötigten Antworten und Lösungen.

Am Schluß jedes Kapitels finden Sie Kurzformeln, die eine Art Miniskript darstellen und die Sie in der Nacht benützen können. Wenn Sie tagsüber etwas beunruhigt, kann es sein, daß Sie mitten in der Nacht aufwachen und zu grübeln anfangen. In der Nacht nehmen Probleme oft erschreckende Ausmaße an, vereinnahmen Ihre Gedanken und ziehen endlose Kreise, so daß Sie nicht wieder einschlafen können.

Die Kurzformeln können Sie sich leicht merken, und wenn Sie im Bett liegen, sollten Sie sie im Geiste ganz mechanisch wiederholen. Der positive Inhalt der Kurzformeln trägt dann zu Ihrer körperlichen Entspannung bei, und die brauchen Sie, um wieder einschlafen zu können. Da Sie mitten in der Nacht sowieso nichts zur Lösung Ihres Problems beitragen können, ist es besser, Sie verschieben die Gedanken daran auf den folgenden Tag.

Kommunikation

- Ich hasse Auseinandersetzungen.
- Ich habe Schwierigkeiten, anderen zu sagen, was ich will.
- Wenn ich mich verletzt fühle, schmolle ich.

Kommunikation findet auf vielen Ebenen und in unterschiedlicher Form statt. Überall haben wir es mit Kommunikation zu tun, bei Briefen, in der Werbung, bei Filmen, im Radio. Botschaften erreichen uns ständig und wir reagieren auf sie. Kommunikation ermöglicht uns den Kontakt mit der Umwelt, läßt uns Botschaften senden und von anderen Menschen empfangen.

Kommunikation ist enorm vielschichtig. Wir halten den Kontakt zu anderen nicht nur durch Sprechen und Schreiben, sondern verwenden auch die Körpersprache als Ausdrucksmittel. Auch wenn wir Kommunikation verweigern, vermitteln wir eine Botschaft.

Kommunikation ist für die Entwicklung und die Erhaltung von Beziehungen unerläßlich. Da Beziehungen mit der Zeit Veränderungen durchmachen, ist es notwendig, den veränderten Umständen Rechnung zu tragen und anderen unsere Absichten und Wünsche mitzuteilen. Um Beziehungen zufriedenstellend und effektiv zu gestalten, müssen wir über die anderen etwas erfahren und gleichzeitig Informationen über uns weitergeben. Wir können von anderen nicht erwarten, daß Sie unsere Gedanken lesen. Es ist unsere Aufgabe, Ihnen unsere Wünsche und Erwartungen mitzuteilen.

Informationen müssen nicht verbal übertragen werden. Schon hochgezogene Augenbrauen können dem Gesprächspartner signalisieren, daß Sie an dem, was er gerade gesagt hat, zweifeln oder über die erhaltene Information erstaunt sind.

Die Körpersprache hat viele verschiedene Seiten. Eine leichte Veränderung im Ton der Stimme oder im Gesichtsausdruck, eine kleine Bewegung oder Veränderung der Körperhaltung, während man etwas sagt, kann dem Inhalt des Gesagten eine zusätzliche Information hinzufügen. Körpersprache kann eine Aussage bekräftigen oder abschwächen; sie kann mitteilen, daß Sie nur Spaß machen oder daß Sie ein Geheimnis verraten. Somit vermitteln wir anderen viel mehr als nur Worte. Wenn jemand beim Sprechen dem anderen nicht in die Augen sieht, hat das viele Auswirkungen. Sie denken vielleicht, er ist schüchtern, und versuchen daher, ihm die Befangenheit zu nehmen. Oder Sie denken, er ist eingebildet, und das ärgert Sie, und Sie sind daher, wenn Sie antworten, kurz angebunden. Sie sehen, wie leicht es zu einer Fehlkommunikation kommen kann: Wenn Sie nun gedacht haben, er sei eingebildet, und dabei war er lediglich schüchtern, so wäre Ihre Reaktion völlig unangemessen gewesen, und wie unangemessen wäre sie erst, wenn sich herausstellt, daß Ihr Gegenüber blind ist.

Ob Sie den anderen als schüchtern oder eingebildet einstufen, hängt von Ihrer Erwartungshaltung ab, die von Ihren bisherigen Erfahrungen bestimmt wird. Genauso zeigt sich die Erwartungshaltung Ihres Gesprächspartners, wenn er mit Ihnen spricht, ohne Ihnen in die Augen zu sehen. Ihr Gesprächspartner hat vielleicht Angst, daß Sie ein herrischer Typ sind oder auf ihn herabsehen, und meidet daher jeglichen Augenkontakt, um kein aggressives Verhalten von Ihnen zu provozieren.

Kommunikation verläuft in zwei Richtungen. Es besteht eine dauernde Wechselwirkung zwischen Sender und Empfänger, so daß jeder Sender auch zugleich Empfänger ist. Während Sie mit jemandem sprechen, beobachten Sie gleichzeitig die Reaktionen des anderen, und das kann sich sehr wohl darauf auswirken, wie Sie weitersprechen. Bemerken Sie, daß Ihre Gesprächspartnerin die Stirn runzelt, während Sie ihr einen Vorfall im Büro schildern, so lassen Sie womöglich ein anderes Ereignis unerwähnt, um sie nicht noch mehr aufzuregen. Wenn sie sich aufregt, regen Sie sich selbst auch auf, also erhalten Sie sich Ihren eigenen Seelenfrieden, indem Sie das Gespräch abbrechen.

Zusätzlich wird Kommunikation auch von Ihrer momentanen Umgebung bestimmt. Sie schlüpfen in unterschiedliche Rollen, je nachdem, mit wem Sie sprechen und wo die Konversation stattfindet. Eine Frau hat in ihrer Rolle als »Mutter« eine ganz andere Art zu sprechen als in ihrer Rolle als »Chefin« am Arbeitsplatz. Ein Mann wird sich ganz anders ausdrücken, wenn er mit einem Kollegen eine geschäftliche Angelegenheit bespricht, als wenn er sich auf einer Party mit einem Freund über seine Arbeit unterhält.

Da wir alle mehrere unterschiedliche Rollen im Leben spielen, müssen wir in der Kommunikation flexibel sein. Mit jeder neuen Rolle – als Student, Vater oder Mutter, Ehepartner, Angestellter – müssen wir uns in dem jeweils neuen Rahmen die entsprechende Sprache und die entsprechenden Kommunikationsmittel aneignen. Wie weit es uns gelingt, uns an die neuen Rollen anzupassen, hängt stark von früheren Erfahrungen ab. Unsere Kommunikationsfähigkeit gründet sich auf das, was wir als Kinder von unseren Eltern gelernt haben. Das in früheren Jahren Erlernte bestimmt, wie wir mit anderen kommunizieren, wie sich Kommunikationsmuster entfalten und wie wir diese in unseren Beziehungen anwenden und einsetzen.

Kommunikation ist sehr vielschichtig, und nicht von ungefähr treten manchmal dabei Fehler auf. Gefühle spielen eine wichtige Rolle, wenn es darum geht, anderen Botschaften zu übermitteln. In einigen Situationen verschlägt es uns wirklich die Sprache, in anderen fühlen wir uns angegriffen und brechen die Kommunikation zeitweise völlig ab.

Die drastischste Form der Selbstisolierung tritt bei Schizophrenie und schwerer Depression auf. Wenn die Welt zu einem bedrohlichen Ort wird und der Betroffene keinen Ausweg und keine Möglichkeit sieht, sich gegen die Forderungen seiner Umwelt zu schützen, dann erscheint die Situation für ihn derart bedrohlich, daß das Unterbewußtsein eine Schutzbarriere gegen die Außenwelt errichtet. Das Unterbewußtsein isoliert ihn einfach von der Umwelt und verhindert damit, daß die Außenwelt Zugang zu ihm hat und ihn weiter verletzen kann.

Zu diesem Schutzmechanismus kann mitunter auch gehören, daß man sich eine eigene Welt mit eigener Sprache schafft, eine Sprache mit eigener Bedeutung und eigenen Symbolen, die von anderen nicht verstanden werden kann. Sie gleicht einer neuen Denksprache, einer anderen Betrachtungsweise der Welt, die den Schizophrenen von seiner Umwelt abschottet.

Menschen mit schweren Depressionen sind zwar geistig noch in Kontakt mit der Wirklichkeit, setzen aber alles daran, den Kontakt mit anderen zu vermeiden. Alles was neu ist und nicht zu seiner Routine gehört, empfindet der Betroffene als furchterregend, und er versucht sich daher so schnell wie möglich davon zurückziehen. Der einzig sichere Platz auf der Welt ist sein Bett, wo er einfach den Kopf unter die Decke stecken und im Geiste die Vorhänge zuziehen kann, um die Welt auszusperren. Das ist wie eine Flucht zurück in die Gebärmutter, wo man Nahrung, Sicherheit und Wärme hat und keinen Finger rühren, nichts denken oder tun muß und wo man einfach ohne Konflikte und Mühen »existieren« kann.

Wie alle anderen Krankheiten auch sind schizophrene und depressive Leiden Träger einer bestimmten Botschaft. Die Kommunikationsstörung teilt der Umwelt mit, daß ein Ungleichgewicht im Beziehungssystem existiert, das wieder ausgeglichen werden muß. Seelische Krankheiten haben eine Bedeutung und eine Ursache, sie überkommen den Menschen nicht ohne Grund. Jedes Symptom hat seine Ursache.

In jeder Familie gibt es bestimmte Kommunikationsregeln, die jedoch nicht formal festgelegt sind. Es besteht stillschweigend Einigkeit darüber, daß bestimmte Themen tabu sind (wie Sexualität oder ein Verwandter, mit dem sich die Familie verkracht hat) und bestimmte Gefühle nicht gezeigt werden dürfen (wie z. B. Wut). Darüber hinaus existiert auch häufig eine doppelte Moral, d. h. ein Regelsystem für die Erwachsenen und eines für die Kinder oder ein Regelsystem für den Vater und eines für die Mutter und Kinder – oder eines für das kranke Kind und ein anderes für die gesunden Geschwister. Erwachsene dürfen vielleicht lügen, die Kinder werden jedoch dafür bestraft. Es wird vielleicht akzeptiert, daß der Vater im Haushalt keinen Finger rührt, die übrigen Familienmitglieder gelten jedoch als »faul«, wenn sie nicht mithelfen. Das kranke Kind darf vielleicht ohne weiteres ungezogen sein, die gesunden Geschwister werden jedoch bestraft, wenn sie sich nicht anständig benehmen.

Diese Regeln haben verschiedene Bedeutung für die verschiedenen Familienmitglieder, wobei jedes Familienmitglied sie anders interpretiert. Nehmen wir einmal an, in einer Familie hat ein Kind Asthma. Der Arzt sagt den Eltern, das Kind dürfe sich nicht aufregen, sonst könnte dies einen Anfall auslösen – Regel Nummer 1. Es gibt ebenfalls die Regel der Eltern, daß Kinder nicht auf dem Sofa herumspringen dürfen – Regel Nummer 2.

Kommt es jetzt dazu, daß das Kind mit Asthma auf dem Sofa herumspringt, fühlen sich die Eltern in einem Zwiespalt. Einerseits wollen sie an ihrer Regel festhalten, andererseits aber die Gesundheit des Kindes nicht gefährden. Sie überlegen daher: »Schimpfen wir mit ihm, dann regt es sich auf und hat dann vielleicht einen Anfall. Wir müssen einfach unsere Wut unterdrücken und es gewähren lassen. Wir können sein Verhalten nicht wirklich unterbinden, ohne ihm zu schaden.« Die Geschwister ärgern sich über die Eltern und werden auf das asthmatische Kind eifersüchtig. Sie sagen: »Das ist ungerecht. Es darf alles machen, nur weil es krank ist. Ich kann doch nichts dafür, daß ich nicht krank bin. Ich will genausoviel Aufmerksamkeit und Freiheit.« Und das asthmatische Kind denkt: »Im Grunde genommen ist es gar nicht so schlecht, krank zu sein. Man schenkt mir soviel Aufmerksamkeit, und ich werde für nichts bestraft. Es ist wirklich leicht, meine Eltern zu manipulieren. Das soll weiterhin so bleiben!«

Die widersprüchlichen Regeln gefährden die Autorität der Eltern und lassen sie leicht zu Opfern von Manipulationen werden. Die anderen Kinder haben das Gefühl, immer und ewig nur im Schatten des kranken Kindes zu stehen, und betrachten ihre Eltern als schwach und ungerecht, da sie dem kranken Kind gegenüber zu nachgiebig sind. Was auch immer die anderen Kinder an Gutem oder Schlechtem versuchen, um die Aufmerksamkeit auf sich zu lenken, es wird nie ausreichen, das kranke Kind zu übertreffen, und das ist wirklich frustrierend.

Widersprüchliche Regeln erzeugen in jeder Hinsicht Probleme, auch für das kranke Kind. Da die Krankheit so viele Vorteile mit sich bringt, besteht kaum ein Anreiz, gesund zu werden. Die Krankheit erweist sich als durchaus nützlich, wenn man bedenkt, wieviel Aufmerksamkeit sie nach sich zieht.

Andere Probleme können aus zweideutiger Kommunikation entstehen. Dies ist der Fall, wenn jemand das eine sagt, aber seine Körpersprache genau das Gegenteil ausdrückt. Einer Mutter mag beispielsweise ihr Kind auf die Nerven gehen, aber anstatt zu sagen: »Laß mich in Ruhe, ich hab' die Nase voll von dir«, sagt sie: »Geh ins Bett. Du siehst müde aus und ich will, daß du schläfst.« Nimmt das Kind die liebevolle Fürsorge der Mutter für bare Münze, wendet es sich ihr vielleicht noch mehr zu, um sich anzuschmiegen, und das ist natürlich genau das Gegenteil von dem, was die Mutter will: Sie wird wahrscheinlich böse werden. Das Kind ist dann verwirrt. Es kann nicht verstehen, womit es den Ärger der Mutter ausgelöst hat. Wenn es jetzt der Mutter diese Widersprüchlichkeit vorwerfen würde, wäre sie wahrscheinlich verletzt, was im Kind ein Schuldgefühl auslösen würde, so daß es damit auch nicht aus dem Schneider wäre.

Die Mutter wiederum empfindet es vielleicht als falsch, dem Kind zu sagen, daß es sie in Ruhe lassen solle, denn das verstößt gegen ihre Vorstellung, wie eine gute Mutter mit ihrem Kind umgehen sollte. Sie will eine gute Mutter sein, also darf es nicht sein, daß ihr das Kind auf die Nerven geht – aber genau das ist der Fall, und ihre Reaktionen verraten sie letztendlich.

Ich hasse Auseinandersetzungen

Einige Menschen tun alles, um Auseinandersetzungen zu vermeiden. Sie haben solche Angst vor Auseinandersetzungen, daß es ihnen schlecht wird, wenn ein Streit auszubrechen droht. Auch wenn sie lediglich den Streitgesprächen anderer zuhören, kann es bei ihnen zu Angst und unangenehmen Körperreaktionen kommen, wie z. B. Kopfschmerzen, Übelkeit, Bluthochdruck, Herzklopfen oder einfach einem allgemeinen Gefühl des Unwohlseins. Diese Symptome werden oft besonders drastisch, wenn es unmöglich ist, den Ort des Geschehens zu verlassen, z. B. wenn man mit den sich streitenden Parteien im Auto sitzt.

Haben Auseinandersetzungen eine derart starke negative Wirkung auf Sie, dann haben Sie als Kind sehr wahrscheinlich eine Reihe von Auseinandersetzungen mitgemacht, die Ihnen sehr große Angst eingejagt haben.

Versuchen Sie Auseinandersetzungen einmal vom Standpunkt eines Kindes aus zu betrachten. Die Eltern eines Mädchens streiten, sie brüllen sich gegenseitig an, sagen vielleicht Dinge, die sie gar nicht so meinen. Während Vater und Mutter einander anschreien, sieht es aus, als ob sie einander hassen (und sicherlich tun sie das auch in diesem Moment). Das Mädchen nimmt diese Szene mit Schrecken wahr. Es geht sehr laut zu, und die zwei Menschen, die in ihrem Leben am wichtigsten sind, streiten sich. Werden sie aufeinander losgehen? Das Kind ist innerlich aufgewühlt. Warum schreien sie? Hat das Kind den Streit vielleicht verursacht? Wenn das Kind nicht da wäre, müßten sich die Eltern vielleicht nicht wegen Geld streiten? Wenn das Kind nicht da wäre, wäre die Mutter vielleicht glücklicher, weil sie öfter ausgehen könnte? Manche Eltern beschuldigen ihr Kind ganz offen, für die Schwierigkeiten der Eltern verantwortlich zu sein, aber auch wenn sie das nicht tun, geben sich Kinder oft selbst die Schuld.

Ein Kind ist in jeder Hinsicht abhängig von den Eltern. Für die Befriedigung all seiner Bedürfnisse nach Sicherheit und Liebe, nach Nahrung, Kleidung und Schutz ist es auf die Eltern angewiesen. Wird dann der Familienzusammenhalt in irgendeiner Weise gefährdet, fühlt sich das Kind in seiner ganzen Existenz bedroht.

Kommt es regelmäßig zu Streit, kann das in dem Kind ein tiefes Gefühl der Unsicherheit auslösen, und es wird folglich alles tun, um die Eltern zu beruhigen oder abzulenken. Krankheit kann eines der (unbewußt eingesetzten) Mittel zu diesem Zweck sein. Ist das Kind krank, dann müssen die Eltern sich für einige Zeit auf das Kind konzentrieren und das Austragen der ehelichen Meinungsverschiedenheiten verschieben.

Eine andere Art, wie Kinder mit diesen Unsicherheits- und Schuldgefühlen umgehen, ist straffällig zu werden. Das lenkt sie ab und bringt ihr Handeln mit ihren Gefühlen in Einklang. Da sie sowieso ein schlechtes Gewissen haben, ist es dann auch egal, wenn sie etwas tun, wofür sie wirklich ein schlechtes Gewissen haben müssen. Stehlen mag zwar falsch sein, aber zumindest weiß man dann, weshalb man ein schlechtes Gewissen hat.

Angst vor Streitigkeiten kann auch darin begründet sein, daß es Ihnen nie erlaubt wurde, Ihre Meinung zu äußern. Vielleicht bestand in Ihrer Familie das ungeschriebene Gesetz, daß Beschwerden nicht offen ausgesprochen werden durften. Wer es dennoch tat, wurde zum »Übeltäter«, den man mit Schweigen bestrafte. In einigen Familien ist es Brauch, mit jemandem, der angeblich unrecht getan hat, nicht mehr zu sprechen. Für ein Kind ist diese Art der Bestrafung sehr hart. Ignoriert zu werden heißt, abgewiesen zu werden, und da man als Kind zwangsweise hilflos ist, tut es sehr weh, abgewiesen zu werden.

Auch wenn das bereits viele Jahre zurückliegt, kann es sein, daß Sie diese Gefühle der Angst, Schuld und Zurückweisung noch immer mit sich herumtragen. Ihre Angst vor Auseinandersetzungen geht vielleicht bis in Ihre Jugend zurück. Überlegen Sie einmal! Fragen Sie Geschwister oder andere Verwandte, um Ihrer Erinnerung auf die Sprünge zu helfen. Wenn Sie erst einmal die Ursache Ihrer Angst kennen, können Sie leichter damit umgehen.

Machen Sie sich bewußt, daß Sie kein Kind mehr sind. Sie sind erwachsen, und Ihre Situation hat sich verändert. Ihre Angst gehört in die Vergangenheit. Sie können jetzt Ihre eigenen Regeln aufstellen. Streiten sich andere, so streiten sie sich nicht Ihretwegen.

Wenn jemand Ihnen gegenüber gereizt ist, dann brauchen Sie deshalb kein schlechtes Gewissen zu haben. Sie wissen nun, daß andere Menschen ihre eigenen Gründe haben, warum sie schlecht gelaunt oder unzufrieden sind, und *in 99 Prozent aller Fälle liegt die Ursache nicht bei Ihnen.* Konzentrieren Sie sich auf diese 99 Prozent anstatt auf das eine Prozent. Machen Sie es zu Ihrer eigenen neuen Regel, daß Sie unschuldig sind, solange Ihnen keine Schuld nachgewiesen wird.

Mit dieser neuen Regel können Sie es sich auch erlauben, den Radius Ihres Handelns zu vergrößern. Nachdem Sie beschlossen haben, kein schlechtes Gewissen mehr zu haben, können Sie bei Auseinandersetzungen neue Strategien entwickeln. Ganz plötzlich stehen Ihnen neue

Möglichkeiten offen. Vielleicht beginnen Sie nun den Auseinandersetzungen anderer voller Interesse zuzuhören, anstatt voller Angst. Vielleicht möchten Sie genau zuhören, damit Sie sich eine eigene Meinung bilden können. Wer hat Ihrer Meinung nach recht? (Welche Entscheidung Sie auch treffen, behalten Sie sie für sich!) Stellen Sie sich vor, Sie seien ein Journalist, der einem bedeutenden Ereignis beiwohnt und darüber später in seiner Zeitung berichten muß. Wenn das Paar seine Auseinandersetzung beendet hat, können Sie sich ganz normal mit den beiden unterhalten, denn Sie hatten mit der Auseinandersetzung ja nichts zu tun.

Wenn jemand Sie anschreit, dann versuchen Sie den anderen nicht um jeden Preis zu besänftigen, sondern erklären Sie ihm, daß Sie erst wieder mit ihm sprechen werden, wenn er sich beruhigt hat. Dann können Sie einfach den Hörer einhängen oder aus dem Zimmer gehen.

Haben Sie einmal Ihre Angst vor Auseinandersetzungen begraben, werden Sie feststellen, daß Ihre soziale Stellung stärker wird. Sie besitzen mehr Macht und Einfluß, weil Sie nicht das Gefühl haben, es hinnehmen zu müssen, wenn andere versuchen, Sie einzuschüchtern, Sie mit Arbeit zu überladen oder unvernünftige Forderungen an Sie zu stellen.

Da Sie Auseinandersetzungen nicht mehr fürchten, können Sie mit Ihrem selbstbewußteren Auftreten das Risiko eines Streits eingehen. Die anderen werden diese Veränderung an Ihnen bemerken, und ich verspreche Ihnen, daß Sie auf viel weniger Unerfreuliches stoßen werden als früher, als Sie noch alles taten, um einen Streit zu vermeiden.

Skript

Ich bin in Ordnung. Ich habe nicht mehr Fehler gemacht als andere auch. Ich bin genauso wichtig wie alle anderen.

Schuld und Angst lasse ich nun hinter mir. Andere sind für ihre Launen und Gefühle selber verantwortlich, wie ich für meine.

Ich bin immer ruhig und gelassen. Ich bin mir meines Wertes bewußt, und andere merken das.

Auseinandersetzungen sind nichts anderes als Meinungsverschiedenheiten. Das ist etwas ganz Normales. Ich habe das Recht auszusprechen, was ich denke, und das gilt für jeden anderen genauso.

Ich spreche in aller Ruhe aus, was ich denke, und bringe meine Bedürfnisse klar zum Ausdruck. Andere hören mir zu. Eine Lösung läßt sich immer finden.

Ich kann für meine Interessen gut eintreten. Ich bin stark und zuversichtlich.

Kurzformeln

Auseinandersetzungen sind in Ordnung. Sie sind lediglich Ausdruck von Meinungsverschiedenheiten. Ich bleibe ruhig und entspannt.

Ich habe Schwierigkeiten, anderen zu sagen, was ich will

Was hält Sie zurück? Haben Sie Schwierigkeiten, anderen Ihre Wünsche mitzuteilen, oder wissen Sie vielleicht gar nicht wirklich, was Sie wollen? Oder haben Sie vielleicht sogar in beiden Punkten Probleme?

Als kleines Kind kann man ganz direkt sagen, was man will. Als Baby muß man nur schreien, und mit etwas Glück kommt jemand mit dem Fläschchen angerannt oder kontrolliert, ob man eine frische Windel braucht. Auch etwas später funktioniert diese direkte Methode noch recht gut. Sie deuten mit dem Finger auf einen Gegenstand und sagen »Puppe« oder »Teddy«, und eine entzückte Tante gibt Ihnen, was Sie sich gewünscht haben. Einige Monate später müssen Sie vielleicht geringfügige Zugeständnisse machen, wenn Ihre Mutter darauf besteht, daß Sie »bitte« und »danke« sagen, bevor Sie bekommen, was Sie wollen, aber das ist alles noch in Ordnung.

Die Begeisterung Ihrer Umwelt über Ihre Fähigkeit, erste Worte zu sprechen, läßt jedoch bald nach, und dem Strom Ihrer Forderungen wird zunehmend Einhalt geboten. Man mahnt Sie, sich zurückzuhalten, sich zu beherrschen, man sagt, es sei unhöflich zu sagen, was man denkt. Kinder dürfe man sehen, aber nicht hören. Man sagt Ihnen, Kinder sollten dankbar sein für das, was sie bekommen, und wer mehr wolle, sei unbescheiden. Die Gesellschaft fängt an, ihren Anteil zu fordern. Individualität kann in einer sozialen Gruppe wie der Familie störend wirken, also wird das neue Gesellschaftsglied angewiesen, sich der Gruppe anzupassen.

Das kann mit einigen Schwierigkeiten verbunden sein, da das Kind eine ganze Reihe von Privilegien aufgeben muß. Als Baby durfte man »sein Bäuerchen machen«, und die ganze Familie applaudierte. Nur einige Jahre später gilt das gleiche Verhalten als »unmöglich«. Als Kleinkind durfte man Leute ungestraft anstarren, nun gilt das gleiche als »ungezogen«. Es gab eine Zeit, da konnte man nackt herumlaufen, nun wird man dafür ausgeschimpft. Was bisher als »süß« galt, gilt nun als ungezogen oder unhöflich. Dinge, zu denen man früher ermuntert wurde, sind nun verboten oder sogar mit Strafe verbunden. Es ist, als ob man sämtliche Vergünstigungen am Arbeitsplatz gestrichen und statt dessen eine Reihe lästiger Pflichten aufgebrummt bekäme, die nie in der Arbeitsplatzbeschreibung enthalten waren, als Sie Ihre Arbeit aufnahmen. Es ist wirklich nicht weiter verwunderlich, daß Kinder das nicht mögen.

Wir alle machen diesen Prozeß durch und müssen uns mit den Einschränkungen abfinden. Problematisch wird es nur, wenn Sie derart zur Anpassung gezwungen werden, daß Sie das Gefühl haben, nicht mehr Sie selbst sein zu können. Haben Sie erst einmal gelernt, ein schlechtes Gewissen zu haben, wenn Sie sagen, was Sie denken, oder wenn Sie den Eltern widersprechen (»Du bist undankbar!«), dann fangen Sie auch an, Ihre Meinung als minderwertig anzusehen und die Folgen einer möglichen Meinungsäußerung als unerfreulich zu betrachten. Eine Meinungsäußerung würde Ihnen nämlich nicht nur die Mißbilligung der Eltern einbringen, sondern ließe in Ihnen auch ein unangenehmes Gefühl entstehen, weil Sie inzwischen gelernt haben, daß man den Eltern oder Vorgesetzten nicht widerspricht. Selbst wenn Sie schließlich vom Elternhaus ausziehen, tragen Sie die elterlichen Mahnungen mit sich herum. Dieses Phänomen bezeichnet man als »Gewissen«. Es ist im Unterbewußtsein aktiv und läßt sich darum auch nicht so leicht ausschalten.

Diese erlernte automatische Reaktion, lieber nichts zu sagen und somit unerfreuliche Gefühle zu vermeiden, kommt anderen gelegen, denn sie können in ihrem Tun fortfahren, ohne von jemandem unterbrochen und womöglich kritisiert zu werden. Darum wird Schüchternheit oft als »gutes Benehmen« gelobt, obwohl sie für die schüchterne Person in Wirklichkeit von Nachteil ist.

Wenn ein schüchterner Mensch dringend eine Sache ansprechen möchte, sich aber zu gehemmt fühlt, dann kann das in ihm einen großen Konflikt auslösen. Die Gefühle implodieren, anstatt zu explodieren, und geschieht dies über einen längeren Zeitraum hinweg, können geistige oder körperliche Probleme die Folge sein.

Hat man Ihnen von früher Kindheit an gesagt, daß Ihre Wünsche zweitrangig oder sogar unverschämt sind, gewöhnen Sie sich daran, sie zu unterdrücken. Sie beginnen in den Kategorien von »Muß« und »Soll« zu denken und Ihren eigenen Wünschen keine Beachtung mehr zu schenken. Aber davon gehen die Wünsche trotzdem nicht weg, und in Ihnen entsteht ein Gefühl der Verwirrung. Sie fühlen zwar, daß Sie unzufrieden sind, wissen aber nicht warum.

Um Ihre eigenen Bedürfnisse wieder zu entdecken, sollten Sie über ihre jetzige Situation nachdenken. Was würden Sie ändern, wenn Sie einen Zauberstab hätten? Betrachten Sie einmal all das, womit Sie nicht zufrieden sind. Überprüfen Sie Ihre Beziehungen zu anderen, Ihre Arbeitssituation, Ihre Gesundheit, Ihr allgemeines Wohlbefinden. Und jetzt stellen Sie sich den Idealzustand vor, ganz egal, ob Sie Veränderungen für möglich halten oder nicht. Nun wissen Sie Bescheid. Genau so sollte alles sein!

Lassen Sie sich von Ihren kühnen Vorstellungen nicht verunsichern. Wahrscheinlich werden Sie Ihr Selbstvertrauen erst noch ein wenig stärken müssen, bevor Sie Ihre Ziele verwirklichen können, aber zumindest wissen Sie jetzt, was Ihre Ziele sind.

Nun zum zweiten Teil des Problems: der Schwierigkeit, anderen die eigenen Wünsche mitzuteilen. Vielleicht hat man Ihnen eingebleut, nicht um etwas zu bitten, sondern abzuwarten, bis man es Ihnen von selbst gibt. Bei Ihrer Telefonrechnung funktioniert diese Maxime auch ausgezeichnet. Es ist tatsächlich nicht nötig, die Rechnung anzufordern, weil man sie sowieso zugeschickt bekommt. Und sollte Ihnen die Rechnung verlorengehen, wird Ihnen eine zweite zugeschickt. So weit, so gut. Sobald Sie jedoch von einem anderen Geld haben wollen, funktioniert das Ganze nicht mehr. Zu Hause zu sitzen und zu hoffen, daß Ihre Bank, ein Freund oder eine Glücksfee anruft und Ihnen das Geld *anbietet*, wird kaum zum Erfolg führen. Darauf zu *hoffen*, daß Ihr Chef Ihnen irgendwann einmal interessantere Arbeit geben wird, führt nur zu herben Enttäuschungen. Sagen Sie nichts, passiert auch nichts.

Nur wenn Sie darüber reden, werden Sie auch bekommen, was Sie wollen! Schließlich wird in der Telefonrechnung nach *Ihrem* Geld verlangt, nicht wahr? Und Ihre Eltern sagten es Ihnen, wenn sie wollten, daß Sie etwas machen, also kann es nicht allzu falsch sein. Sie sind nun erwachsen, und das heißt, Sie haben heute dieselben Rechte wie damals Ihre Eltern.

Wenn Sie Ihre Wünsche äußern, müssen Sie dabei keineswegs laut, unhöflich oder aggressiv sein. Sie können freundlich sein und mit ruhiger Stimme sprechen und doch bekommen, was Sie wollen. Versuchen Sie sich zuerst in einfacheren Dingen. Fragen Sie jemanden auf der Straße nach dem Weg oder nach der Uhrzeit. Üben Sie das, bis Sie es gut können, und wenden Sie sich dann schwierigeren Dingen zu. Bitten Sie einen Arbeitskollegen, Ihr Telefon zu betreuen, während Sie weg sind. Sagen Sie Ihrem Chef, daß Sie heute abend rechtzeitig gehen wollen. Sagen Sie Ihren Kindern, daß Sie von jetzt an erwarten, daß diese kleine Pflichten im Haushalt übernehmen.

Es ist viel sinnvoller zu sagen, was Sie wollen, als sich darüber zu ärgern, daß alle anderen bekommen, was sie wollen, nur Sie nicht. Werden Sie aktiv, denn nur dann haben Sie das Gefühl, Ihr Leben unter Kontrolle zu haben, einfach weil Sie wissen, daß Sie bekommen können, was Sie brauchen.

Skript

Es ist in Ordnung, Wünsche zu haben. Ich habe ein Recht darauf, meine Wünsche zu fühlen und auszudrücken.

Ich trete für meine Interessen ein. Ich bestehe darauf, einige meiner Bedürfnisse erfüllt zu bekommen, und ich tue dies auf freundliche Art und Weise.

Ich weiß, daß andere meine Gedanken nicht lesen können und daß es meine Aufgabe ist, anderen meine Wünsche mitzuteilen.

Ich achte auf ein vernünftiges Gleichgewicht zwischen Geben und Nehmen. Ich trage Verantwortung für mich selbst. Mein Glück ist mir wichtig.

Kurzformeln

Es ist wichtig, daß ich anderen meine Wünsche mitteile. Ich tue das auf freundliche Art und Weise.

Wenn ich mich verletzt fühle, schmolle ich

Sich beleidigt in den Schmollwinkel zurückzuziehen stellt einen Kommunikationsabbruch dar, der andere bestrafen soll, weil sie Ihnen nicht geben, was Sie wollen. Der »Schmoller« erwartet, alles sofort zu bekommen, was er will, ohne darum bitten zu müssen – oder zumindest, ohne darum mehr als einmal bitten zu müssen.

In einigen Familien zieht sich diese Schmollhaltung oft über Generationen hinweg hin. Schmollen ist eng verbunden mit Sturheit und kann Beziehungen innerhalb der Familie ernsthaft belasten. Der Anlaß für das Schmollintervall ist oft belanglos, aber die Strafe hart. Es gibt Familien, in denen einzelne Mitglieder miteinander jahre- oder auch jahrzehntelang kein Wort wechseln. Nach einiger Zeit kann sich meist niemand mehr an den Grund dieses Superschmollens erinnern, aber es muß wohl etwas ganz Unerhörtes gewesen sein – schließlich hat man ja mit Onkel Harry fünfzehn Jahre lang kein Wort mehr gesprochen ...

Je länger das Schmollen andauert, desto schwerer läßt es sich beenden. Es gilt als Zeichen der Schwäche, als erster mit der anderen Seite wieder Kontakt aufzunehmen. Das ist so, als würde man zugeben, vor fünfzehn Jahren im Unrecht gewesen zu sein, und das will man auf keinen Fall. Die Situation ist völlig verfahren.

In einer weniger extremen Form ist Schmollen wie das Aufstampfen mit dem Fuß, weil man sich übergangen fühlt: Bekommt man nicht uneingeschränkte Aufmerksamkeit, dann schmollt man; erhält ein anderer den Arbeitsplatz, für den man sich beworben hat, schmollt man; ist das Geburtstagsgeschenk nicht groß genug, schmollt man. Man hat das Gefühl, auf alles, was man will, ein automatisches Anrecht zu besitzen, ist aber nicht gewillt, etwas dafür zu tun. Bloß nicht etwas angehen, was in Arbeit ausarten könnte. Hat sich einmal ein Gedanke bei Ihnen festgefahren, dann verlangen Sie, daß Ihr Wunsch genau so verwirklicht wird, wie Sie sich das vorstellen. Das Grundkonzept ist gut, nur die Methode funktioniert nicht. Es ist gut, genau zu wissen, was man will – es ist großartig, daß Sie wissen, daß Sie einen neuen Arbeitsplatz wollen –, aber es ist kindisch, unbedingt diesen *ganz bestimmten* Arbeitsplatz zu wollen und eingeschnappt zu sein, wenn Sie ihn nicht bekommen.

Hören Sie auf, lautstark Gerechtigkeit zu fordern. Es kann gut sein, daß Sie für die Stelle besser geeignet sind, aber Sie haben die Stelle nicht bekommen, weil Sie eine Frau sind. Das ist natürlich ungerecht, aber ändern können Sie daran nichts. An diesem Punkt haben Sie zwei Möglichkeiten: Sie können sich hinsetzen und schmollen und über die Ungerechtigkeit im allgemeinen und die Ungerechtigkeit gegen Sie im besonderen nachgrübeln, oder Sie können sich um eine andere Stelle bewerben. Wenn es Ihnen mit Ihrem Wunsch nach einem anderen Arbeitsplatz ernst ist, würde ich vorschlagen, Sie entscheiden sich für die zweite Möglichkeit.

Merke

Geben Sie nie auf.

Im Leben gibt es keine Garantien, aber es gibt immer wieder günstige Gelegenheiten, und da, wo die letzte Gelegenheit herkam, gibt es noch mehr. Seien Sie flexibel, seien Sie offen für die verschiedenen Stellen, die angeboten werden. Haben Sie die eine Stelle nicht bekommen, heißt das nur, daß eine bessere Stelle auf Sie wartet.

Eine andere Situation, die Schmollen auslöst, ist mangelnde Aufmerksamkeit. Angenommen, Ihr Mann oder Ihre Frau hat eine neue Stelle und ist so engagiert, daß er oder sie keine Zeit mehr für Sie zu haben scheint. Obwohl Sie froh und stolz sind, daß Ihr Partner Karriere macht, haben Sie aber auch gleichzeitig das Gefühl, daß die Begeisterung für die Arbeit Ihnen die Aufmerksamkeit Ihres Partners stiehlt.

Anstatt aber zu sagen, daß Sie sich vernachlässigt fühlen, schmollen Sie. Ihr Partner denkt jetzt vielleicht, daß Sie Probleme bei der Arbeit hatten, und ist sauer, weil Sie es an ihm auslassen.

Wenn Sie über das Verhalten Ihres Partners böse oder verletzt sind und sich in den Schmollwinkel zurückziehen, verweigern Sie Ihre Liebe. Schmollen ist eine Form von Rache oder Strafe, wobei Sie den anderen wegschieben und letztendlich Vertrauen und Vertrautheit zerstören.

Machen Sie sich klar, daß mit Schmollen nichts erreicht wird. Es bringt Ihnen nicht die Zuneigung, nach der Sie sich sehnen. Um zu bekommen, was Sie wollen, müssen Sie Ihren Wunsch äußern. Es hat also keinen Sinn, sich in Selbstmitleid zu ergehen. *Sie* müssen sagen, was Sie wollen.

Merke

Andere können Ihre Gedanken nicht lesen.

Sie sind nicht glücklich, wenn Sie schmollen, andere sind nicht glücklich, wenn Sie schmollen, warum also damit weitermachen? Es wird Ihnen viel besser gehen, wenn Sie nicht beleidigt reagieren, und außerdem erhöht es auch Ihre Chancen, das zu bekommen, was Sie wollen.

Skript

Es ist gut, daß ich weiß, was ich will. Ich gehe meine Ziele mit Zuversicht an. Ich bin ganz und gar wach für die Gelegenheiten, die sich mir bieten, und das hilft mir, mein Ziel zu erreichen.

Sämtliche Probleme, die sich mir dabei stellen, gehe ich effizient und ruhig an. Rückschläge, die dabei auftreten, helfen mir, neue Wege zu finden.

Meine Bedürfnisse sind mir wichtig, und mir fällt es leicht, sie anderen auf freundliche Art und Weise mitzuteilen. Ich bleibe flexibel und strebe meine Ziele mit Zuversicht an.

Kurzformeln

Meine Bedürfnisse sind mir wichtig. Ich helfe anderen, mir das zu geben, was ich brauche.

oder

Ziele verfolge ich mit Zuversicht.

Streß

- Ich habe das Gefühl, mir wächst die Arbeit über den Kopf.
- Beim kleinsten Fehler sehe ich mich gezwungen, die Arbeit noch einmal zu machen.
- Ich brauche lange, bis ich abends von der Arbeit abschalten kann.
- Ich bin dauernd reizbar, aggressiv oder in Tränen aufgelöst.
- Sobald ich aus dem Urlaub ins Büro zurückkomme, ist jegliches Gefühl von Entspannung verflogen.
- Seitdem ich mich so gestreßt fühle, habe ich sexuelle Probleme.
- Ich hatte erst vor kurzem einen Herzinfarkt.
- Ich habe keine Zeit für Pausen.

Streß ist kein Privileg der Topmanager, sondern betrifft alle Gesellschaftsschichten. Wir sind alle im täglichen Leben mit Hochs und Tiefs konfrontiert und müssen uns immer wieder an neue Situationen anpassen.

Solange wir das Gefühl haben, alles in der Hand zu haben, geht es uns gut. Erst wenn das Gefühl einsetzt, nicht mehr alles unter Kontrolle zu haben, und wir uns nicht mehr in der Lage sehen, die vor uns liegende Aufgabe zu erfüllen, fühlen wir uns gestreßt. Ihr Sohn mag beispielsweise ein Nervenbündel und völlig erschöpft sein, wenn er gerade mal eine halbe Stunde lang französische Grammatik wiederholt hat, aber wenn es darum geht, ein Problem auf dem Computer zu lösen, kann er sich gleich darauf die ganze Nacht ohne auch nur die geringsten Anzeichen von Müdigkeit oder Verärgerung um die Ohren schlagen. Ob Sie positiv oder negativ auf Streß reagieren, hängt weitgehend davon ab, ob Sie Ihre Arbeit als interessante Herausforderung oder als Last empfinden.

Der Körper des Menschen ist für diese dauernden Anpassungsprozesse, mit denen wir tagtäglich konfrontiert werden, gut gerüstet. Unser Gehirn hilft uns, eine Situation als schwierig oder potentiell gefährlich einzustufen, und schickt ein Signal an das Nervensystem, das daraufhin unsere körperlichen Funktionen umgehend der Situation anpaßt. So kann verstärkt Energie freigesetzt werden, die uns dabei hilft, die anstehenden Aufgaben effizienter zu erfüllen. Um ein Beispiel zu nennen: Wenn Ihr Haus in Flammen steht, dann registriert Ihr Gehirn (über die Augen) die Flammen und schickt umgehend ein Signal an Ihr sympathisches Nervensystem. Sofort wird Adrenalin ins Blut gepumpt, Herzfrequenz und Blutdruck erhöhen sich, Blutzucker wird freigesetzt, Sie spannen die Muskeln an, die Atmung wird flach, und Sie rennen aus dem Haus. All dies passiert im Bruchteil einer Sekunde. In einer solchen Situation ist diese Reaktion nützlich und rettet Ihnen wahrscheinlich das Leben. Wenn Sie jedoch bei der Fahrprüfung oder bei einer Rede so reagieren, ist das äußerst störend, denn Ihr normales Denken ist blockiert.

Körperliche Streßreaktionen sind sehr alte Überlebensmechanismen. Um einer wild gewordenen Büffelherde zu entkommen, mußte der primitive Mensch *sofort* die Flucht ergreifen, ohne erst darüber nachzudenken. Da er sich körperlich in einem Zustand der Panik befand, war er nicht in der Lage nachzudenken, ob er nicht in seine Hütte zurückrennen und seinen Knüppel holen sollte. Das Vernunftdenken war praktisch ausgeschaltet, da jegliche Verzögerung seine Reaktionen herabgesetzt und sein Überleben gefährdet hätte.

Heutzutage geraten wir kaum noch in lebensgefährliche Situationen, in denen wir auf dieses »Kampf-oder-Flucht-Verhalten« zurückgreifen müßten, aber trotzdem ist dieser Mechanismus nach wie vor in uns wirksam. Die schnelle körperliche Reaktion, die den primitiven Menschen gerettet hat, ist heutzutage unangemessen. Heute überlebt derjenige, der am langsamsten auf Streßsituationen reagiert. Wir sind nicht mehr von gefährlichen Tieren umgeben, und die meisten von uns haben keine Probleme, ihre Grundbedürfnisse wie Nahrung und Schutz sicherzustellen. Deshalb können wir es uns leisten, unser »Gefahrenetikett« auf andere, aktuellere Probleme wie Arbeitsplatzgefährdung, Prüfungen, Examen und Arbeitsüberlastung zu heften.

Es ist wichtig zu verstehen, daß Streß nicht durch die Situation als solche entsteht. Vielmehr gibt die *Haltung* gegenüber dieser Situation den Ausschlag, ob man mit Streß reagiert oder nicht. Betrachten Sie Ihre Prüfung beispielsweise als etwas Bedrohliches, werden Sie wahrscheinlich keine so guten Leistungen erbringen wie jemand, der die Prüfung als interessante Aufgabe ansieht.

Streß liegt nicht in der Situation an sich. Sonst wäre es nicht möglich, daß einige ruhig und entspannt in eine Prüfung gehen, während andere ausflippen und nicht in der Lage sind, klar zu denken – alle würden dann auf die Prüfungssituation gleich reagieren. Für die, die ruhig auf eine Prüfungssituation reagieren, und für die, die in Panik geraten, ist die *Situation* dieselbe, nur haben sie eine unterschiedliche *Wahrnehmung* davon. Eine Menge Arbeit zu haben ist daher *nicht* gleichbedeutend mit Streß, und nur weil Sie große Verantwortung tragen, heißt das nicht, daß Sie automatisch ein Magengeschwür bekommen oder an Schlaflosigkeit leiden müssen.

Körper und Gehirn arbeiten eng zusammen. Die Botschaften, die das Gehirn (der Verstand) von der Kommandobrücke aus schickt, werden von der Crew (Nervensystem) ausgeführt. Teilt das Gehirn dem Nervensystem mit, daß es mit Überlastung zu rechnen hat, schaltet das sympathische Nervensystem in den Schnellgang. Das geschieht wie bei einer Kettenreaktion im Bruchteil einer Sekunde. Wird diese Anpassungsfähigkeit durch intensiven Gebrauch überstrapaziert, bricht der Mechanismus zusammen. Herzkrankheiten, ein Nervenzusammenbruch oder ein Magengeschwür können die Folge sein, aber lange bevor es so weit kommt, gibt der Körper Warnsignale. Folgenden körperlichen Symptomen sollten Sie Beachtung schenken:

- Atemlosigkeit, Schwindel, Übelkeit
- übermäßiges Essen oder Appetitlosigkeit
- exzessives Rauchen oder Trinken
- Schlafprobleme
- sexuelle Probleme
- Schweißausbrüche
- Unruhe und Nägelkauen
- Kopf-, Rücken- oder Nackenschmerzen

Geistige Probleme, die auf Streßprobleme hinweisen, sind:

- nachlassendes Erinnerungsvermögen
- Gefühle wie Frustration, Aggression, Tränenausbrüche
- Unschlüssigkeit
- Versagensgefühle
- Konzentrationsmangel
- Depressionen
- Angstgefühle

Wenn Sie ein Problem haben und darauf mit Streß reagieren, werden einige dieser körperlichen und geistigen Symptome bei Ihnen auftreten. Haben Sie Schlafprobleme und fühlen Sie sich depressiv, dann sind Sie wahrscheinlich noch weniger in der Lage, das Problem zu lösen, das die Streßreaktion ausgelöst hat, und die Situation wird sich weiter verschärfen. Weil Sie sich nicht konzentrieren können, fällt es Ihnen schwer, das Problem zu lösen. Sie fühlen sich folglich als Versager. Das deprimiert Sie noch mehr und Sie können sich noch weniger konzentrieren. Um diesen Teufelskreis zu durchbrechen, sollten Sie folgendes ausprobieren:

Erste Hilfe

- Ziehen Sie sich so schnell wie möglich zurück und setzen Sie sich irgendwohin.
- Atmen Sie tief ein und schließen Sie Ihre Augen beim Ausatmen.
- Atmen Sie wieder tief ein (atmen Sie immer in den Bauch) und entspannen Sie die Kiefermuskulatur.
- Atmen Sie wieder tief ein und lassen Sie die Schultern herabsinken.
- Atmen Sie wieder tief ein und öffnen Sie Ihre Hände.
- Atmen Sie tief ein, halten Sie die Luft an und zählen Sie dabei bis fünf und atmen Sie wieder aus. Wiederholen Sie den letzten Schritt mindestens fünfmal.

Diese Übung hilft Ihnen, die Streßsymptome abzuschwächen. Sie können wieder klar denken, weil Sie sich beruhigt haben und wieder Sauerstoff in Ihr Gehirn strömen kann.

Unter Streß spannen Sie sämtliche Muskeln und Organe des Körpers, einschließlich der Atemorgane, an. Das führt zu flacher Atmung und folglich verminderter Sauerstoffzufuhr und schränkt somit die Gehirntätigkeit ein.

Nun zu den einzelnen Punkten:

Ich habe das Gefühl, mir wächst die Arbeit über den Kopf

Eines möchte ich sofort klarstellen: Nur weil Sie von 7 bis 21 Uhr ohne Pause arbeiten, bedeutet das noch lange nicht, daß Sie gute Arbeit leisten. Verwechseln Sie *Quantität* nicht mit *Qualität.* Wenn Sie Ihre Arbeit nicht im Rahmen eines vernünftigen Arbeitstages erledigen können, dann stimmt irgend etwas nicht.

Was wollen Sie eigentlich damit beweisen, wenn Sie dauernd Überstunden machen? Daß Sie unentbehrlich sind und die Firma ohne Ihren Einsatz Konkurs macht? Machen Sie sich doch nichts vor!

Wollen Sie noch immer Ihren Eltern beweisen, daß Sie etwas leisten können, daß Sie ein ganzer Kerl sind? Rennen Sie noch immer der Anerkennung und dem Lob Ihrer Eltern hinterher? Und weil Sie das nicht bekommen, arbeiten Sie noch mehr. Sie werden immer erschöpfter und machen Fehler, die Sie wieder berichtigen müssen, und dazu brauchen Sie wieder mehr Zeit.

Das sind allgemeine Fragen, die Sie sich selbst irgendwann einmal stellen sollten. Aber kommen wir nun zu den Kernproblemen.

Wenn Sie das Gefühl haben, daß Ihnen die Arbeit über den Kopf wächst, liegt es vielleicht daran, daß Sie unsystematisch vorgehen? Gehören Sie zu den Menschen, auf deren Schreibtisch ein Wust von

Papier und Blättern verteilt ist, so daß es eine halbe Stunde intensiven Wühlens bedarf, um das Protokoll der Vorstandssitzung vom vergangenen Monat zu finden?

Sie lachen vielleicht, aber das ist nichts, worauf man stolz sein sollte. Ein unordentlicher Tisch spiegelt Ihre innere Verfassung wider: Das innere Chaos entspricht dem äußeren Chaos. Werden Sie systematisch und *bleiben* Sie es. Das ist *Ihre* Aufgabe, nicht die der Sekretärin. Räumen Sie auf, legen Sie Ihre Papiere ab.

Machen Sie es sich zur Regel, Papiere nie zweimal in die Hand zu nehmen. Wenn Sie, mit anderen Worten, einen Brief in die Hand nehmen, um ihn abzulegen, und nicht wissen, wohin er gehört, legen Sie ihn nicht aus der Hand, bevor Sie den richtigen Ordner gefunden haben. Nehmen Sie keine anderen Schriftstücke in die Hand, bevor der Brief an seinem richtigen Platz ist.

Setzen Sie sich Prioritäten. Versuchen Sie nicht drei Dinge auf einmal zu tun. Sie können nicht gleichzeitig einen Brief diktieren, ein Telefongespräch annehmen *und* Ordnung auf Ihrem Schreibtisch machen.

Kommen Sie morgens ins Büro, dann gehen Sie bitte nicht schnurstracks auf den Stapel neu eingegangener Post zu.

Das erste, was Sie nach Ihrem Eintreten tun, ist, Ihren Mantel auszuziehen und sich hinzusetzen. Tun Sie einen Moment lang gar nichts. Atmen Sie tief durch. Nehmen Sie sich ein Blatt Papier und beginnen Sie, eine Liste all der Dinge zu machen, die Sie heute und in der nächsten Zeit erledigen müssen. Dann markieren Sie die Dinge, die Sie heute erledigen müssen.

Bevor Sie sich an die Erledigung eines dieser Punkte machen, stellen Sie fest, ob es Aufgaben gibt, die Sie anderen übertragen können. Was die noch verbliebenen Punkte anbelangt, so beginnen Sie mit denen, die Sie am *wenigsten* gern machen. Erledigen Sie diese Dinge zuerst. Morgens haben Sie die meiste Energie. Nach dem Mittagessen sacken körperliches und geistiges Leistungsvermögen beträchtlich ab, und Sie sind weniger produktiv. Auch vom psychologischen Standpunkt her ist diese Vorgehensweise zu empfehlen, denn Sie fühlen sich für den Rest des Tages wirklich gut, wenn Sie endlich die unerfreulichen Dinge hinter sich gebracht haben, anstatt Sie wieder hinauszuschieben.

Haben Sie bis zum Abend nicht alle Punkte auf Ihrer »Heute-dringend«-Liste abhaken können, und passiert das regelmäßig, dann sollten Sie sich einmal folgendes überlegen:

Sind Sie der Maulesel der Firma oder der Familie? Landet alles auf Ihrem Schreibtisch oder bei Ihnen, weil andere es nicht machen wollen? In diesem Zusammenhang spielt es keine Rolle, ob Sie Chef oder Sekretärin, Mutter oder Vater sind.

Laden andere bei Ihnen ihr Gerümpel ab, dann müssen Sie das stoppen. Sagen Sie ganz offen und deutlich, daß Sie nicht bereit sind, das länger hinzunehmen. Versprechen Sie *nicht*, Termine einzuhalten, die Sie doch nicht einhalten können. Nehmen Sie nicht noch zusätzliche Arbeit an, wenn Sie ohnehin reichlich mit Arbeit eingedeckt sind. Hier einige Beispiele zum Umgang mit schwierigen Situationen:

Der Chef kommt mit einem Stapel handschriftlicher Unterlagen ins Zimmer geeilt. Die Ablage für Eingänge auf dem Schreibtisch der Sekretärin quillt bereits über. Sie ist bereits seit 8.30 Uhr am Tippen, um mit ihrer Arbeit nachzukommen. Im Moment arbeitet sie an einem wichtigen Prognosepapier, das am nächsten Vormittag um 10 Uhr fertiggestellt sein muß.

Chef (in Eile): »Hier ist das Protokoll. Sorgen Sie dafür, daß es morgen mittag fertig ist!« (Er ist schon am Hinausgehen.)

Sekretärin (bestimmt): »Ich fürchte, das wird nicht möglich sein.«

Chef (dreht sich ärgerlich um): »Ich brauche es aber! Dann müssen Sie eben länger dableiben.«

Sekretärin: »Es tut mir leid, aber ich kann auch nur arbeiten. Ich kann Ihnen jetzt schon sagen, daß der Bericht bis morgen mittag nicht fertig ist.«

Chef (aufgebracht): »Mir ist egal, wie Sie es machen, aber machen Sie es!«

Sekretärin: »Wenn Sie es so dringend brauchen, würde ich sagen, wir sehen uns morgen früh als erstes nach einer Aushilfskraft um. Eine andere Möglichkeit gibt es nicht.«

Chef: »Holt eine Aushilfskraft, holt den Weihnachtsmann, das ist mir gleich, solange es bis morgen mittag fertig wird.«

(Der Chef verläßt das Zimmer und knallt die Tür zu.)

Entschuldigen Sie sich nicht, weil Sie es nicht machen können. Es ist wichtig, daß Sie nicht in langatmiges Erklären verfallen, warum eine andere Arbeit Priorität hat. Lassen Sie sich auch nicht von der schlechten Laune des Chefs unter Druck setzen. Seine schlechte Laune ist sein Problem, nicht das Ihre. Er war bereits gereizt, als er hereinkam, also liegt der Grund nicht bei Ihnen. Wiederholen Sie immer wieder, daß Sie dem Wunsch nicht entsprechen können, und wiederholen Sie es so lange, bis eine andere Lösung gefunden ist.

Hier ist ein weiteres Beispiel. Stellen Sie sich eine ältere Mutter vor, die ungeduldig darauf wartet, daß ihr Sohn von der Arbeit zurückkehrt. Endlich hört sie den Schlüssel im Türschloß und der Sohn kommt erschöpft herein. Er läßt sich in den nächstbesten Stuhl fallen.

Mutter: »Gerald, kannst du den Abfall bitte rausbringen?«

Sohn: »Natürlich, laß mich nur erst mal zu Atem kommen. Ich mache es gleich. Ich bin völlig kaputt.«

(Pause, dann)

Mutter: »Na ja, dann muß ich es wieder mal selbst tun. Es ist zwar nicht gut für meinen Rücken ...«

Sohn (bleibt sitzen): »Also Mutti, wenn du dir lieber den Rücken ruinierst als zehn Minuten zu warten, dann kann ich dir auch nicht helfen.«

Mutter (weiß nicht, was sie zuerst sagen soll, dann): »Du bist undankbar. Nach allem, was ich für dich getan habe ...«

Sohn (steht noch immer nicht auf): »Keine Angst, Mutti, ich trage den Abfall gleich raus.«

(Mutter schimpft leise vor sich hin und geht aus dem Zimmer.)

- Lassen Sie sich nicht von Erpressungen abhalten wie »Nach allem, was ich für dich getan habe«. Sie sind reine Ablenkungen, die nichts mit dem zu tun haben, worüber Sie gerade sprechen.
- Bestehen Sie darauf, sich nicht unter Druck setzen zu lassen.
- Bleiben Sie höflich.
- Wiederholen Sie Ihren Standpunkt, bis bei Ihrem Gegenüber der Groschen gefallen ist.

Sie können durchaus klar »nein« sagen, ohne aggressiv oder unhöflich zu sein. Der Trick liegt in der einfachen Wiederholung Ihrer Botschaft. Lassen Sie sich durch Vorwürfe und seelische Erpressungsversuche nicht von Ihrem Punkt abbringen. Beharren Sie darauf, und Sie werden bekommen, was Sie wollen.

Haben Sie dies einige Male getan, dann fangen andere an zu verstehen, daß Sie nicht bereit sind, zusätzliche Arbeit zu akzeptieren oder sich herumkommandieren zu lassen, und nach kurzer Zeit werden Sie feststellen, daß man aufhört, unvernünftige Forderungen an Sie zu stellen. Sie sind jetzt selbstsicherer, und andere respektieren Sie dafür.

Beim kleinsten Fehler sehe ich mich gezwungen, die Arbeit noch einmal zu machen

Angenommen, Sie schreiben einen Brief, buchstabieren dabei ein Wort falsch und müssen es daher durchstreichen – fühlen Sie sich dann gezwungen, den ganzen Brief zu zerreißen? Wenn Sie gerade das Wohnzimmer staubgesaugt haben und jemand geht über den Läufer, gehen Sie dann hin und machen die Fransen wieder gerade?

Ist es für Sie unerträglich, daß andere nicht perfekt sind? Dann finden Sie es sicher auch untragbar, wenn Sie sich selbst bei Unzulänglichkeiten ertappen und Fehler machen. Ob zu Hause oder im Büro, Sie sind dann so damit beschäftigt, kleinste Details richtig zu machen, daß Sie ganz vergessen, was Ihr eigentliches Ziel war.

Haben Sie zwei wichtige Telefonanrufe zu machen und drei wichtige Briefe zu diktieren, so geraten Sie mit Ihrem Zeitplan hoffnungslos ins Hintertreffen, wenn Sie zuviel Zeit damit verbringen, zu entscheiden, ob Ihnen das Layout des Briefes, den Ihre Sekretärin gerade getippt hat, zusagt. Wenn zu Hause eine Menge Arbeit ansteht, vergeuden Sie nur wertvolle Energie, wenn Sie die Arbeitsfläche in der Küche jedesmal abwischen, wenn eines der Familienmitglieder darauf hustet.

Setzen Sie sich Prioritäten. Sie werden nie in der Lage sein, alles und jeden in Ihrer Umgebung unter Kontrolle zu halten, und auch Ihre eigene Leistung unterliegt Schwankungen. Niemand ist immer perfekt, wir machen alle Fehler, *das ist normal*. Sie stehen anderen keineswegs nach, nur weil Sie manchmal Fehler machen.

Wenn Sie zurückdenken, stellen Sie wahrscheinlich fest, daß es in Ihrer Kindheit sehr schwer war, einen Elternteil oder beide Eltern zufriedenzustellen. Vielleicht haben Sie Ihre Mutter heiß und innig geliebt, konnten es ihr aber nie recht machen, egal wie sehr Sie sich auch angestrengt haben. Vielleicht liebte man Sie nur dann, wenn Sie sämtliche elterlichen Regeln befolgten.

Kinder brauchen das Gefühl, geliebt zu werden, darum tun sie alles, um diese Liebe zu erringen. Das kann zu einer frustrierenden Zwickmühle werden, wenn man trotz aller Bemühungen diese Liebe nie bekommt, weil man nie wirklich *alle* elterlichen Regeln einhalten kann.

Es ist allerdings nicht nötig, dieses Spielchen auch im späteren Leben fortzusetzen – Sie haben etwas Besseres verdient. Machen Sie eine Liste mit all den Eigenschaften, die Sie an sich mögen. Lassen Sie sich Zeit damit, und immer wenn Ihnen zusätzliche Punkte einfallen, fügen Sie diese hinzu. Haben Sie Sinn für Humor, sind Sie rücksichtsvoll, ein guter Zuhörer, ein guter Unterhalter, ein treuer Freund, einfühlsam? Schreiben Sie alles auf. Schauen Sie sich die Liste jeden Tag an. Das sind Sie!

Fangen Sie jetzt damit an, sich selbst wie einen sympathischen Menschen zu behandeln. Stellen Sie von nun an keine unvernünftigen Forderungen mehr an sich. Erlauben Sie sich eine Pause. Lockern Sie alle Regeln, die Ihnen von klein auf auferlegt wurden. Diese Regeln sind überholt und müssen überprüft werden. Ihre Situation hat sich verändert, Sie leben nicht mehr bei Ihren Eltern. Es ist an der Zeit, daß Sie

Ihre eigenen Regeln aufstellen, Regeln, die Ihnen zusagen. Sie werden feststellen, daß es Ihnen hilft, wenn Sie netter zu sich selbst sind, weil Sie dann entspannter sind und besser und ohne Streß arbeiten können.

Merke

Sie selbst sind Ihr bester Freund. Seien Sie nett zu sich.

Ich brauche lange, bis ich abends von der Arbeit abschalten kann

Wenn Sie dieses Problem haben, dann befinden Sie sich bereits in der Streßspirale. Diese Situation ist nur für begrenzte Zeit tragbar. Wenn Sie gerade viel Streß haben, müssen Sie dafür sorgen, daß Ihre Wochenenden frei bleiben. Gelingt Ihnen das nicht, dann gehen Sie sooft wie möglich morgens spät zur Arbeit oder abends früh nach Hause. Sorgen Sie auch dafür, daß Sie Urlaub machen, wenn Sie ein größeres Projekt erledigt haben, *bevor* eine neue dringende Aufgabe ansteht. Sagen Sie laut und deutlich, daß Sie nicht da sein werden. Kündigen Sie Ihre Abwesenheit an, sobald Sie wissen, wann Sie gehen können. Gibt es etwas Dringendes zu erledigen, dann muß die Firma jemand anderen finden, der sich während Ihrer Abwesenheit der Sache annimmt.

Tragen Sie nicht die Sorgen der Firma oder der ganzen Welt auf Ihrem Rücken. Sie werden sich dabei nur überheben, und dann nützen Sie keinem mehr. Geben Sie sich nicht der Illusion hin, unersetzlich zu sein. Ist Ihre Firma oder Ihre Familie daran interessiert, daß Sie gute Arbeit für sie leisten, müssen sie Ihnen angemessene Zeit zum Ausspannen geben, damit Sie wieder Energie tanken können.

Ihre Kinder müssen lernen, daß Sie kein Dienstmädchen sind. Sie müssen ihnen beibringen, ab einem gewissen Alter bestimmte Aufgaben zu übernehmen, und ihnen klarmachen, daß Sie nicht dazu da sind, sie von hinten und vorne zu bedienen. Bestehen Sie darauf, Zeit für sich selbst zu haben, und sei es auch nur eine halbe Stunde am Tag. So gewöhnt sich Ihre Familie daran, und später können Sie die Zeit, die Sie für sich haben, leicht verlängern.

Ein Umgebungswechsel ist oft ein gutes Mittel um abzuschalten. Man kann z. B. übers Wochenende wegfahren, Freunde besuchen, einem Hobby oder einer neuer Beschäftigung nachgehen. Im allgemeinen ist es ratsam, die Freizeitaktivitäten danach auszurichten, wie sehr man gerade unter Streß steht. Je mehr Sie in der Arbeit unter Streß sind, desto weniger anstrengend sollte Ihre Freizeit sein. Es wäre Unsinn, bei einer Streßsituation am Arbeitsplatz ein stressiges Squashspiel oder anstrengendes Wochenende zu planen. Sie brauchen Zerstreuung und nicht Zerstörung. Und auch wenn Sie den ganzen Tag hinter dem Schreibtisch gesessen haben und nicht viel körperliche Bewegung hatten, dann sind Sie körperlich trotzdem nicht mehr taufrisch.

Wie wir gesehen haben, wirkt sich geistiger Streß auch auf den Körper aus. Sind Sie am Arbeitsplatz stark unter Druck, dann sind Sie körperlich genauso erschöpft, als hätten Sie sich gerade körperlich sehr angestrengt. Deshalb ist es nicht gut, sich nach Büroschluß in einen ähnlich anstrengenden Zeitvertreib zu stürzen. Wenn Sie das tun, dann überanstrengen Sie Ihren Körper. Das wäre so, als würden Sie Ihren Wagen die ganze Zeit mit gezogenem Choke fahren. Eines Tages werden Sie dann Probleme mit dem Motor bekommen. Wählen Sie statt dessen eine Sportart, die Spaß macht, und bei der Sie Ihren Körper maßvoll trainieren können. Betrachten Sie sich danach im Spiegel. Sehen Sie aus wie der Tod auf Urlaub, dann haben Sie sich überanstrengt.

Interessieren Sie sich nicht für Sport und besuchen Sie auch nicht gerne irgendwelche Kurse, sollten Sie zumindest Ihre Gewohnheiten ändern, wenn Sie abends nach Hause kommen. Wenn Sie alles so machen wie bisher, bleibt Ihnen zuviel Zeit zum Grübeln. Ziehen Sie sich etwas anderes an, setzen Sie sich hin und unterhalten Sie sich mit Ihrem Partner, hören Sie sich Musik an, anstatt fernzusehen, baden Sie bei Kerzenlicht oder führen Sie Ihren Partner zum Abendessen aus. Feiern Sie, daß es außer Arbeit noch andere Dinge im Leben gibt.

Es ist außerdem wichtig, daß Sie Ihr Privatleben strikt von Ihrer Arbeit getrennt halten. Lassen Sie nicht zu, daß die Arbeit jeden Aspekt Ihres Lebens beherrscht. Ihr Privatleben ist genauso wichtig. Menschen, die nur für ihre Arbeit leben, haben es besonders schwer, wenn sie in Rente gehen, weil sie außerhalb des Arbeitsplatzes nie eigene Interessen gepflegt haben, und plötzlich klafft eine großes Loch in ihrem Leben. Auf einmal existiert die Arbeit nicht mehr, und es ist auch nichts anderes da, was sie ersetzen könnte.

Ich bin dauernd reizbar, aggressiv oder in Tränen aufgelöst

Diese Symptome treten erst etwas weiter unten in der Streßspirale auf. Sind Sie normalerweise recht geduldig und fröhlich, stellen Reizbarkeit und Tränenausbrüche eine momentane Veränderung Ihrer Persönlichkeit dar. Sie sind nicht mehr Sie selbst.

Reizbarkeit, Aggressivität und Tränenausbrüche haben eines gemeinsam: Sie sind Ausdruck von Angst. Manche Menschen ziehen sich zurück, wenn sie Angst haben (Tränenausbrüche), andere gehen zum Angriff über (Reizbarkeit, Aggressivität), aber die grundlegende Ursache ist die gleiche.

Das Gefühl, in die Enge getrieben zu sein, setzt den einzelnen derart unter Druck, daß er praktisch neben sich selbst steht. In dieser Verfassung tut oder sagt er Dinge, die keineswegs typisch für ihn sind und die er, wenn er sich wieder beruhigt hat, bedauert. Da ist der Schaden aber bereits angerichtet und oft schwer wiedergutzumachen.

Tränenausbrüche können andere nicht verletzen, Reizbarkeit und Aggressivität aber sehr wohl. Diese können für die Menschen im Umfeld der gestreßten Person ziemlich störend sein. Normalerweise werden diejenigen, die in der Hackordnung weiter unten stehen, zur Hauptzielscheibe dieser Angriffe.

Dauernde Reizbarkeit kann größere Wellen schlagen, als man annehmen möchte. Hat man in der Arbeit Ärger, dann läßt man die schlechte Laune nicht zurück, wenn man die Bürotür hinter sich zumacht. Man trägt sie mit nach Hause, und wenn Sie keine Gelegenheit hatten, Dampf abzulassen, weil Sie den ganzen Tag in einer Besprechung waren und Ihre Sekretärin jedesmal, wenn Sie das Büro betraten, aufs Klo verschwand, dann lassen Sie Ihre schlechte Laune vielleicht am Partner oder den Kindern aus. Auch wenn Sie sie nicht gerade anschreien, schaffen Sie doch eine Atmosphäre, in der jeder Mitbewohner auf den Zehenspitzen herumschleicht – die Kinder verschwinden in ihre Zimmer, Ihr Partner fragt, was denn mit Ihnen los sei, und Sie poltern los: »Nichts! Kann ich nicht mal in Ruhe Abend essen?« Dann wird Ihr Partner sauer und spricht nicht mehr mit Ihnen, und plötzlich wird Ihnen klar: Niemand liebt Sie.

In Ehen, wo ein oder beide Partner in der Arbeit dauernd unter Druck stehen, ist die Scheidungsrate besonders hoch. Im obigen Beispiel überträgt sich der Streß von einem Partner auf den anderen und von diesem wiederum auf die Kinder.

Gestreßte Erwachsene können tatsächlich die Ursache dafür sein, daß ihre Kinder Krankheiten und Probleme wie Bettnässen, Hyperaktivität oder Krampfanfälle entwickeln. Man hat festgestellt, daß die Symptome bei den Kindern verschwanden, sobald die Mutter oder der Vater eine Streßtherapie durchlaufen hatte.

Besteht ein Ungleichgewicht in einem Teilbereich des Familiensystems, wird es zu weiteren Problemen in diesem System kommen. In gewisser Weise dient das Problemkind als Sündenbock und kommt den Eltern sehr gelegen, weil sie nun das *Kind* als den Störfaktor in der Familie betrachten und ihre eigenen Probleme, die für die Ehekrise verantwortlich sind, außer acht lassen können. Deshalb ist es auch sehr schwierig, Eltern zu einem Therapiebesuch zu bewegen. Sie werden argumentieren, das Problem liege bei dem Kind und nicht bei ihnen.

Wenn Sie Ihre Arbeit *gern haben* und nicht aufgeben wollen, müssen Sie Ihre Einstellung ändern. Der Tag hat 24 Stunden – für jeden. Bleibt Ihnen am Ende des Tages keine Zeit, um sich über das Erreichte zu freuen, dann machen Sie irgend etwas falsch. Schaffen Sie kleine Inseln des Friedens für sich selbst.

- Wenn irgend möglich, nehmen Sie morgens in den ersten zehn Minuten im Büro keine Telefonate entgegen.
- Entspannen Sie sich. Machen Sie im Geiste einen Schritt weg von Ihrer Arbeit. Prüfen Sie Ihre Atmung, die Kiefergelenke, die Schultern und die Hände. Achten Sie darauf, daß sie locker und nicht angespannt sind.
- Denken Sie an bisherige Erfolge, an Zeiten, in denen Sie gute Leistungen vollbrachten und sich selbst übertrafen. Es spielt keine Rolle, ob das gestern oder vor zwanzig Jahren war, Erfolg ist Erfolg. *Denken* an Erfolg *bringt* Erfolg.
- Fragen Sie sich am Ende des Tages, ob Sie Ihr Bestes gegeben haben. Ist das der Fall, so können Sie nichts weiter tun. Haben Sie dagegen nicht alles erreicht, was Sie erreichen wollten, dann haben Sie auf alle Fälle Ihr Bestes versucht. Notieren Sie auf einem Zettel, was noch getan werden muß, und lassen Sie ihn für den nächsten Morgen auf dem Schreibtisch liegen. Einmal zu Papier gebracht, müssen Sie nicht mehr daran denken.
- Fallen Ihnen im Laufe des Abends noch weitere Punkte ein, dann schreiben Sie sie zu Hause auf, um sie nicht zu vergessen.
- Überlegen Sie, ob Sie Ihr Leben so führen, wie Sie es eigentlich wollen.
- Versuchen Sie bewußt langsam zu sprechen, zu gehen und zu essen. Fangen Sie mit einer Sache an, und zwar mit der, die Ihnen am leichtesten scheint. Bitten Sie jemanden, Sie an Ihren Entschluß zu erinnern. Tun Sie alles langsam und bedächtig. Wenn Sie Dinge langsamer tun, werden Sie auch geistig ruhiger.

Sobald ich aus dem Urlaub ins Büro zurückkomme, ist jegliches Gefühl von Entspannung verflogen

Der Urlaub und das urlaubsbedingte Gefühl der Entspannung sollten zumindest bis in die ersten Arbeitstage hinein Wirkung zeigen. Andernfalls ist es Ihnen entweder im Urlaub nicht gelungen, sich zu entspannen oder Sie haben die falsche Arbeit oder sind von Ihrer gegenwärtigen beruflichen Position überfordert.

Nehmen Sie sich die Zeit, sich zurückzulehnen und über Ihre Arbeit nachzudenken. Sagt Ihnen die Arbeit, die Sie tun, zu? Steht Sie im Einklang mit Ihren Moralvorstellungen? Können Sie Ihre Fähigkeiten in Ihre Arbeit einbringen? Wie ist die Atmosphäre im Büro – entspannt oder verkrampft? Gehen Sie morgens gerne zur Arbeit, oder graut Ihnen davor? Haben Sie das Gefühl, im allgemeinen erfolgreich in Ihrer Tätigkeit zu sein? Ist Ihre Bezahlung angemessen? Müssen Sie beruflich viel reisen? Falls ja, entstehen dadurch Probleme für Ihr Privatleben? Falls Sie sich Ihre gegenwärtige Arbeitsstelle nicht selbst ausgesucht haben, wer hat sie Ihnen vermittelt? Versuchen Sie noch immer, Ihre Eltern zufriedenzustellen, die wollten, daß Sie das Familienunternehmen übernehmen? Sind Sie Beamter, weil das zum damaligen Zeitpunkt als gute Position galt? Hat man Sie gedrängt, Geld zu verdienen, obwohl Sie lieber Ihre Ausbildung fortgesetzt hätten?

Ich will Sie hier keineswegs dazu überreden, daß Sie morgen Ihre Kündigung einreichen, um Landschaftsgärtner oder Hundezüchter in irgendeinem abgelegenen Ort zu werden. Es ist jedoch wichtig, daß Sie sich der Beweggründe, die Ihrer Berufswahl zugrunde liegen, bewußt sind.

Sollten Sie feststellen, daß Sie einer Arbeit nachgehen, die nicht wirklich Ihren Interessen entspricht, dann fangen Sie an, das schrittweise zu ändern. Vielleicht stellen Sie fest, daß Ihnen die Arbeit als solche zusagt, aber daß Ihre Stärke beispielsweise eher im administrativen als im organisatorischen Bereich liegt, in dem Sie jetzt tätig sind. Vielleicht wird eine Stelle frei, deren Schwerpunkt eher im Verwaltungsbereich liegt, und Sie können sich eventuell an diese Stelle versetzen lassen. Eine solche Gelegenheit können Sie nur wahrnehmen, wenn Sie sich Ihrer Präferenzen klar sind.

Andererseits sind Sie vielleicht gar nicht besonders erpicht auf Ihren Arbeitsplatz, haben aber das Gefühl, daß Sie momentan keine Möglichkeit haben, die Arbeit zu kündigen oder sich innerhalb der Firma zu verändern. In diesem Fall möchten Sie vielleicht den fehlenden Anreiz in der Arbeit ausgleichen und Abendkurse oder dergleichen belegen, um Ihre wirklichen Interessen zu fördern. Diese Kurse müssen keine Bildungsmaßnahmen sein. Solange sie Spaß machen, können sie auch vollkommen »unnütz« sein.

Eines ist wichtig: Ganz egal *welche* Arbeit Sie machen, machen Sie sie so gut wie möglich. Das ist sehr wichtig für Ihr Selbstwertgefühl. Auch wenn Sie Böden schrubben, sollten Sie darauf achten, die Arbeit gut zu machen. Ist eine Arbeit es wert, daß man sie macht, ist sie es auch wert, gut gemacht zu werden. Konzentrieren Sie sich auf das, was Sie tun. Wenn Sie einen Brief getippt haben, geben Sie ihn nicht zum Unterschreiben weiter, ohne ihn zuerst auf Fehler zu kontrollieren. Lassen Sie nicht zu, daß Ihr Chef Ihnen vage Anweisungen gibt. Wenn er Wert auf gute Arbeit legt, dann muß er sich auch die Mühe machen, es Ihnen ganz genau zu erklären. Nehmen Sie Ihre Arbeit ernst. Ihre Arbeit ist ein Spiegelbild Ihrer Person. Wenn Sie Ihre Arbeit schlampig machen, in wie vielen anderen Dingen sind Sie dann auch nachlässig?

Merke

Das Äußere ist ein Spiegelbild des Inneren.

Seitdem ich mich so gestreßt fühle, habe ich sexuelle Probleme

Das ist eine weitere unerfreuliche körperliche Nebenwirkung von Streß: Das Vergnügungszentrum wird geschlossen. In Kriegszeiten verschwinden die Spielhallen als erstes.

Wie ich bereits erklärt habe, reagiert der Körper auf Streß, indem er sich auf Kampf oder Flucht einstellt. Der Fortpflanzungstrieb ist dieser Reaktion nur im Wege und wird deshalb ganz herabgesetzt. Der Körper verspannt sich, vor allem im Rücken-, Schulter- und Magenbereich, und wenn man sich nicht entspannen kann, bleibt die Anspannung dort bestehen. Um sexuell erregt zu werden, muß diese Spannung jedoch abgebaut werden. Das ist aber nur möglich, wenn Sie nicht mehr an die Probleme denken, die letztendlich für die Verspannung verantwortlich sind.

Das ist wieder einmal ein gutes Beispiel dafür, wie Ihr Denken Ihre Körperfunktionen beeinflußt. Es besteht eine direkte Verbindung zwischen dem Bewußtsein und dem Unterbewußtsein, zwischen dem Gehirn und dem Nervensystem. Sex gehört zu den wenigen Instinkten, die wir noch haben, und die harmonische Einheit von Körper und Geist ist für ihn lebensnotwendig.

Sex beginnt in Ihrem Kopf. Sie fühlen sich erregt, weil Sie an jemanden denken, den Sie lieben, weil Sie ein stimulierendes Bild betrachten, weil Sie etwas träumen, das Sie animiert. Anders ausgedrückt, muß sich Ihr Kopf mit Gedanken und Bildern beschäftigen, die sexuell erregend sind. Das führt dazu, daß sich der Körper entspannt, die Muskeln locker werden und das Blut pflichtbewußt zu den entsprechenden Körperteilen strömt und sie wunderbar lebendig macht.

Sex hat immer damit zu tun, daß man sich Situationen mit sexuellem Inhalt vorstellt. Versuchen Sie beim Gedanken an das gestrige Mittagessen Erregung zu spüren. Ich wette, daß es nicht funktioniert. Noch weniger wird es funktionieren, wenn Sie an etwas Ärgerliches denken, denn der Gedanke an eine Streßsituation führt zu körperlicher Anspannung, und das ist genau das Gegenteil von dem, was Sie brauchen, um sexuell aktiv zu werden. Wenn Sie nervös und gereizt sind, klappt es nicht. In dieser Verfassung möchte man nicht berührt werden und schon gar nicht sexuell.

Haben Sie sexuelle Probleme, bedeutet das entweder, daß Sie körperlich völlig erschöpft sind oder daß Sie von den Dingen, auf die Sie mit Streß reagieren, nicht lassen können. Ihr Körper läuft die ganze Zeit auf Hochtouren, und Sie können nicht mehr in die normale Gangart zurückschalten. Sind Sie erst einmal in dieser Verfassung, dann reagiert Ihr Nervensystem überempfindlich. Wenn Sie sehr gestreßt sind, ist es beinahe so, als ob Sie Problemen gegenüber »allergisch« reagieren. Schon beim geringsten Anzeichen eines Problems gehen bei Ihnen sämtliche Streßsignale an. Wären Sie entspannter, würde Ihnen das gleiche Problem gar nichts ausmachen.

Ist man erst einmal völlig gestreßt, dann wird die Verbindung zwischen Körper und Geist zum Teufelskreis: Probleme verschlimmern den Streß, Streß verschlimmert die Probleme. Ihre Fähigkeit, Probleme zu lösen, ist herabgesetzt, und folglich fühlen Sie sich immer unfähiger, stehen gleichzeitig aber auch immer mehr unter Druck, gute Leistungen zu erbringen. So ist es auch im Bett. Je mehr Sie sich bemühen, eine Erektion oder einen Orgasmus zu bekommen, und je mehr Sie sich bemühen, eine frühe Ejakulation zu verhindern, desto weniger sind Sie dazu in der Lage.

Merke

Je höher der Aufwand an Willenskraft, desto schwerer läßt sich ein Ziel erreichen.

Sex hat nichts mit Entschlußkraft zu tun, sondern mit Entspannung und Vorstellungskraft. Ihr Körper kann sich nicht auf Sex einstellen, wenn Ihre Gedanken die ganze Zeit abgleiten und Sie sich nicht auf Ihren Partner konzentrieren können.

Ich hatte erst vor kurzem einen Herzinfarkt

Und er kam auch nicht aus heiterem Himmel, nicht wahr? Sie hatten schon eine Zeitlang Schmerzen in der Brust und auch an der Innenseite des Arms. Vorher hatten Sie Schlafprobleme, Schwierigkeiten sich zu entspannen, Kopfschmerzen, Herzklopfen, hohen Blutdruck und fühlten sich allgemein kaputt und erschlagen.

Der Arzt hat Sie vielleicht vor einem möglichen Herzinfarkt gewarnt und Ihnen geraten, weniger zu arbeiten, aber Sie haben lieber Tabletten genommen, um die Kopfschmerzen und den hohen Blutdruck loszuwerden und um sich abends außer Gefecht zu setzen und schlafen zu können. Es ist ziemlich gleichgültig, ob Sie nun Schlaftabletten nehmen oder eine halbe Flasche Wodka trinken, um schlafen zu können. Keines von beiden tut Ihnen gut. Die Nebenwirkungen von Schlaftabletten und von Alkohol sind heutzutage wohlbekannt.

Es hat eine ganze Anzahl von Warnsignalen gegeben, die Sie jedoch bewußt ignoriert haben. Ihr Körper ist deshalb einen Schritt weitergegangen und hat Sie gezwungen, mit der Arbeit aufzuhören, indem er eine Sicherung hat durchbrennen lassen. Nun sind Sie *gezwungen*, sich auszuruhen, weil Sie einen körperlichen Zusammenbruch hatten.

Sie hatten die Wahl. Sie hätten es verhindern können, wenn Sie freiwillig etwas dagegen unternommen hätten. Nun liegen Sie im Krankenhaus und sind für einige Zeit außer Gefecht gesetzt. Das ist eine gute Gelegenheit, darüber nachzudenken, was passiert ist und wie Sie dergleichen in Zukunft verhindern können. Und glauben Sie mir, *es wird* wieder passieren, wenn Sie so weiterleben wie bisher.

Der Herzinfarkt kann Ihnen helfen, Veränderungen zu schaffen, denn nach einer schweren Krankheit ist es durchaus akzeptabel, Arbeit und Engagement zu reduzieren. Andere, die von Ihrem Herzinfarkt wissen, werden meist rücksichtsvoller sein und Ihnen Probleme vom Leib halten. Nutzen Sie diese Anfangszeit so gut wie möglich. Es ist der beste Zeitpunkt, Änderungen an Ihrer Einstellung und Lebensweise vorzunehmen. Denken Sie bitte daran: Wenn Sie nichts unternehmen, um Ihr Leben zu verändern, dann wird Ihr Körper Sie zu einer Änderung zwingen.

Welche Argumente haben Sie vor Ihrem Herzinfarkt vorgebracht? Wie haben Sie Ihre selbstmörderische Arbeitsbelastung gerechtfertigt? Daß die Firma ohne Sie nicht auskommen könnte? Nun, jetzt muß sie ohne Sie auskommen, nicht wahr? Daß jüngere Kollegen Ihnen nicht das Fahrwasser abgraben könnten? Mit Ihrem Eigentor haben Sie Ihre schlimmsten Befürchtungen wahr gemacht, denn jetzt muß die Firma Sie zumindest zeitweise ersetzen, und das kann durchaus durch einen jüngeren Kollegen sein.

Ihre Beweggründe waren vielleicht edel, aber kurzsichtig. War Ihr Chef vor kurzem bei Ihnen und hat Ihnen für Ihre loyale Unterstützung und die Aufopferung Ihrer Gesundheit gedankt? Wohl kaum! Und wenn Sie sich die Radieschen von unten anschauen, haben Sie auch nichts mehr von einem schmeichelhaften Nachruf in der Zeitung!

Es geht hier um *Ihr* Leben, und die Zeit läuft Ihnen wie Sand durch die Finger. Bevor Sie sich darüber klar sind, ist das Heute bereits zum Morgen geworden. Jeder Tag ist ein Teil des Lebens, also nutzen Sie jeden Tag, so gut Sie können. Sie befinden sich in einer Live-Sendung, nicht bei der Generalprobe.

Glücklich zu sein ist wichtig und sollte nicht auf nächste Woche verschoben werden, denn keiner von uns weiß, ob er die nächste Woche überhaupt noch erlebt. Seien Sie sich dessen bewußt, daß heute tatsächlich der erste Tag Ihres restlichen Lebens ist. Jeder Tag ist wertvoll, und das wird einem nie so klar wie während einer schweren Erkrankung.

Denken Sie an die Dinge, die Ihnen wichtig waren, als Sie noch jünger waren: Ihre Familie, Freunde, Reisen, Entspannen in der Sonne, Freude an einem Hobby. Was ist aus alledem geworden? Sie haben all das aufgegeben und an diese Stelle Arbeit und Ambitionen gesetzt. Aber das ist ein kopflastiges Unterfangen, der Kopf bestimmt, und das Herz leidet. Nur wenn Sie dieses Ungleichgewicht wieder ins Lot bringen, sind Sie vor einer weiteren schweren Krankheit sicher.

Überlegen Sie einmal, was Sie bei der Arbeit geärgert hat. Sie werden sehen, wie unbedeutend diese Dinge plötzlich sind, verglichen damit, ob Sie den nächsten Tag noch erleben. Vom Krankenbett in der Intensivstation aus betrachtet, werden Probleme lächerlich klein.

Ändern Sie jetzt endlich Ihre Perspektive. Arbeit ist *nicht* das Allerwichtigste. Es gibt viele andere Dinge im Leben, die nichts mit Arbeit zu tun haben, in denen man Glück und Zufriedenheit finden kann. Sie leben noch. Sie haben eine zweite Chance. Nutzen Sie sie!

Ich habe keine Zeit für Pausen

Dann schaffen Sie sich Zeit! Pausen sind wichtig. Je härter Sie arbeiten, desto mehr Pausen benötigen Sie. Pausen sind kein Luxus, sondern eine Notwendigkeit. Pausen helfen Ihnen, wieder einen klaren Kopf zu bekommen, neue Energie zu sammeln, eine objektive Einstellung zu wahren und die Gesundheit zu erhalten, ganz abgesehen davon, daß Sie schneller und effizienter arbeiten.

Es ist ein Fehler anzunehmen, daß Leute, die ohne Unterbrechung arbeiten, bessere und höhere Leistungen erbringen. Ganz im Gegenteil. Arbeitswütige leisten nicht mehr als Menschen, die Pausen einlegen, und sie machen auch nicht qualitativ bessere Arbeit als andere – sie *sehen nur so aus*, als ob sie sehr beschäftigt wären. Mit ziemlicher Sicherheit sind nicht sie es, die die besten Problemlösungen finden, denn normalerweise sehen sie den Wald vor lauter Bäumen nicht. Und die Arbeit macht ihnen auch keinen Spaß. Arbeit muß nicht mühselig sein.

Ist Ihnen aufgefallen, daß es im Büro immer zwei Gruppen von Menschen gibt? Die einen gehen regelmäßig zum Mittagessen, die anderen (normalerweise die kleinere Gruppe) essen ihre Brote am Schreibtisch, während Sie weiter an einem Bericht herumschreiben und Brotkrumen aufs Papier rieseln lassen. Warum gehören Sie zu der zweiten Gruppe? Vielleicht denken Sie, eine Pause zu machen sei gleichbedeutend mit Faulheit, aber Sie wissen doch, daß Sie nicht faul sind, oder? Sie meinen wahrscheinlich, es stehe zu befürchten, daß *andere* Sie für faul halten könnten. Diese Angst zeugt von einem großen Vertrauensmangel Ihrerseits in die Qualität Ihrer Arbeit. Wenn Sie mit Ihrer Leistung zufrieden wären, könnten Sie ohne weiteres eine Pause einlegen, denn Sie wüßten, daß Sie die Pause verdient haben.

Und außerdem: Woher wissen Sie eigentlich, daß andere etwas dagegen haben, wenn Sie in die Mittagspause gehen? Hat Ihr Chef je etwas in diesem Sinne gesagt? Wenn nicht, dann können Sie davon ausgehen, daß Ihr Chef oder Ihre Chefin nichts dagegen einzuwenden hat. Macht Ihr Chef eine Mittagspause, dann würde ich sagen, sollten Sie dies für sich selbst günstig auslegen. Hat Ihr Chef das Recht auf eine Pause, dann steht Ihnen doch wohl das gleiche Recht zu.

Macht Ihr Chef jedoch nie eine Mittagspause, dann erweisen Sie ihm oder ihr einen großen Dienst, wenn Sie zeigen, wie man das macht. Nur weil Ihr Chef ein Arbeitstier ist, muß das nicht heißen, daß Sie sich aus Mitgefühl gesundheitlich ruinieren müssen. Seien Sie fest entschlossen, in die Mittagspause zu gehen. Legen Sie sich Ihren Arbeitsvertrag in die Schublade und werfen Sie einen Blick darauf, bevor Sie in die Mittagspause gehen. Dort heißt es: »Die Arbeitszeit ist von 9 Uhr bis 17 Uhr, die Mittagspause beträgt eine Stunde.« Da steht es, schwarz auf weiß. Ich schlage vor, Sie halten sich an Ihren Vertrag.

Sind *Sie* selbst der Chef, dann steht in Ihrem Vertrag nichts über Mittagspausen. Statt dessen steht dort eine Menge über Vergünstigungen wie Firmenwagen, Gewinnbeteiligung und Prämien. Vergessen Sie nicht, daß all diese Zuckerstückchen Ihnen nichts nützen, wenn Sie erst einmal ein Magengeschwür haben oder mit einem Nervenzusammenbruch flachliegen. Wenn die Firma Ihnen all diese Vergünstigungen einräumt, muß Sie ein Interesse daran haben, daß Sie sie auch wahrnehmen. Und das können Sie nur, wenn Sie gesund sind.

Skript

Ich bin ein konstruktiver Mensch mit einer positiven Lebenseinstellung. Ich liebe mich und meinen Körper. Ich mache regelmäßig eine Pause. Ich entspanne mich und lockere meine Muskeln.

Ich fühle mich wohl. Nichts stört mich. Ich bin ruhig und gelassen, mein Atem ist gleichmäßig und regelmäßig. Ich bin völlig entspannt, und ein tiefes Gefühl der Ruhe durchdringt meinen Körper und Geist. Dinge, die mir früher immer nahegegangen sind, machen mich nun ruhig und entspannt.

Alles, was ich tue, erledige ich gut und mühelos. Ich weiß, daß ich alles erreichen kann, und dieses Wissen macht mich stark. Alles, was ich angehe, erreiche ich mühelos.

Mein Vertrauen in meine Fähigkeiten wächst von Tag zu Tag, während ich einen Erfolg nach dem anderen habe. Ich werde von Tag zu Tag stärker.

Sobald ich meinen Arbeitsplatz verlasse, schalte ich ab, und wenn ich ins Bett gehe, kann ich sofort einschlafen. Am Morgen wache ich auf und fühle mich frisch und voller Energie. Ich freue mich auf jeden neuen Tag und, was meine Arbeit angeht, bin ich glücklich und zuversichtlich.

Kurzformeln

Nichts kann mich beunruhigen. Mein Selbstvertrauen ist unerschütterlich wie ein Fels.
oder
Erfolg ist mir sicher. Ich erreiche meine Ziele mühelos.
oder
Entspannung ist leicht. Mein Körper erholt sich schnell, und nach jeder Pause bin ich voll neuer Energie.

Sorgen und Schuldgefühle

- Wenn mich ein Problem beschäftigt, kann ich nicht schlafen.
- Ich bin bei Prüfungen und Tests sehr nervös.
- Wenn ich mir über etwas Sorgen mache, verdirbt mir das alles.
- Ich mache mir Sorgen um meine Kinder.

- Wenn ich doch nur eine andere Frau geheiratet hätte, dann wäre ich glücklicher.
- Ich fühle mich schuldig wegen eines Fehlers, den ich gemacht habe.
- Ich habe Schuldgefühle, weil ich einem anderen unrecht getan habe.
- Hätten mir meine Eltern doch eine bessere Ausbildung ermöglicht, dann würde ich jetzt mehr Geld verdienen.

Sorgen und Schuldgefühle sind die zwei größten Zeitverschwender der Welt. Sie verschwenden eine Unmenge an Energie und führen zu nichts. Sie ändern nichts an den Tatsachen und vermiesen Ihnen nur das Leben. Sorgen und Schuldgefühle sind schlechte Gewohnheiten wie Rauchen und übermäßiges Essen, aber Sie brauchen sich keineswegs mit ihnen abzufinden.

Sich Sorgen zu machen heißt, Angst vor der Zukunft zu haben. Werde ich ohne meinen Freund zurechtkommen? Was passiert, wenn ich diese Rechnung nicht bezahlen kann? Wird mein Kind die Prüfung bestehen? Werde ich in meiner neuen Arbeit erfolgreich sein? Wenn Sie sich sorgen, dann haben Sie Zweifel, ob etwas klappt oder ob Sie mit einer Sache zurechtkommen können. Und weil Sie Zweifel haben, stellen Sie sich Unglück und Mißerfolg vor.

Ist Ihnen klar, was das bedeutet? Es bedeutet, daß Sie sich etwas Negatives vorstellen, obwohl Sie sich in Wirklichkeit etwas Positives wünschen!

Merke

Stehen Willenskraft und Vorstellungsvermögen zueinander im Widerspruch, dann setzt sich das Vorstellungsvermögen letztlich durch.

Machen Sie sich Sorgen, dann machen Sie nicht nur sich selbst unglücklich, sondern Sie machen damit auch ein negatives Resultat wahrscheinlicher. Wenn Sie sich Sorgen über die morgige Rede machen, dann passiert folgendes: Sie füllen Ihren Kopf mit Vorstellungen, wie Sie beim Weg zum Podium stolpern, wie Sie die richtigen Worte vergessen, wie Ihnen der Mund trocken wird oder wie Sie einen Hustenanfall bekommen, wie Sie stottern, wie Sie zittern, wenn Sie den Overheadprojektor einstellen, und wie es Ihnen einfach nicht gelingen will, das Publikum zu fesseln.

Machen Sie sich am Abend vor dem großen Tag derartige Gedanken, dann verbringen Sie eine unruhige Nacht, werden nachts mehrmals wach und wachen am nächsten Morgen erschöpft auf. Das wiederum verstärkt Ihre negativen Gedanken. Sie können nicht klar denken und machen sich um so größere Sorgen, daß Sie das, was Sie sagen wollten, vergessen könnten, und Ihnen wird ganz flau im Magen. Dieses Gefühl ist ein Anzeichen dafür, daß Ihr Nervensystem wieder einmal die Befehle ausführt, die es vom Gehirn erhält: »Gefahr in Sicht, alle Systeme auf volle Alarmbereitschaft.«

Wenn Sie unbedingt an die Rede des folgenden Tages denken müssen, dann stellen Sie sich lieber vor, wie erfolgreich sie sein wird. Sobald Sie das Gefühl haben, daß sich negative Gedanken einschleichen, unterbrechen Sie diese. Denken Sie daran, daß Sie ein konstruktiver Mensch sind und darum nicht länger Katastrophengedanken hegen wollen. Sobald ein negativer Gedanke in Ihren Kopf kommt, ersetzen Sie ihn durch einen positiven Gedanken.

Stellen Sie sich vor, wie Sie ruhig und zuversichtlich die Stufen zum Podium hinaufgehen und mit klarer und fester Stimme über Ihr Thema sprechen. Sehen Sie in Gedanken, wie die Leute interessiert zuhören, zustimmend nicken, Ihnen zulächeln, über Ihre Scherze lachen. Stellen Sie sich den großen Applaus am Ende Ihrer Rede vor, die Sie gekonnt gehalten haben. Sehen Sie sich die Stufen hinabgehen, fühlen Sie den Stolz und die Zufriedenheit mit sich und Ihrer Leistung, stellen Sie sich vor, wie die Leute Ihnen danach die Hand schütteln und Ihnen auf den Rücken klopfen.

Diese positiven Gedanken werden Ihnen helfen, sich auf Erfolg einzustellen. Vorausgesetzt, daß Sie sich auf die Rede vorbereitet haben, besteht kein Grund, an Ihrem Erfolg zu zweifeln.

Denken Sie so lange wie möglich an den erfolgreichen Verlauf. Beginnen Sie damit, sobald Sie wissen, daß Sie diese Rede halten müssen. Auf diese Weise entsteht in Ihrem Unterbewußtsein ein positives Bild, das dann am Tag der Rede automatisch erscheint. Diese Technik funktioniert, weil das Unterbewußtsein nicht unterscheiden kann, ob Sie etwas tatsächlich getan oder es sich nur vorgestellt haben. Ihr Unterbewußtsein registriert alles, was Sie ihm zum Speichern eingeben. Wenn Sie in Bezug auf die Rede Ihren Kopf also mit Vorstellungen von Ruhe und Erfolg füllen, dann ist es, als hätten Sie bereits tatsächlich eine erfolgreiche Rede gehalten. Sie haben »eine Rede halten« mit dem Gefühl »ruhig und gelassen« verbunden. Diese Assoziation wird also gespeichert, und am Tag X läßt Ihr Unterbewußtsein das »Band« mit dem Inhalt »Eine Rede halten ist leicht und zwangsläufig erfolgreich« ablaufen, und Ihr Nervensystem unterstützt das Ganze, indem es entspannt bleibt.

Ein Gebet ist in Wirklichkeit auch positives Denken. Sie beten um die Lösung einer problematischen Situation, Sie bitten um Erfolg, und gleichzeitig *denken* Sie an ein positives Ergebnis, denken an die Erleichterung, die Sie fühlen, wenn das Problem gelöst ist. Sie beten im Glauben, auf diese Weise Hilfe zu erfahren, und haben damit bereits alle Kriterien erfüllt, um den Erfolg zu garantieren: Sie stellen sich den Erfolg vor und glauben an ihn. Ein Gebet verändert nicht Gott, sondern den Menschen, der betet.

Wenn Sie Geldsorgen haben, dann haben Sie vielleicht das Gefühl, der Situation hilflos ausgeliefert zu sein, und meinen deshalb, daß Sie auch nicht aufhören können, sich Sorgen zu machen. Ich behaupte immer noch, daß es nichts bringt, sich Sorgen zu machen, selbst wenn man in einer schwierigen finanziellen Lage ist. Es ist wahrscheinlich nicht das erste Mal, daß Sie zuwenig Geld haben. Ich gehe doch wohl recht in der Annahme, daß Sie diese Zeilen in Ihrer Wohnung und nicht in einem Pappkarton unter einer Eisenbahnbrücke lesen? Sie waren also bisher in der Lage, Ihre finanziellen Probleme zu lösen, und es gibt keinen Grund anzunehmen, daß es diesmal anders sein wird.

Merke

Nur weil Sie momentan keinen Ausweg sehen, heißt das nicht, daß es keinen Ausweg gibt.

Denken Sie an frühere schwierige Situationen, die ja schließlich auch gelöst wurden. Machen Sie sich klar, daß es letztendlich zu jedem Problem eine Lösung gibt.

Eine meiner Klientinnen berichtete, daß sie in einem Monat nicht genug Geld hatte, eine Rechnung zu bezahlen, und einfach nicht wußte, woher sie das Geld nehmen sollte. Anstatt sich darüber Sorgen zu machen, beschloß sie, die Lösung des Problems sich selbst zu überlassen. Einige Tage später erhielt sie einen Scheck über die benötigte Summe als Rückzahlung für ein Paar Schuhe, das fehlerhaft gewesen war!

Merke

Glauben Sie nicht an Wunder. Verlassen Sie sich auf sie.

Not macht erfinderisch: Manch einer kommt dabei auf die besten Ideen. Knapp bei Kasse zu sein ist der beste Anreiz, um für ein höheres Einkommen zu sorgen. Es ist erstaunlich, wie Menschen Geld für Dinge auftreiben können, die sie wirklich wollen. Sie träumen von einer bestimmten Stereoanlage und halten deshalb die Augen nach jeder Gelegenheit offen, zusätzlich Geld zu verdienen. Gelegenheiten ergeben sich immer zur rechten Zeit.

Bekommen Sie nicht, was Sie wollen, heißt das nur, daß etwas Besseres im Werden ist. Ärgern Sie sich nicht, wenn Sie das Haus nicht bekommen, für das Sie ein Angebot gemacht haben. Das bedeutet nur, daß es für Sie nicht das richtige Haus war.

Einmal wollte ich mir einen Perserteppich kaufen. Weil ich einen Secondhand-Teppich suchte, ging ich auf einen Flohmarkt. Nach einiger Zeit fand ich einen, der mir gefiel, aber ich hatte mein Scheckheft vergessen. Ich ging also zurück nach Hause, um es zu holen, aber als ich zurückkam, hatte der Händler den Teppich schon an jemand anderen verkauft. Statt enttäuscht zu sein, beschloß ich, dies als gutes Zeichen zu werten; es mußte bedeuten, daß ich einen viel besseren Teppich zu erwarten hatte. Wenige Tage später ging ich auf einen anderen Markt und fand auch tatsächlich einen Teppich, der mir noch besser gefiel und nur halb soviel kostete wie der erste.

Merke

Letztendlich klappt alles.

Rechnen Sie damit, daß alles gutgeht, glauben Sie daran, daß Sie Glück haben. Sie machen sich damit nichts vor, sondern Sie helfen sich selbst. Sie unterstützen damit Ihr eigenes Anliegen und erhöhen die Wahrscheinlichkeit zu erreichen, was Sie wollen.

Mit den Schuldgefühlen ist es ähnlich wie mit den Sorgen, nur weisen sie in die entgegengesetzte Richtung: Was Ihnen Angst macht, liegt in der Vergangenheit. Sie haben ein schlechtes Gewissen oder schämen sich, weil Sie irgend etwas falsch gemacht haben, und grübeln darüber nach. Sie versuchen die Gedanken wegzuschieben, aber sie kehren immer wieder zurück und rufen sich Ihnen in Erinnerung, und Sie fühlen sich elend. Aber der Schaden ist bereits angerichtet, und egal wie schlecht Ihr Gewissen auch ist, es läßt sich nicht ungeschehen machen. Sie können die Uhr nicht zurückstellen. Was passiert ist, ist passiert, warum also nicht konstruktiv an die Sache herangehen?

Das Gute an Fehlern ist, daß wir aus ihnen lernen können. Würden wir immer alles richtig machen, dann blieben wir in unserer Entwicklung stehen. Nur wenn etwas nicht klappt, wenn wir Fehler machen, sind wir gezwungen, nach neuen Wegen zu suchen.

Tun sich Probleme auf, dann sperren Sie sich nicht dagegen. Sie sind am stärksten, wenn Sie flexibel bleiben. Mißgeschicke können vorkommen und Sie wie eine Flutwelle umreißen. Ob Sie in Ihnen ertrinken oder nicht, hängt davon ab, ob Sie auf der Welle schwimmen können oder nicht.

Der Versuch, *gegen* die Welle zu schwimmen, kostet Zeit und weit mehr Kraft, als Sie es sich leisten können, ohne daß Sie dabei die Chance haben zu gewinnen. Achten Sie darauf, oben auf dem Wellenkamm zu schwimmen, dann verbrauchen Sie keine Energie und sehen, wo es hingeht.

Auf ein Problem bezogen, bedeutet dies, das Problem auf sich zukommen zu lassen und sich ruhig mit ihm auseinanderzusetzen. Je näher man an ein Problem herangeht, desto schlimmer scheint es zu sein. Wenn Sie ein Problem haben, dann schauen Sie es sich genau an und zerlegen Sie es darauf in all seine Bestandteile, um Ihren Angriffspunkt zu bestimmen. Indem Sie das Problem analysieren und nicht dramatisieren, lassen Sie es schrumpfen und erleichtern seine Lösung.

Wird Ihr Mann arbeitslos, dann versuchen Sie das Problem sofort in den Griff zu bekommen. Klären Sie Ihre finanzielle Situation, rufen Sie alle Familienmitglieder zusammen und besprechen Sie gemeinsam, wie Sie Ihr Leben der neuen Situation anpassen können. Können andere Familienmitglieder zum Einkommen beitragen? Könnte es schwierig sein, eine ähnliche Arbeit in Ihrer jetzigen Umgebung zu finden? Falls ja, gibt es Arbeit in anderen Teilen des Landes?

Sehen wir uns als Beispiel einen Werkzeugmacher in Norddeutschland an, der seine Arbeit verloren hatte. Er versuchte ein ganzes Jahr lang, eine neue Stelle zu finden. Sein Finanzpolster war schon recht dünn, als er beschloß, mit seiner Familie in Süddeutschland Urlaub zu machen.

Als er eines Morgens vor seinem Wohnwagen saß und die Lokalzeitung las, fiel ihm auf, daß in der Nähe des Urlaubsortes mehrere Stellen für Werkzeugmacher frei waren. Es gelang ihm für den folgenden Montag einen Termin für ein Vorstellungsgespräch zu vereinbaren, und er bekam die Stelle.

Ein weiteres Beispiel dafür, daß ein Problem zum Guten gewendet werden kann, liefert ein Dorf in Frankreich. Die Schulbehörde drohte, die kleine Schule am Ort zu schließen, wenn nicht wenigstens 12 Kinder den Unterricht besuchten. Eines Tages war es soweit, die Zahl der Kinder sank unter dieses Minimum, weil die älteren Schüler abgegangen waren und nicht genügend jüngere nachkamen, denn viele junge Familien aus dem Dorf waren in die nicht weit entfernte Großstadt gezogen. Häuser standen leer, und die Schule sollte geschlossen werden, wenn nicht bald etwas geschehen würde.

Trotz dieser widrigen Umstände gab der Bürgermeister nicht auf, sondern er setzte eine Annonce in einige überregionale Zeitungen. Darin hieß es, daß er Familien mit wenigstens sechs Kindern suchte, die in dem Dorf leben wollten mit der Zusicherung günstiger Mieten und einer Schule vor Ort. Es meldeten sich so viele, daß schließlich das Los entscheiden mußte, welche Familien zuziehen durften. Die Schule wurde nicht geschlossen.

Wenn mich ein Problem beschäftigt, kann ich nicht schlafen

Wenn Sie sich große Sorgen machen, wirkt sich das meist auf Ihren Schlaf aus. Entweder können Sie nicht einschlafen, obwohl Sie erschöpft sind, oder Sie fallen nur in einen leichten Schlaf, wachen mitten in der Nacht wieder auf und können dann nicht mehr einschlafen. Eine dritte Möglichkeit ist, daß Sie die Nacht durchschlafen, dann aber sehr früh wach werden und schon wenige Stunden später aufstehen müssen.

Nachts sehen alle Probleme größer aus. Die Dunkelheit und Stille um Sie herum bieten Ihren Gedanken keine Ablenkung, und die Tatsache, daß Sie passiv im Bett liegen, erleichtert es Ihren Gedanken, ständig um ein Thema zu kreisen, da nichts diesen Prozeß unterbrechen kann: kein Telefon, keine Türklingel, keiner, der mit Ihnen spricht und keine Pflichten, die Sie wahrnehmen müssen. Sie haben nichts zu tun. Gleichzeitig möchten Sie wieder einschlafen, weil Sie fürchten, sonst am nächsten Morgen übermüdet zu sein und dann nicht nur ein Problem, sondern zwei zu haben. Und, als ob das nicht schon genug wäre, sind Ihre Gedanken außerdem auch nicht besonders klar, weil Ihr Unterbewußtsein im Dämmerzustand mit all seinen Angstgefühlen interveniert. Die Methode, nachts gegen Sorgen anzukämpfen, unterscheidet sich daher von der Methode, die ich für den Tag empfehle.

Bevor wir uns verschiedene Schlafprobleme näher ansehen, möchte ich auf ein paar allgemeine Punkte eingehen, die Sie beachten sollten, wenn Sie Schlafprobleme haben:

- Trinken Sie keinen Tee oder Kaffee nach 18 Uhr. Diese Getränke wirken anregend, und der Körper braucht viele Stunden, um sie wieder abzubauen.
- Wenn Alkohol abends wirklich sein muß, dann trinken Sie möglichst wenig. Denn Alkohol macht depressiv.
- Bereits zwei Stunden vor Ihrer normalen Schlafenszeit sollten Sie mit Ihrer geistigen und körperlichen Entspannung beginnen. Mord und Totschlag im Fernsehen sind nicht gerade geeignet, Sie in ruhige

Stimmung zu versetzen. Deshalb sollten Sie zumindest dann, wenn Sie unter großem Druck stehen, das Fernsehen durch einen beruhigenderen Zeitvertreib ersetzen. Gehen Sie spazieren oder hören Sie ruhige Musik, schlendern Sie durch den Garten, stopfen Sie Strümpfe oder lesen Sie eine Illustrierte. Bereiten Sie sich körperlich und geistig nach und nach auf den Schlaf vor.

- Setzen Sie einen bestimmten Ablauf für das Ins-Bett-Gehen fest und machen Sie daraus eine Routine. Gehen Sie regelmäßig zu einer bestimmten Zeit zu Bett.
- Vermeiden Sie es, Schlaftabletten über längere Zeit zu nehmen.
- Machen Sie kein Mittagsschläfchen. Heben Sie sich den Schlaf für die Nacht auf.
- Sobald Sie im Bett liegen, machen Sie eine der Entspannungsübungen aus diesem Buch. Als Alternative können Sie auch Kassetten mit Entspannungsübungen kaufen. Hören Sie diese auf Ihrer Stereoanlage oder Ihrem Walkman an, während Sie im Bett liegen.

Wenn Sie nicht einschlafen können, dann überprüfen Sie, ob Sie sich an alle obengenannten Punkte gehalten haben. Wenn das der Fall ist, und Sie können dann noch immer nicht einschlafen, versuchen Sie die Methode der »paradoxen Intention«. Viele meiner Klienten wenden diese Methode mit Erfolg an. Hinter der Methode der »paradoxen Intention« steht folgender Gedanke:

Merke

Je höher der Aufwand an Willenskraft, desto schwerer läßt sich ein Ziel erreichen.

Das heißt, je mehr Sie versuchen, sich zu entspannen, um so weniger wird Ihnen das gelingen. Es heißt aber auch, je mehr Sie versuchen, wach zu bleiben, um so weniger wird Ihnen das gelingen.

Um diese Gesetzmäßigkeit zu nutzen, müssen Sie Ihre Schlafprobleme von einem anderen Gesichtspunkt aus angehen. Anstatt zu denken: »Ich *muß* jetzt einschlafen«, denken Sie: »Egal was passiert, ich *darf* jetzt auf *keinen* Fall einschlafen. Ich bin fest entschlossen, die ganze Nacht wach zu bleiben. Ich muß alles daransetzen, meine Augen offen zu halten. Unter keinen Umständen, auch nicht für eine Sekunde, werde ich meine Augen schließen. Ich muß um jeden Preis wach bleiben.« Und dann bemühen Sie sich wirklich, wach zu bleiben. Sie werden sehen, es fällt Ihnen zunehmend schwerer, die Augen offen zu halten. Lassen Sie aber nicht locker, ja, *zwingen* Sie sich, Ihre Augen offen zu halten. Je mehr Mühe Sie sich dabei geben, um so schwerer wird es Ihnen fallen, und ehe Sie sich´s versehen, sind Sie eingeschlafen.

Wachen Sie mitten in der Nacht auf, dann ärgern Sie sich nicht, sondern drehen Sie sich einfach auf die andere Seite und sorgen Sie dafür, daß Sie bequem liegen, so daß Sie wieder einschlafen können, sobald Sie dazu bereit sind.

Stellen Sie sich vor, Sie könnten sich selbst im Bett liegen sehen, als ob Sie einen Film von sich sähen. Stellen Sie sich vor, wie Sie alle Gedanken (meine Gedanken sehen aus irgendeinem Grund immer aus wie Sojabohnensprossen) aus Ihrem Kopf räumen und in ein Stoffsäckchen füllen. Machen Sie das Säckchen fest zu und stellen Sie sich dann vor, wie Sie aufstehen, aus dem Schlafzimmer in die Küche gehen und das Säckchen dort in einen der Schränke legen. Dann stellen Sie sich vor, wie Sie in Ihr Schlafzimmer zurückgehen und sich wieder hinlegen, und zwar genau so, wie Sie jetzt liegen. Dann beginnen Sie in Gedanken eine der Kurzformeln von Seite 89 zu wiederholen. Wiederholen Sie die Kurzformeln schubweise. Denken Sie den Satz zehnmal hintereinander ohne Unterbrechung, dann unmittelbar danach zwanzigmal ohne Pause, schließlich dreißigmal.

Versuchen Sie die Bedeutung des Satzes in sich aufzunehmen. Gelingt Ihnen das nicht, lassen Sie sich dadurch nicht entmutigen. Die Bedeutung wird auch so in Ihr Unterbewußtsein gelangen. Und es ist natürlich sehr langweilig, eine Sache immer wieder zu wiederholen. Es ist so öde, daß Sie darüber einschlafen, und es hat zusätzlich den Vorteil, daß Sie Ihre Sorgen aussperren, indem Sie negative Gedanken durch positive ersetzen.

Eine andere Möglichkeit, mit nächtlichem Wachwerden fertig zu werden, ist aufzustehen und einer beruhigenden Beschäftigung nachzugehen. Hören Sie sich Ihre Entspannungskassette noch mal an, hören Sie Musik, lesen Sie das Skript. Nehmen Sie es einfach als etwas, was im Leben manchmal vorkommt – es ist nicht nötig, sich darüber groß aufzuregen. Natürlich wären Sie frischer am Morgen, wenn Sie durchgeschlafen hätten, aber sich zu ärgern oder zu sorgen, weil man nicht genug Schlaf bekommt, macht es nur noch schlimmer.

Wenn Sie nicht schlafen können, dann lassen Sie sich deshalb wenigstens nicht die Laune verderben. Je mehr Sie sich einer Situation widersetzen, desto schwieriger machen Sie es sich selbst, mit ihr klarzukommen.

Wenn Sie zwar die ganze Nacht durchschlafen können, aber sehr früh am Morgen wach werden, dann probieren Sie trotzdem, wieder einzuschlafen, auch wenn es sich kaum zu lohnen scheint. Gewöhnen Sie Ihren Körper nach und nach daran, länger zu schlafen.

Läuft Ihr Nervensystem erst einmal auf Hochtouren, dann braucht es einige Zeit, um wieder zur Ruhe zu kommen, auch wenn Sie Ihren Tiefpunkt bereits hinter sich haben und das Problem, das Sie bedrückt hat, bereits gelöst ist. Ihr Körper reagiert gewöhnlich mit einiger Verzögerung und braucht eine Weile, bis er mit der Normalisierung aufholt. Wiederholen Sie deshalb eine der Kurzformeln, so wie oben beschrieben – auch wenn Sie dadurch nicht wieder einschlafen, fühlen Sie sich wenigstens ruhiger. Wenn Sie das regelmäßig machen, werden Sie feststellen, daß Ihr Körper eines Morgens »vergißt«, früh wach zu werden. Ist dieser negative Zyklus erst einmal unterbrochen, ist es leichter, zur normalen Schlafgewohnheit zurückzufinden, und Sie wachen dann bald nicht mehr auf, ehe der Wecker läutet.

Skript

Die ruhige Nacht umfängt mich sanft. Um mich ist alles ruhig. Die Natur ist friedlich und zieht mich sanft und einladend in ihre Arme. Ich bin ein Teil der Natur und in Harmonie mit allem, was mich umgibt. Mein Geist ist ruhig, mein Körper ist entspannt und ich falle sanft in die Stille zurück.

Ich entlasse alle meine Tagesgedanken. Sie schweben davon wie kleine weiße Wolken am Sommerhimmel, und ich fühle mich friedlich. Mit jeder Minute, die verstreicht, werden meine Gedanken verschwommener.

Ich lasse die Welt hinter mir. Ich schwebe durch angenehme Träume, und mein Körper entspannt sich in einem tiefen und natürlichen Schlaf.

Mit jedem Atemzug sinke ich tiefer in die Entspannung.

Kurzformel

Ich entlasse meine Tagesgedanken jetzt. Eine Lösung für mein Problem ist bereits auf dem Weg zu mir.

oder

Ich überlasse die Lösung dieses Problems meinem Unterbewußtsein. Ich vertraue darauf, daß ich morgen die Lösung habe.

oder

Ich lasse mich in die Nacht hinausschweben. Ich bin eins mit der Natur. In meinem tiefsten Inneren fühle ich Ruhe und Stille.

Ich bin bei Prüfungen und Tests sehr nervös

Wenn Sie sich nicht genügend auf Ihre Prüfung vorbereitet haben, dann haben Sie auch allen Grund, sich Sorgen zu machen. In diesem Fall kann ich Ihnen nur raten, sich hinzusetzen und den Stoff zu wiederholen. Das läßt Ihnen weniger Zeit für Sorgen und erhöht Ihre Chance, die Prüfung zu bestehen.

Wiederholen Sie den Stoff systematisch. Unterteilen Sie den Stoff in überschaubare Einheiten und widmen Sie jeder Einheit einen Tag. Achten Sie darauf, daß Sie auch verstehen, was Sie lesen, bevor Sie zum nächsten Teil übergehen. Lassen Sie in Ihrem Wiederholungsplan genug Zeit, um den wiederholten Stoff noch einmal durchzugehen, um sicherzustellen, daß Sie sich den Stoff gut merken. Durch häufiges Wiederholen prägt sich der Stoff besser ein.

Wollen Sie eine Fahrprüfung ablegen, dann melden Sie sich hoffentlich erst dann zur Prüfung an, wenn Sie das Gefühl haben, daß Sie allen Aufgaben gewachsen sind. Gelegentlich müssen Sie vielleicht auch einen Test machen, auf den Sie sich nicht vorbereiten können, aber selbst für IQ-Tests und Persönlichkeitstests gibt es Bücher mit Tips, wie man mit Tests dieser Art am besten umgeht.

Welchen Test oder welche Prüfung Sie auch machen, denken Sie immer daran, daß die Beurteilung immer relativ ist. Ihre Beurteilung hängt von Ihrer eigenen Verfassung am Prüfungstag ab, und sie hängt auch davon ab, ob der Prüfer am Morgen der Prüfung wieder einmal Streit mit seiner Frau hatte. Es gibt bestimmte Bereiche, in denen eine objektive Einschätzung schwieriger ist als in anderen. Bei einem Aufsatz über ein literarisches Thema können beispielsweise größere Unterschiede in der Benotung auftreten als bei einer Prüfung in Mathematik.

Eine Illustrierte bat einen bekannten Schriftsteller vor einigen Jahren, einen Aufsatz über ein Thema zu schreiben, das man 18jährigen Schülern als Abiturthema gestellt hatte. Die Illustrierte leitete diesen Aufsatz an verschiedene Gymnasiallehrer weiter, die normalerweise die Aufsätze der Abiturienten korrigieren. Man sagte den Lehrern, den Aufsatz hätte ein Schüler geschrieben. Das Ergebnis war erstaunlich: Der Aufsatz des Schriftstellers wurde mit Noten zwischen »sehr gut« bis »ungenügend« bewertet; einige Lehrer nannten ihn »bemerkenswert«, während andere ihn als »totalen Blödsinn« abtaten.

Bei der Fahrprüfung wird der eine Prüfer Sie bestehen lassen, auch wenn Sie mehrere Anläufe machen müssen, um das Auto rückwärts um die Ecke zu fahren, während ein anderer Sie dafür durchfallen lassen würde. Ist Ihre Leistung im großen und ganzen zufriedenstellend, wird man bei kleinen Fehlern ein Auge zudrücken. Das beste, was Sie deshalb tun können, ist, sich gut vorzubereiten, gewissenhaft zu üben und mit dem Wissen in die Prüfung zu gehen, daß Sie das, was Sie in den Übungsstunden können, auch in der Prüfungssituation können.

Beachten Sie folgende Punkte, wenn Sie sich auf eine Prüfung vorbereiten:

• Bereiten Sie sich gut vor
Gehen Sie Ihre Prüfungsvorbereitung professionell an. Konzentrieren Sie sich voll und ganz aufs Lernen, so daß Sie sich sagen können, daß Sie wirklich Ihr Bestes gegeben haben.

• Machen Sie Pausen, wenn Sie den Stoff wiederholen
Überfordern Sie Ihr Gedächtnis nicht, indem Sie versuchen, zuviel auf einmal hineinzuzwängen. Legen Sie regelmäßig Pausen ein – alle ein oder zwei Stunden –, sie müssen nicht lange sein (zehn bis fünfzehn Minuten reichen völlig). Machen Sie einen Spaziergang um den Block oder gehen Sie in ein anderes Zimmer. So kann sich das Erlernte verfestigen.

• Vergessen Sie das Essen nicht
Ihr Körper muß funktionieren können. Achten Sie deshalb darauf, daß er bekommt, was er braucht. Nehmen Sie leichte Mahlzeiten anstelle schwer verdaulichen Essens zu sich und vermeiden Sie, wenn möglich, ungesundes Essen. Mehrere kleine Portionen sind besser als eine große Mahlzeit, denn große Mahlzeiten machen in der Regel müde. Da das Blut zur Unterstützung der Verdauung vom Gehirn in den Magen abgezogen wird, fällt es schwer, sich nach einer üppigen Mahlzeit zu konzentrieren und einen klaren Kopf zu behalten. Daher das alte Sprichwort: Ein voller Bauch studiert nicht gern.

• Hören Sie mit Ihren Vorbereitungen einen halben Tag vor der Prüfung oder dem Test auf
Legen Sie die Bücher weg, machen Sie keine Fahrübungen mehr. Was Sie bis jetzt nicht gelernt haben, lernen Sie nicht mehr.

• Verbringen Sie den letzten halben Tag vor der Prüfung mit leichter körperlicher Betätigung und Entspannung
Gehen Sie schwimmen, gehen Sie ins Kino, schalten Sie ab.

• Fertigen Sie ein Endlosband an mit dem Skript von Seite 92
Sprechen Sie mit ruhiger und klarer Stimme und nehmen Sie das Skript zwei- oder dreimal auf Kassette auf. Hören Sie sich das Band immer wieder an: in Pausen, am Abend, bevor Sie schlafen gehen, und während

des letzten halben Tages vor dem großen Ereignis. Dann stellen Sie sicher, daß die positiven Botschaften genügend Zeit haben, sich zu festigen.

Skript

Ich bin ruhig, in dem Bewußtsein, daß ich mich gut auf die Prüfung vorbereitet habe. Es zahlt sich nun aus, daß ich den Stoff gründlich wiederholt habe. Alles, was ich wiederholt habe, habe ich greifbar im Gedächtnis. Ich kann es während der Prüfung leicht und mühelos abrufen.

Ich habe großen Erfolg. Ich sehe mich den Prüfungsraum betreten, völlig ruhig, entspannt und mit großer Zuversicht. Ich setze mich an meinen Tisch, atme ruhig und gleichmäßig. Ich schaue mich um und sehe einige andere Kandidaten, die ich kenne, und ich lächle ihnen zu. Ich bin ruhig und gelassen.

Sobald ich die Prüfungsfragen aufgedeckt habe, fange ich ruhig an, die Fragen durchzulesen. Ich verstehe jede einzelne Frage sofort und mache mich ruhig und effizient daran, eine nach der anderen zu beantworten. Ich bin ganz auf das konzentriert, was ich mache, meine Hand ist ruhig, ich schreibe mühelos und schnell.

Ich kann mich an alles, was ich wiederholt habe, leicht erinnern. Sobald ich die Fragen lese, weiß ich auch schon die Antwort. Ich arbeite ohne Unterbrechung und systematisch und bin mit der Beantwortung der Fragen rechtzeitig fertig. Die Prüfungsaufsicht kommt nun, um alle Blätter einzusammeln, und ich stehe auf und gehe aus dem Raum und bin sehr zufrieden. Ich weiß, ich habe meine Sache gut gemacht, und ich bin sehr stolz auf meine Leistung.

Kurzformeln

Meine Wiederholungsarbeit zahlt sich aus. Ich erinnere mich mühelos an den Stoff und beantworte alle Fragen richtig.

Skript

(Ergänzen Sie dieses Skript je nach Bedarf. Rechnen Sie mit weiteren Aufgaben wie »Wenden des Fahrzeugs in drei Zügen« und »Anfahren am Berg«, dann nehmen Sie die Beschreibung dieser Vorgänge in das Skript mit auf.)

Ich bin gut vorbereitet. Ich vertraue auf meine Fähigkeit, Auto zu fahren, und ich gehe meine Fahrprüfung in dem Bewußtsein an, daß ich die Prüfung bestehen kann. Ich sehe mich mit dem Prüfer in das Auto einsteigen. Mein Kopf ist klar, und ich bin froh und entspannt. Ich mache alles richtig, und zwar ganz automatisch. Die Tatsache, daß ich geübt habe, zahlt sich nun aus.

Ich bin zuversichtlich und nicht aus der Ruhe zu bringen. Ich erfülle alle Aufgaben gut und richtig. Ich merke, wie alles hervorragend klappt. Ich kann mir gut vorstellen, wie ich das Auto in drei Zügen wende. (Beschreiben Sie nun im Detail, wie Sie das Fahrzeug in drei Zügen wenden, und sehen Sie es vor Ihrem geistigen Auge.)

Dann fahre ich weiter und bin die ganze Zeit ruhig und gelassen. Der Prüfer ist mit meiner Leistung zufrieden. Nun verlangt er von mir, am Berg anzufahren. Ich weiß, ich kann das ohne weiteres, und ich schaffe es auf Anhieb. (Beschreiben Sie hier wieder im Detail, wie Sie am Berg anfahren – wie Sie die Handbremse ziehen usw. –, und sehen Sie es vor Ihrem geistigen Auge.)

Alles läuft gut, und es ist wirklich sehr viel einfacher, als ich mir je vorgestellt hätte.

Schließlich bittet der Prüfer mich anzuhalten und stellt mir einige Fragen zur Straßenverkehrsordnung. Ich antworte auf jede Frage prompt und richtig. Es fällt mir leicht, mich an das zu erinnern, was ich wiederholt habe. Der Prüfer versichert mir, daß ich alles sehr gut gemacht habe, und ich bin froh und stolz, daß ich meine Fahrprüfung so leicht bestanden habe.

Kurzformeln

Ich bin ein kompetenter Autofahrer. Ich bestehe meine Prüfung leicht und mühelos.

In diesem Zusammenhang möchte ich noch ein weiteres Skript anfügen, das für die Leser von Nutzen sein mag, die ihre Fahrprüfung bereits hinter sich haben, aber seither nicht mehr Auto gefahren sind.

Oft verlieren Menschen den Mut, wenn Sie eine Zeitlang nicht mehr Auto gefahren sind. Sie haben Angst, einen Unfall zu verursachen, und weil sie keine Übung haben, setzen sie sich nur ungern wieder hinters Steuer.

Skript

Ich bin ein vorsichtiger Fahrer. Ich habe meine Fahrprüfung bestanden und habe gezeigt, daß ich in der Lage bin, sicher Auto zu fahren. Ich freue mich darauf, wieder Auto zu fahren.

Ein großes Ruhegefühl durchströmt mich, ich nehme die Autoschlüssel und gehe hinaus. Mein Atem ist ruhig, ich bin gelassen. Ich schließe die Autotür auf und setze mich hinein. Ich bin in meinem Element.

Ich sitze auf dem Fahrersitz, und alles, was ich über das Fahren gelernt habe, kommt mir wieder in den Sinn. Ich kann mich an alles deutlich erinnern, und ich fühle mich sicher und ruhig.

Ich lasse den Motor an. Das Auto springt sofort an. Ich prüfe den Rückspiegel, setze den Blinker und ordne mich sicher und ruhig in den Straßenverkehr ein. Ich fahre umsichtig und geschickt. Ich bin jeder Situation gewachsen.

Ich weiß, daß ich meine Sache gut mache, und empfinde große Freude angesichts meiner neu erworbenen Freiheit. Ich fahre jederzeit rücksichtsvoll und vorsichtig.

Kurzformeln

Ich fahre sicher und vorsichtig. Es macht mir Freude, die Kontrolle zu übernehmen.

oder

Auto zu fahren macht mir Freude. Es fällt mir leicht und macht mir Spaß.

Wenn ich mir über etwas Sorgen mache, verdirbt mir das alles

Wenn Sie sich Sorgen über Ihre Arbeit machen, kann Ihnen die Party, die Sie besuchen, keine Freude bereiten. Wenn Sie Geldsorgen haben, können Sie sich nicht freuen, daß Ihre Tochter eine Prüfung bestanden hat. Wenn Sie sich Sorgen machen, können Sie keine Freude mehr empfinden. Ihre Sorgen überschatten jedes freudige Ereignis, das Ihnen Auftrieb geben könnte.

Alles Positive, das sich ereignet, wird von Ihren Sorgen verdrängt – Glück und Freude werden auf einen späteren Zeitpunkt verschoben, zu dem Sie Ihr Problem gelöst haben. Diese Einstellung kann zur wahren Plage werden, wenn Sie sich vielleicht andauernd über irgend etwas Sorgen machen und auf diese Weise nie dazu kommen, auch einmal Glück zu empfinden.

Mir ist aufgefallen, daß Menschen, die sich viele Sorgen machen, gerade auch diejenigen sind, die leicht ein schlechtes Gewissen haben und sich für viele Dinge selbst die Schuld geben, fast als wollten sie sich selbst bestrafen. Die Sorgen werden zum Vorwand, um sich selbst zu bestrafen. Für ein derartiges Verhalten gibt es unterschiedliche Gründe, wobei sich allerdings ein gemeinsames Merkmal bei all diesen Menschen deutlich abzeichnet, und das ist ein grundlegender Mangel an Selbstachtung.

Die Wurzeln dafür liegen meist in der Kindheit, in welcher der Betroffene dauernder Unterdrückung, Demütigung oder sogar körperlichem Mißbrauch ausgesetzt war. Dies alles löst in einem Kind Schuldgefühle aus. Diese Reaktion mag merkwürdig erscheinen, aber wir dürfen nicht vergessen, daß ein Kind nicht in der Lage ist, selbst einzuschätzen, *warum* es von den Eltern so behandelt wird. Ein Kind lebt in einer Welt, in der seine eigene Person den Mittelpunkt bildet. Wird es geschlagen, muß etwas, was es selbst getan hat, die Ursache dafür sein. Hat das Kind gar nichts getan, muß der Grund darin liegen, daß es die Liebe der Eltern nicht verdient hat. Es ist schlecht und deshalb nicht liebenswert.

Ein anderer Grund, warum Menschen ein schlechtes Gewissen haben, ist, daß sie aus einer Familie kommen, in der es als »falsch« oder gar sündhaft galt, Spaß zu haben, und die Meinung herrschte, das Leben sei ein »Jammertal«. Entsprechend empfindet der Mensch dann Frohsinn als Frivolität, wegen der man ein schlechtes Gewissen haben muß und die man folglich pflichtgetreu zu unterdrücken hat. Einige Menschen haben buchstäblich Angst, glücklich zu sein, weil Sie fürchten, daß etwas Schlimmes passiert, wenn Sie nicht andauernd auf der Hut sind.

Aus diesem Grunde fällt es einigen Menschen schwer, Spaß im Leben zu haben, und immer wenn ein Problem auftaucht, stoßen sie im Unterbewußtsein einen Seufzer der Erleichterung aus, denn nun paßt wieder alles in das Bild, das sie sich von der Welt gemacht haben.

Das heißt aber nicht, daß ihnen die andauernden Sorgen nicht zu schaffen machten. Sie wünschten, sie brauchten sich nicht so viele Sorgen zu machen, doch etwas in ihrem Inneren läßt eine Änderung nicht zu. In diesem Fall ist es meist notwendig, die im Unterbewußtsein liegenden Gründe für das Schuldgefühl durchzuarbeiten, bevor es zu einer Veränderung der geistigen Einstellung kommen kann (siehe Seite 171 ff.).

Es kann gut sein, daß Sie in einigen der obengenannten Beispiele typische Merkmale Ihrer eigenen Kindheit wiedererkannt haben. Eine andere Möglichkeit wäre, daß Sie momentan unter starkem Streß stehen, so daß Sie keine Freude am Leben mehr haben. Aus welchem Grunde auch immer ein Problem in Ihrem Leben dominiert, denken Sie bitte daran, daß auch in schlimmen Zeiten Gutes passiert – wir beachten es nur nicht, weil wir zu sehr mit unseren Sorgen beschäftigt sind. Deshalb ist es wichtig, an folgende Punkte zu denken:

- Letzten Endes wird alles gut. Das Leben ist etwas Erfreuliches (ganz gleich, was andere Ihnen in der Vergangenheit gesagt haben).
- Sie haben es *verdient*, glücklich und ohne Sorgen zu sein. Jeder hat dieses Recht. Achten Sie darauf, von diesem Recht Gebrauch zu machen.
- Lenken Sie Ihre Aufmerksamkeit auf angenehme Dinge, auch wenn es nur kleine Dinge sind. Drehen Sie Ihren Blickwinkel von *negativ* auf *positiv*. Je mehr Zeit Sie einem Problem widmen, desto größer wird es in Ihrer Vorstellung. Füllen Sie Ihre Gedanken mit Positivem, dann ist für die negativen Gedanken kein Platz mehr.
- Achten Sie auf die Art und Weise, wie Sie sprechen. Sorgen Sie dafür, daß Sie gemäßigte Worte gebrauchen und nicht dramatisieren. Sprechen Sie ruhig und vernünftig über Dinge, die Sie betreffen, übertreiben Sie nicht. Sprechen Sie nicht mit schriller Stimme und wählen Sie Worte, die das Problem abschwächen. Auf diese Weise können Sie Ihre Gefühle besser unter Kontrolle behalten.

Skript

Ich habe ein schönes Leben. Ich lenke meine Aufmerksamkeit auf all die positiven Dinge, die jeden Tag in meinem Leben geschehen. Je bewußter mir die guten Dinge um mich herum sind, desto glücklicher fühle ich mich innerlich. Treten Probleme auf, dann gehe ich sie ruhig und gelassen an. Probleme sind ein Teil des Lebens, und ich weiß ganz sicher, daß ich sie immer kompetent und leicht lösen kann.

Mein Vertrauen in mich und meine Fähigkeiten wächst von Tag zu Tag, und mein Leben wird immer angenehmer. Ich lasse die Vergangenheit hinter mir und mache nun einen neuen Anfang. Ich lege Traurigkeit und Schmerz ab und trete als neuer, positiver Mensch in die Welt hinaus. Ich freue mich auf mein neues Leben.

Kurzformeln

Ich sehe die positiven Seiten im Leben. Meine positive Einstellung gibt mir Kraft.
oder
Ich löse alle Probleme leicht und mühelos. Mein Leben ist angenehm und positiv.

Ich mache mir Sorgen um meine Kinder

Eltern haben eine bestimmte Vorstellung davon, was aus ihren Kindern einmal werden soll. In einigen Familien fängt dieses Pläneschmieden schon vor der Geburt des Kindes an.

Ich kenne Familien, in denen die Geburt einer Tochter große Enttäuschung auslöste, denn man wünschte sich einen Sohn (»Es ist *nur* ein Mädchen!«). Eine Mutter, die tief in ihrem Inneren Männer haßt, ist unter Umständen genauso unglücklich, wenn Sie einen Sohn und keine Tochter bekommt. Für das Kind ist es dann natürlich schwierig, sich einer solchen Einstellung gegenüber richtig zu verhalten, und trotzdem versuchen Kinder oft, sich den gewünschten Vorstellungen, so gut sie können, anzupassen.

Wenn Sie sich um Ihre Kinder Sorgen machen, heißt das, daß sie Ihren Erwartungen momentan nicht entsprechen. Vielleicht haben Sie Ihren Sohn schon als zukünftigen Naturwissenschaftler gesehen, aber er interessiert sich nur für den örtlichen Fußballverein.

Vielleicht wollten Sie, daß Ihre Tochter sich beruflich auf eine Bürotätigkeit hin orientiert, und nun kündigt sie an, daß sie eine Schreinerlehre machen will. Sie haben sich vielleicht ein Kind gewünscht, das sich gewandt und grazil bewegt, und leider kann Ihr Kind nicht durch die Wohnung gehen, ohne etwas anzurempeln oder umzustoßen. Es besteht mit anderen Worten ein dauernder Widerspruch zwischen dem, was Sie von Ihrem Kind erwarten, und dem, was Ihr Kind tatsächlich leisten kann und will.

Sie haben Pläne für die Zukunft Ihres Kindes gemacht, weil Sie wollten, daß es glücklich wird und erfolgreicher als Sie. Kinder sollen oft nachholen, was die Eltern verpaßt haben. Da Sie in Ihrer Jugend die Universität nicht besuchen konnten, muß nun Ihr Kind auf die Uni, ob es will oder nicht. Sie wollen, daß sich ein alter Traum erfüllt, und Ihr Sohn muß ihn an Ihrer Stelle verwirklichen. Pech für ihn, daß er immer nur Polizist werden wollte!

Wenn Sie also Zukunftspläne für Ihre Kinder schmieden, prüfen Sie

Ihre Beweggründe genau. Was haben Sie davon, wenn Ihr Sohn Arzt wird? Glauben Sie, daß die Nachbarn Sie dann mehr respektieren? Hoffen Sie, daß Ihre Freunde Sie dann beneiden? *Warum* sind Sie so dagegen, daß Ihre Tochter den Tischlerberuf ergreift? Weil die Nachbarn sich darüber vielleicht lustig machen? Weil Ihre Freunde Sie vielleicht bemitleiden?

Bei all diesen Gedanken dürfen Sie nicht vergessen, daß Ihre Kinder eine eigene Persönlichkeit besitzen und dementsprechend versuchen werden, Ihren eigenen Lebensweg zu finden – vorausgesetzt, Sie lassen ihnen die Freiheit dazu. Wenn Sie versuchen, Ihr Kind in ein Raster zu pressen, das seiner Persönlichkeit nicht entspricht, wird es zu dauernden Auseinandersetzungen, Szenen, Türknallen und einer allgemein unerfreulichen Atmosphäre kommen. Oder es bleibt alles ruhig an der Oberfläche, aber Sie entdecken später, daß Ihr Kind zwar »ja« gesagt, hinter Ihrem Rücken aber genau das Gegenteil getan hat.

Sie meinen es vielleicht gut, aber es ist nicht möglich, Kinder vor allen Gefahren des Lebens zu schützen. Die Kinder müssen ihre eigenen Erfahrungen machen, um daraus zu lernen. Sie können ihnen Ratschläge geben und sie unterstützen, aber Sie sollten nicht versuchen, ihnen die Gestaltung ihres Lebens aus der Hand zu nehmen.

In vieler Hinsicht bleiben Kinder Ihnen immer so fremd, wie sie es bei der Geburt waren. Auch wenn sie Ihnen in bestimmten Charakterzügen, im Aussehen usw. ähneln, unterscheiden sie sich in anderen Aspekten von Ihnen, und man weiß oft nie so genau, wie sie reagieren.

Anstatt sich um die Kinder Sorgen zu machen, können Sie dazu beitragen, daß die Kinder das Beste aus sich machen und ihre Talente und Fähigkeiten entdecken und entwickeln.

Die Aufgabe, die man als Vater oder Mutter zu erfüllen hat, hat eher allgemeinen als spezifischen Charakter. Sie können Ihren Kindern Geduld beibringen, so daß sie im späteren Leben mit schwierigen Situationen besser fertig werden. Sie können ihnen Zeit widmen, damit sie verstehen, daß sich jemand um sie kümmert, und dann später selbst in der Lage sind, sich um andere zu kümmern. Sie können ihnen Liebe geben, denn das ist das wahre Fundament, auf das ihr zukünftiges Leben aufbaut. Sie können Ihre Kinder mit Respekt behandeln, denn nur so können sie lernen, sich selbst und andere zu respektieren. Behandeln Sie Ihr Kind so, wie Sie von ihm behandelt werden möchten.

All das heißt nicht, daß Sie jeder Forderung des Kindes nachgeben oder Auseinandersetzungen um jeden Preis vermeiden müssen. Aber seien Sie Ihrem Kind gegenüber ehrlich und bedenken Sie, daß Kinder leicht Angst bekommen, weil sie noch keine Lebenserfahrung haben. Hören Sie ihnen zu und erlauben Sie ihnen, ihre Meinung zu sagen.

Wenn irgend möglich, versuchen Sie einen Kompromiß zu finden, der die Wünsche des Kindes wie auch Ihre eigenen berücksichtigt. Wenn Sie wirklich wollen, daß Ihr Kind glücklich ist, dann nehmen Sie es ernst, sprechen Sie viel miteinander, ganz egal, was passiert. Sie können Ihr Kind nur unterstützen, wenn Sie offen sind und bereit zuzuhören, auch wenn Sie vielleicht anderer Meinung sind.

Alle Qualitäten und Verhaltensweisen, die Sie von Ihrem Kind erwarten, müssen Sie natürlich auch selber aufweisen. Erwarten Sie nicht, daß Ihr Kind geduldig ist, wenn Sie selbst bei jeder Gelegenheit an die Decke gehen. Erwarten Sie nicht, daß Ihr Kind Sie liebt, wenn Sie Ihrem Kind gegenüber keine Liebe zeigen können. Erwarten Sie nicht, daß Ihr Kind mutig ist, wenn Sie selbst feige sind. Kinder machen nach, was sie sehen, sie sind ein Spiegelbild dessen, was in ihrem unmittelbaren Umfeld geschieht, und Sie als Eltern sind diejenigen, die Ihren Kindern für lange Zeit am nächsten stehen. Sind Sie zufrieden mit sich selbst, dann können Sie Ihren Kindern dazu verhelfen, Menschen zu werden, die mit ihrem Leben zufrieden sind – ob sie nun Professor oder Straßenkehrer werden.

Wollen Sie von Ihren Kindern Liebe und nicht nur Dankbarkeit, dann hören Sie auf, sich Sorgen zu machen, und helfen Sie ihnen statt dessen, das Beste aus sich zu machen. Erkennen Sie an, daß sie Individuen mit eigener Persönlichkeit sind, und respektieren Sie sie als solche. Vergeuden Sie keine Zeit mehr damit, sich Sorgen um sie zu machen. Sprechen Sie mit Ihren Kindern und finden Sie heraus, was nicht in Ordnung ist. Hören Sie ihnen zu, ohne über das Gesagte zu urteilen, und suchen Sie gemeinsam mit ihnen nach einer Lösung. Machen Sie sich Sorgen um Ihre Kinder, dann ist das ein Warnzeichen, daß nicht genug Kommunikation zwischen Ihnen und Ihren Kindern stattfindet. Sie sind der Erwachsene: Tun Sie etwas dagegen!

Wenn ich doch nur eine andere Frau geheiratet hätte, dann wäre ich glücklicher

(Dies tritt auch in der Form auf: »Meine Frau versteht mich nicht.«)

Sätze, die mit den Worten »Wenn doch nur ...« beginnen, werden im allgemeinen von Menschen geäußert, die andere für ihre Probleme verantwortlich machen. Da sie nicht bereit sind, die Verantwortung für ihre eigene Misere selbst zu übernehmen, suchen sie den Übeltäter anderswo. Geht etwas schief, und Sie sehen einen Menschen dieser Kategorie plötzlich lächeln, liegt das höchstwahrscheinlich daran, daß ihm gerade jemand eingefallen ist, auf den er die Schuld schieben kann.

Wenn Sie nun tatsächlich eine andere Frau geheiratet hätten, säßen Sie wahrscheinlich *trotzdem* hier und erzählten Ihrem Freund, daß Sie die falsche Wahl getroffen haben. Was ist nun *wirklich* das Problem? Reden Sie beide nicht mehr miteinander? Haben Sie aufgehört, Dinge gemeinsam zu machen? Ist Ihre sexuelle Beziehung langweilig geworden? Haben Sie das Gefühl, von Ihrer Frau keine Unterstützung zu bekommen, wenn es um Karriere und berufliche Pläne geht? Am Anfang Ihrer Ehe war all das in Ordnung. Sie haben Ihr erstes Heim gemeinsam gekauft, die Kinder wurden geboren, Sie bekamen nach einiger Zeit eine bessere Arbeit, und nun wird Ihnen auf einmal klar, daß alles zur Routine geworden ist. Alles läßt sich nun vorhersagen, alles ist eingefahren.

Ein Aspekt des langen Zusammenlebens ist, daß man passiver wird. Eine alleinstehende Person muß selbst die Initiative ergreifen, um sich zu unterhalten. Sie müssen ausgehen und sich mit anderen Menschen treffen, wenn Sie nicht einsam sein wollen. Haben Sie jemanden gefunden und ziehen Sie beide danach zusammen, dann sind diese Aktivitäten jedoch nicht länger nötig. Sie haben einen Partner, Sie sind verliebt und noch dabei, sich besser kennenzulernen, und somit gibt es zu Hause Interessantes genug. Später kämpfen Sie sich gemeinsam durch finanzielle Probleme, ziehen die Kinder groß, bauen Ihre Karriere oder Ihrer beider Karrieren auf, und bevor Sie es merken, sind Sie fünfundvierzig. Sie sind beide häuslich geworden und haben sich an Ihr gemeinsames Leben gewöhnt. Die Bequemlichkeit ist da, die Spannung fort. Die Pflichten sind aus dem Weg geräumt, und übrig bleibt eine große Leere.

Nicht nur Ihre Frau ist langweilig geworden, sondern Sie selbst haben an Glanz verloren. Denken Sie daran, was Sie in anderen sehen, ist normalerweise ein Spiegelbild Ihrer selbst. Machen Sie Sex zur Routine, dann ist es kaum verwunderlich, wenn Sie nicht auf begeisterte Resonanz stoßen. Wenn Sie sich weigern, mit Ihrer Frau über Wichtiges zu sprechen, dann findet schon bald kaum noch Kommunikation statt. Wenn Sie sich nicht bemühen, mit ihr gemeinsam Neues zu unternehmen, wird das Leben langweilig.

Es hat keinen Sinn, zu bedauern, daß Sie Ihre Frau geheiratet haben. Zum damaligen Zeitpunkt war es das richtige. Aus welchem Grund auch immer, Sie haben Ihre Frau damals gebraucht und Ihre Frau hat Sie gebraucht und dann haben Sie sich zusammengetan. Eine Beziehung verändert sich über die Jahre, und es gibt Zeiten, da sehnt man sich nach den Flitterwochen der Beziehung zurück. Das ist der Zeitpunkt, zu dem es zu Affären kommen kann.

Affären sind nicht immer schädlich, solange sie in kurzer Zeit vorbei sind und diskret vonstatten gehen. In manchen Fällen können sie die Ehe sogar *retten*, weil man erkennt, was man an seinem Partner hat. Das trifft jedoch nur auf einen geringen Teil zu, und ich würde nicht zu einer Affäre raten. Es ist eine Sache, mit der man dem Partner sehr weh tut, und wenn es herauskommt, wird das Vertrauen Ihres Partners zu Ihnen für lange Zeit oder für immer zerstört. Außerdem besteht nur eine sehr geringe Chance, daß man, während man noch verheiratet ist, jemanden kennenlernt, mit dem man später eine tragfähige Beziehung aufbauen kann. Selbst wenn Sie geschieden sind, ist eine neue Beziehung großen Belastungen ausgesetzt, und zwar deshalb, weil Sie die Scheidung noch immer beschäftigt. Arbeiten Sie an sich, entwickeln Sie Ihre Karriere, lernen Sie alleine zu leben und vor allen Dingen, heiraten Sie nicht sofort wieder.

Wenn Sie eine Beziehung bereuen (ob sie nun langjährig war oder nicht), dann haben Sie zwei Möglichkeiten. Sie können diese Beziehung entweder wieder zum Leben erwecken, oder Sie können sie aufgeben. Wenn Sie nur dasitzen und sich wünschen, Sie hätten vor zwanzig Jahren eine andere Entscheidung getroffen, werden Sie das Problem nicht lösen.

Entscheiden Sie, was Sie wollen, und setzen Sie sich dann voll und ganz dafür ein. Fangen Sie an, an sich selbst zu arbeiten. Wenden Sie sich neuen Dingen zu, beginnen Sie mit neuen Hobbys, und das Leben (und Ihre Ehe) macht wieder mehr Spaß.

Wenn Sie sich für eine Generalüberholung Ihrer Ehe entschieden haben, dann sprechen Sie wieder mit Ihrer Frau. Sprechen Sie offen aus, daß Sie den Eindruck haben, daß Sie beide in eine Sackgasse geraten sind, und daß Sie das ändern wollen. Zeigen Sie Interesse für Dinge, die Ihre Frau macht, mit anderen Worten: Legen Sie Ihre Zeitung beiseite, wenn sie mit Ihnen spricht. Erzählen Sie von sich, Ihrer Arbeit und was Sie sonst noch alles beschäftigt.

Wenn Sie jedoch hoffen, daß Ihre Frau Sie für einen anderen Mann verläßt, damit Sie einen Grund haben, sich von ihr zu trennen, dann wollen Sie die Beziehung in Wirklichkeit nicht mehr aufrechterhalten. Auch in diesem Fall müssen Sie mit Ihrer Frau letztendlich darüber reden. Klagen Sie also nicht länger darüber, daß Sie in einer Ehe festsitzen, die Sie nicht mehr wollen – tun Sie etwas dagegen. Sie haben im Moment keine innere Ruhe, und Sie werden mit Sicherheit auch keine einfache Zeit durchmachen, bis Sie ausgezogen sind oder bis die Scheidung durchgestanden ist.

Hat einem der andere irgendwann einmal etwas bedeutet, ist eine Trennung eine äußerst schwierige Angelegenheit. Wenn Sie also der Meinung sind, daß es für Ihre gegenwärtige Beziehung keinen anderen

Ausweg gibt, dann leiten Sie die Trennung so schnell wie möglich in die Wege. Besser ein Ende mit Schrecken als Schrecken ohne Ende.

Ich fühle mich schuldig wegen eines Fehlers, den ich gemacht habe

Für Fehler braucht man sich nicht zu schämen. Sie passieren uns allen mit schönster Regelmäßigkeit. Fehler sind nötig, damit wir nicht stagnieren. Sie helfen uns, neue Fähigkeiten zu entwickeln und unser Wissen zu vertiefen.

Fehler sind ein notwendiger Bestandteil des Lebens. Fehler zu machen bedeutet, aktiv, lebendig zu sein. Akzeptieren Sie Fehler als Bestandteil eines andauernden Lernprozesses, der Ihnen letztendlich dazu verhilft, sich zum bestmöglichen Menschen zu entwickeln.

Nutzen Sie Fehler zu Ihrem Vorteil. Ist Ihnen ein Fehler passiert, dann denken Sie genau darüber nach und stellen Sie fest, was falsch gelaufen ist. Warum ist es zu dem Fehler gekommen? Haben Sie gehandelt, ohne nachzudenken? Haben Sie zu lange gezögert und darum eine Chance verpaßt? Waren Sie zu dem Zeitpunkt sehr nervös und haben deshalb einen Bock geschossen?

Haben Sie erst einmal den eigentlichen Grund für Ihren Fehler erkannt, dann ist es viel leichter, den gleichen Fehler in Zukunft zu vermeiden. Es ist zu Ihrem eigenen Vorteil, wenn Sie genau untersuchen, was schiefgelaufen ist. Haben Sie den Fehler gründlich analysiert, dann können Sie ihn in Ihrem Geiste im Ordner »Erfahrungen« ablegen. Fehler sind da, um einem weiterzuhelfen, nicht um einen zu bestrafen.

Manche Fehler können rückgängig gemacht werden. Haben Sie sich Schuhe gekauft und zu Hause festgestellt, daß sie nicht zu Ihrem Kleid passen, dann können Sie die Schuhe umtauschen. Sie lernen daraus, daß es Ihnen Zeit und Mühe erspart, wenn Sie das Kleid beim nächsten Schuhkauf mitnehmen.

Haben Sie sich in der Vergangenheit blamiert, dann muß das nicht immer Ihre Schuld gewesen sein. Vielleicht haben Sie sich bei einer Freundin nach ihrem Mann erkundigt und mußten erfahren, daß er sie vor einer Woche verlassen hatte. Vielleicht haben Sie Ihr Kind wegen einer Sache ausgeschimpft und mußten später feststellen, daß das Kind nicht schuld war. Zeigen Sie Größe: Entschuldigen Sie sich.

Meistens sind die Fehler, die wir machen, nicht so schlimm, wie wir denken. Sie vergessen, jemandem etwas von einem Freund auszurichten, und finden später heraus, daß die beiden sich zufällig getroffen haben und die Nachricht den anderen dennoch erreicht hat. Sie vergessen, jemanden wegen einer geschäftlichen Abmachung anzurufen, und hören später, daß die ganze Sache bereits geplatzt ist. Oft bringen uns Kleinigkeiten, die für andere bedeutungslos sind, in Verlegenheit. Angenommen, Sie hätten einen Unfall, was würde es ausmachen, wenn die Sanitäter entdeckten, daß Ihr Schlüpfer nicht zu Ihrem BH paßt? Sollte man sich darüber wirklich aufregen? Sicherlich nicht.

Es gibt keine Möglichkeit, Fehler ganz und gar zu vermeiden. Wenn Sie versuchen perfekt zu sein, dann tragen Sie eine Last, die Ihnen das Genick brechen kann. Seien Sie sich selbst gegenüber nicht so hart. Sie dürfen ruhig mal fünf gerade sein lassen. Ständige Selbstvorwürfe machen depressiv, und das nützt Ihnen überhaupt nicht, denn es hindert Sie nur daran, es bei der nächsten Gelegenheit noch einmal zu versuchen und dann besser zu machen. Wollen Sie sich einen Gefallen tun, dann behandeln Sie sich selber etwas freundlicher.

Auch wenn Sie sich als Kind bei jedem Fehler gedemütigt fühlten, brauchen Sie an dieser zweifelhaften Gewohnheit nicht festzuhalten. Nur weil dies in der Vergangenheit so war, heißt das noch lange nicht, daß es in Zukunft auch so sein muß. Sie haben jetzt die Wahl, ob Sie an den alten Gewohnheiten festhalten oder neue Regeln aufstellen wollen. Warum fällt es Ihnen so schwer, sich zu verzeihen? Galten Fehler in Ihrer Kindheit als Todsünde? Machte man Ihnen Vorwürfe, sich nicht genügend Mühe zu geben, wenn Sie etwas falsch machten? Oder warf man Ihnen vor, etwas absichtlich zu tun, obwohl Sie nur ungeschickt waren? Wenn Ihre Eltern auf diese Weise reagiert haben, dann sind Sie jetzt womöglich mit einem überaktiven Gewissen belastet, das in Ihnen bei jedem Fehler automatisch Gewissensbisse auslöst. Es ist ein schweres Unterfangen, dieses Gewissen auf Normalgröße zu bringen, aber es ist machbar. Sie brauchen dazu sehr viel Ausdauer. Jedesmal wenn Sie sich dabei ertappen, daß Sie über einen begangenen Fehler nachgrübeln, sollten Sie die Situation wie einen Bericht durchdenken.

Nehmen wir einmal an, Sie sind Sekretärin und haben vergessen, einen Termin abzusagen. Auf einmal kommen drei Besucher und wollen zu Ihrem Chef, der gerade dabei ist, das Büro zu verlassen, um zu einer Besprechung zu gehen. Ihr Chef muß die Situation erklären, die Besucher sind etwas verärgert, gehen aber schließlich, und Ihr Chef ist von Ihrer Leistung, um es milde auszudrücken, nicht gerade beeindruckt. Sie entschuldigen sich.

Eine Woche später geht Ihnen dieser Vorfall noch immer im Kopf herum. Ab und zu haben Sie ein höchst unangenehmes Gefühl in der Magengrube und merken, wie Ihnen das Blut in die Wangen schießt, und Sie sehen die Situation wieder vor sich: Die drei Besucher in Ihrem Büro, Ihr Chef, der ihnen die Situation erklärt, und Sie selbst, höchst verlegen.

Es ist praktisch nicht möglich, diese Gedanken und Gefühle zu unterbinden, darum wehren Sie sich nicht dagegen. Lassen Sie die Gedanken zu. Schreiben Sie ungefähr folgendes für sich auf einen Zettel:

> Letzten Montag habe ich vergessen, eine Verabredung abzusagen. Ich treffe nun Vorkehrungen, damit dieser Fehler nicht noch einmal vorkommt. Ich notiere mir nun die Dinge, die ich im Laufe des Tages erledigen muß, und ich gehe meine Notizen regelmäßig durch. Ich mache jeden Tag Fortschritte.

Jedesmal, wenn Sie sich wieder bei Gewissensbissen wegen des Vorfalls ertappen, werfen Sie einen Blick auf Ihren Zettel. Beschäftigen Sie sich in Gedanken mit der *Lösung* und *nicht* mit dem *Fehler*. Gehen Sie mit begangenen Fehlern so um, dann werden Sie feststellen, daß die unangenehmen Schuldgefühle und Gewissensbisse schneller verschwinden und Sie sich Freiraum für positivere Dinge schaffen.

Ich habe Schuldgefühle, weil ich einem anderen unrecht getan habe

Es kann vorkommen, daß Sie einen anderen ungerecht behandeln, nur weil Sie unter Druck stehen oder schlecht gelaunt sind, und der andere bekommt dann das meiste ab. Bei einer Auseinandersetzung kann es auch passieren, daß Ihr Partner etwas sagt, was Sie so verletzt, daß Sie mit Worten um sich schlagen und absichtlich auf den schwachen Punkt des anderen zielen.

Diese Ausbrüche können einer Beziehung schaden. Deshalb ist es wichtig, daß Sie sich für das Gesagte entschuldigen. Es ist nicht nötig, sich zu erniedrigen oder vor dem anderen zu kriechen, aber es ist wichtig, daß Sie sich aussprechen, auch wenn es nur darum geht, zu erklären, warum man so plötzlich explodiert ist.

Erwarten Sie nicht, daß man Ihnen sofort verzeiht, nur weil Sie sich entschuldigt haben. Die Wunde braucht einige Zeit, um zu heilen, und die Beziehung braucht eine Weile, um sich zu normalisieren. Je häufiger es zu solchen Auseinandersetzungen kommt, desto länger wird Ihr Partner brauchen, um darüber hinwegzukommen. Wenn Sie Stimmungsschwankungen unterliegen und immer wieder verletzende, negative Äußerungen an Ihre Mitmenschen austeilen, dann gefährden Sie diese Beziehungen, insbesondere wenn Sie die anderen dabei beleidigen.

Gegen eine Auseinandersetzung ist nichts einzuwenden, solange man andere dabei nicht erniedrigt, lächerlich macht oder beschuldigt.

Man kann das am einfachsten vermeiden, indem man jeden Satz mit »ich« und nicht mit »du« beginnt. Zum Beispiel: »Ich war wirklich böse, als du mich heute morgen eine Stunde lang hast warten lassen«, und nicht: »*Du* bist absolut unzuverlässig!« Oder: »*Ich* habe wirklich Schwierigkeiten, mit deinen Launen zurechtzukommen«, und nicht: »*Du* bist ein unmöglicher Tyrann. Keiner kann dich leiden.« Indem Sie Ihre Gefühle in dieser Weise äußern, geben Sie eine Rückmeldung davon, was in Ihnen vorgeht, wenn Ihr Partner ein bestimmtes Verhalten an den Tag legt. Sagen Sie folgendes zur Verkaufsabteilung: »*Ich* bin gar nicht zufrieden mit der Ware, die Sie uns geschickt haben«, und nicht: »Ihre Ware ist Schrott!«

Äußern Sie Kritik oder eine Beschwerde auf höfliche Weise. Wenn Sie Ihren Partner durch Ihre Ausdrucksweise in die Enge treiben, bleibt das Ergebnis zwangsläufig unbefriedigend. Beleidigungen und Aggressivität verletzen und erzeugen Rachegefühle. Wenn Sie von anderen Achtung und Verständnis erwarten, müssen Sie beides den anderen erst einmal *selber* entgegenbringen.

Das heißt aber nicht, daß Sie so sein müssen, wie die anderen Sie haben wollen. Sie haben das Recht, so zu sein, wie Sie gerade sind. Falls Sie aber Schwierigkeiten mit anderen Menschen haben, und auf diesen Punkt kommt es mir an, dann sollten Sie jegliches Schuldgefühl als Signal verstehen, Ihre Einstellung zu überprüfen. Das Schuldgefühl hat seinen Zweck erfüllt und kann beiseite geschoben werden, sobald man damit begonnen hat, über sich selbst nachzudenken. Das Schuldgefühl sollte der erste Schritt in Ihrer Persönlichkeitsentwicklung sein, nicht mehr und nicht weniger. Es sollte nicht Ihr ständiger Begleiter sein. Letztendlich werden Sie nach dem beurteilt, was Sie *erreicht* haben, nicht danach, wie stark Ihr schlechtes Gewissen angesichts Ihrer Fehler war.

Es liegt an Ihnen, wie Sie mit Ihren Schuldgefühlen umgehen, ob Sie zulassen, daß sie Ihnen weiter zusetzen, oder ob Sie sie nutzen, um neue Wege zu finden. Sorgen und Schuldgefühle sind nutzloser Ballast. Viel zu viele Menschen tragen sie mit sich herum, in dem Glauben, daß sie zum Leiden verpflichtet sind. Das zeigt nur, daß sie an Kummer und nicht an Glück glauben, an Schlechtes statt an Gutes.

Merke

Probleme renken sich letztendlich immer wieder ein.

Haben Sie jemandem unrecht getan, seien Sie so ehrlich, es dem anderen gegenüber auch zuzugeben. Wenn es geht, versuchen Sie, die Situation zu bereinigen. Können Sie das der betreffenden Person gegenüber nicht erreichen, dann können Sie statt dessen immer noch einem anderen helfen. Selbstzerknirschung ist nutzlos, bemühen Sie sich lieber um aktive Selbstbesserung. Es bedarf keiner Selbstverachtung, Scham oder Depressionen. Lernen Sie aus den Fehlern Ihrer Vergangenheit und fangen Sie noch einmal neu an.

Geben Sie nicht auf, wenn es Ihnen nicht sofort gelingt. Es hat viele Jahre gedauert, bis Sie so geworden sind, wie Sie heute sind. Veränderungen, die Sie anstreben, werden ebenfalls Zeit brauchen. Solange Sie den Willen zur Besserung haben, können Sie auch Änderungen erfolgreich durchziehen. Sie werden sich am Schluß dann selber besser leiden können, weil Sie Ihr Ziel erreicht haben. Sie sind es wert, also machen Sie sich die Mühe!

Hätten meine Eltern mir doch eine bessere Ausbildung ermöglicht, dann würde ich jetzt mehr Geld verdienen

Und dann wären Sie auch glücklicher als jetzt, nicht wahr?

Sie wollen damit doch sagen, daß Ihr Glück von einer bestimmten Summe Geld abhängt, die Sie nicht bekommen können, weil man Ihnen in Ihrer Jugend nicht zu einer angemessenen Ausbildung verholfen hat. Daß Sie heute nicht glücklich sind, hat seine Ursache also in einem Fehler, den Ihre Eltern in der Vergangenheit gemacht haben.

Unter den heutigen Umständen können Sie nicht glücklich sein. Sie stellen bestimmte Bedingungen an das Leben, und solange sie nicht erfüllt werden, können Sie nicht glücklich sein. Sie sitzen in Ihrem Schmollwinkel und sind beleidigt. So kommen Sie aber im Leben nicht weiter. Damit Sie weiterkommen, müssen Sie es genau andersherum machen. Wenn Sie glücklich sind, verdienen Sie auch mehr Geld. Wenn erst einmal Glücksgefühl und positives Denken vorhanden sind, dann können Gesundheit, Wohlstand und gute Beziehungen zu anderen ganz automatisch folgen.

Wenn Sie glücklich sind, sind Sie entspannt. Sie sind inspiriert, weil Sie die Zeit haben, auf Ihre innere Stimme zu hören. All Ihre Qualitäten können an die Oberfläche treten und Ihnen dabei helfen, Ihre Ziele zu verwirklichen. Was immer es ist, streben Sie es zuversichtlich an, sei es eine bessere Ausbildung oder mehr Geld. Es ist nie zu spät – das Alter spielt dabei keine Rolle. Ist Ihnen ein Wunsch gegeben, dann ist Ihnen auch ein Weg zu seiner Erfüllung gegeben.

Finanzielle Sorgen sind etwas, auf das wir alle gerne verzichten, und der Wunsch, wohlhabend zu sein, ist durchaus legitim. Für mich ist Armut keine Tugend. Wenn man arm ist, kann man auch nichts geben.

Die einzigen, die Geld verachten, sind diejenigen, die selbst kein Geld haben – und das aus gutem Grund. Man zieht nur das an, was man liebt. Wenn Sie Geld nicht mögen, werden Ihnen aufgrund Ihrer Einstellung die Gelegenheiten zum Geldverdienen entgehen. Denken Sie »Armut«, dann werden Sie arm bleiben. Ihre finanzielle Situation ist ganz erheblich von Ihrer Denkweise abhängig, genau wie Ihre Beziehungen, Gesundheit und Ihr Erfolg im privaten und beruflichen Leben.

Wenn Sie Geld haben, können Sie ein positives Vorbild sein. Nicht nur das: Sie können das Geld dazu verwenden, anderen zu helfen. Ich finde diese Einstellung viel positiver, als sich mit den Armen solidarisch zu erklären.

Das Leben ist so eingerichtet, daß sich Probleme immer wieder einrenken, und das gilt auch für Ihre Finanzen. Wollen Sie das Leben genießen, dann brauchen Sie finanzielle Sicherheit. Gute Arbeit sollte mit guter Bezahlung belohnt werden. Wenn Sie also in Ihrer gegenwärtigen Arbeit nicht soviel Geld verdienen, wie Sie das möchten, und wenn Sie wirklich glauben, das liegt an einer ungenügenden Ausbildung, dann müssen Sie etwas dagegen tun. Schließlich ist der erfolgreiche Abschluß einer Weiterbildung zum gegenwärtigen Zeitpunkt sehr viel wahrscheinlicher als in früheren Jahren – *jetzt* sind Sie motiviert, *jetzt* besitzen Sie die nötige Reife, eine Ausbildung zu Ende zu führen. Wenn Sie Zusatzqualifikationen anstreben, dann können Sie diese auch erreichen. Der einzige, der Sie davon abhalten kann, das Diplom oder den akademischen Grad zu erreichen, sind wie immer Sie selbst.

Geld zu verdienen hängt aber nicht unbedingt von den sachbezogenen Qualifikationen ab. Die Welt ist voller hochqualifizierter Menschen, die Ihre Arbeit nicht gut machen. Sie müssen Ihre Arbeit lieben, um sie gut machen zu können. Wenn eine Mutter nicht gerne Mutter ist, dann ist es unwahrscheinlich, daß sie ihre Kinder glücklich machen kann. Mag ein Buchhalter keine Zahlen, dann wird er nie in seinem Beruf Karriere machen. Um erfolgreich zu sein, muß man mit seiner Tätigkeit im Einklang und in der Lage sein, sich ganz in die Arbeit zu vertiefen. Menschen, die zufrieden mit ihrer Arbeit sind, haben ihr Leben besser im Griff und neigen weniger zu streßbedingten Problemen.

Wichtig ist auch, daß man sich selbst gut kennt, wenn man Geld verdienen will. Man muß sich seiner Stärken bewußt sein, so daß man sich beruflich in einem Bereich einsetzt, in dem man diese Stärken auch voll ausnutzen kann. Ein guter Verkäufer kann alles an den Mann bringen – von Isolierfenstern bis zu Glückwunschkarten. Jemand, der risikofreudig ist, kann eine gute Figur als Rennfahrer, Stuntman machen – oder vielleicht auch als Gerichtsvollzieher.

Ihre Berufswahl sagt sehr viel über Sie selbst aus. Sehen Sie sich Ihre gegenwärtige Arbeit an. Haben Sie sich diese Arbeit selbst ausgesucht, dann zeigt Ihnen Ihre Wahl, wo Ihrer Meinung nach Ihre Stärken liegen. Haben Sie eine Arbeit, die Sie nicht fordert, dann spiegelt das mangelndes Selbstvertrauen wider: Sie haben sich nicht getraut, sich um eine bessere Arbeit zu bewerben, weil Sie sich nicht sicher waren, ob Sie ihr gewachsen gewesen wären. In vielen Büros gibt es Angestellte, die Ihren Chef anschauen und denken: »Seine Arbeit könnte ich auch machen«, aber sie bewerben sich nie, wenn sich eine Gelegenheit ergibt. Das liegt teils an Selbstzweifeln und teils an der Angst vor Enttäuschung: »Was ist, wenn ich mich bewerbe und die Arbeit nicht bekomme? Dann fühle ich mich womöglich erniedrigt, weil ich es nicht geschafft habe ...« Oder: »Vielleicht finden es die Kollegen lächerlich, wenn ich mich für diese Stelle bewerbe?« Natürlich kann es sein, daß Sie enttäuscht sind, wenn Sie die Stelle nicht bekommen, aber Sie haben es wenigstens versucht. Wenn Sie denken, Sie sind zu größeren Aufgaben befähigt, dann *schulden* Sie es sich einfach, sich um eine bessere Position zu bemühen. Ihre Bewerbung um eine bessere Stelle zeigt, daß Sie Vertrauen in Ihre Fähigkeiten setzen. Dieser wichtige Schritt für Sie wird auch anderen nicht verborgen bleiben. Es liegt wirklich an Ihnen, unter die Leute zu bringen, wie gut Sie sind. Bescheidenheit bremst Ihre Karriere. Sorgen Sie dafür, daß Ihr Chef von Ihren Leistungen erfährt, sorgen Sie dafür, daß er oder sie weiß, daß Sie hoch hinaus wollen, und dazu gehört, daß Sie eine Beförderung anstreben. Und wenn Sie die Stelle in der anderen Abteilung nicht bekommen, betrachten Sie es als deren Verlust, nicht als den Ihren. Den anderen entgeht ein fähiger und engagierter Kollege und Chef. Die nächste Chance wird sich bald ergeben, wenn nicht in dieser Firma, dann in einer anderen. Nur nicht lockerlassen, dann wird es schon klappen!

Haben Sie einmal den Entschluß gefaßt, eine bessere Arbeit zu suchen, sind Sie bereits auf dem besten Wege zum Erfolg. Es ist jetzt nur noch eine Frage der Zeit, bis Sie die passende Stelle gefunden haben.

Skript

Ich strebe nach oben. Ich bin zuversichtlich, und meine Arbeit fällt mir leicht. Ich bin bereit, mich weiter zu entwickeln und neue Gebiete zu meistern. Nichts kann mich davon abhalten. Ich habe volles Vertrauen zu mir selber.

Ich möchte Fortschritte machen und bin deshalb hellwach für alle Gelegenheiten, die sich auftun.

Ich vertraue in mich und meine Fähigkeiten. Eine höhere Position ist für mich eine fabelhafte Chance. Ich strebe zuversichtlich nach oben. Die Tatsache, daß ich eine bessere Stelle suche, hat das Glücksrad bereits in Bewegung gesetzt. Die richtige Arbeitsstelle ist schon zu mir unterwegs.

Kurzformeln

Ich strebe nach oben. Die richtige Arbeit für mich ist schon auf dem Weg zu mir.

Einsamkeit

- Ich habe Schwierigkeiten, neue Freunde zu finden.
- Es fällt mir schwer, über meine Gefühle zu sprechen.
- Es scheint nie jemand da zu sein, wenn ich jemanden brauche.
- Wenn mich jemand begrüßt, weiß ich nicht, was ich sagen soll.
- Ich habe den Kontakt zu den Freunden von früher verloren.
- Allein fühle ich mich unglücklich.
- Ich habe das Gefühl, daß andere mich nicht mögen.
- Mein Partner hat mich vor kurzem verlassen.
- Obwohl ich kontaktfreudig bin, fühle ich mich einsam.

Warum sind Sie einsam? Einsamkeit ist selbst auferlegtes Leid. Sie sind einsam, weil Sie sich dafür *entschieden* haben. Selbst wenn Sie in einem Dorf mit nur zwei Einwohnern und einem Hund wohnen, haben Sie noch immer zwei Menschen, mit denen Sie sprechen können. Leben Sie in einer Stadt, dann gibt es noch viel mehr Menschen, mit denen Sie Kontakt aufnehmen können: Menschen, die über Ihnen, im Nachbarhaus oder auf der anderen Straßenseite wohnen, Menschen, die sich freuen, mit jemandem zu reden. Sie sind umgeben von Menschen, mit denen Sie kommunizieren, mit denen Sie etwas unternehmen, mit denen Sie sich eine nette Zeit machen können. Es gibt Tausende von Menschen, die darauf warten, daß Sie sie ansprechen, daß Sie auf einen Plausch vorbeikommen. Alles hängt ganz von Ihnen ab.

Gehen Sie aus, bleiben Sie nicht hinter dem Ofen sitzen. Sie müssen für Kommunikation, Freundschaft und Liebe *erreichbar* sein. Sie müssen andere in Ihrem Leben willkommen heißen. Wenn Sie sich von der Welt fernhalten und sich mit dem Fernseher und einer Riesentüte Chips einsperren, ist es kein Wunder, daß Sie einsam sind, denn alle Welt hat vergessen, daß Sie existieren.

Vielleicht haben andere keine Lust, sich mit Ihnen zu treffen, weil das Zusammensein mit Ihnen langweilig ist. Wenn Ihr Interesse an der Welt sich auf die nächste Folge der neuesten Fernsehserie beschränkt, dann ist Ihr Wert als Gesprächspartner schnell bei Null. Sie haben nichts zu sagen, weil Sie nicht am Leben teilnehmen. Denken Sie daran:

Merke

Jemand, der interessiert ist, ist auch interessant.

Jemand, der die ganze Zeit vor dem Fernseher sitzt, ist so langweilig wie das Fernsehprogramm. Und erzählen Sie mir nicht, Sie hätten versucht sich zu ändern, wenn Sie lediglich einmal vor die Haustür getreten sind und dann gleich wieder kehrtgemacht haben, weil Sie das Gefühl hatten, der Postbote hätte Sie böse angesehen. Solche halbherzigen Versuche zählen nicht!

Nehmen wir uns die obengenannten Punkte einmal einzeln vor:

Ich habe Schwierigkeiten, neue Freunde zu finden

Was meinen Sie eigentlich genau mit dieser Feststellung? Fällt es Ihnen schwer, neue Freunde zu finden, weil Sie sehr schüchtern sind, oder liegt es daran, daß Sie keine neuen Menschen kennenlernen? Je nachdem welche der beiden Antworten auf Sie zutrifft, müssen Sie entweder an Ihrem Selbstvertrauen oder an Ihrem gesellschaftlichen Terminkalender arbeiten.

Wenn Sie schüchtern sind, dann fragen Sie sich doch einmal, ob Sie früher selbstsicherer waren? Wenn ja, wie ist Ihnen das Selbstvertrauen abhanden gekommen? Setzen Sie sich hin und denken Sie darüber nach. Können Sie sich erinnern, wie es war, als Sie kontaktfreudiger und selbstsicherer waren? Falls Sie schon einmal Selbstvertrauen *hatten* (auch wenn es viele Jahre zurückliegt), dann steckt es noch in Ihnen und kann wieder zum Leben erweckt werden. Versuchen Sie folgendes:

- Entspannen Sie sich.
- Gehen Sie in Gedanken zurück zu der Zeit, als Sie selbstsicher waren. Rufen Sie sich in Erinnerung, was Sie damals alles konnten, rufen Sie sich die vergangenen Erfolge bildlich ins Gedächtnis zurück. Diese Erfolge müssen nicht unbedingt mit einer Beziehung zusammenhängen, sondern können auch in anderen Bereichen liegen. Es geht hier darum, Erinnerungen zu finden, in denen Sie selbstsicher gehandelt und erreicht haben, was Sie erreichen wollten.

Füllen Sie Ihre Gedanken mit Vorstellungen der früheren Erfolge, aber ohne Wehmut. Benutzen Sie die früheren Erfolge, um Ihr Vertrauen zu stärken. Benutzen Sie sie, um sich selbst zu beweisen, daß Sie in Ihrem Innersten erfolgreich sind und es sich deshalb leisten können, selbstsicher zu sein.

Merke

Was Sie einmal vollbringen können, können Sie immer wieder vollbringen.

Stellen Sie sich Selbstvertrauen *vor*, und Sie werden Selbstvertrauen *haben*. Anderen wird das auffallen, und sie werden positiver auf Sie reagieren. Ein erfolgreicher Mensch ist beliebt, und wenn Sie wie ein selbstsicherer Mensch denken, dann *handeln* Sie auch wie einer, und die anderen werden Sie wie einen solchen *behandeln*, so daß schließlich Ihre positive Denkweise das Selbstvertrauen aus der Erinnerung im Hier und Jetzt neu entstehen läßt.

Haben Sie sich noch *nie* selbstsicher gefühlt? Wenn Sie ganz sicher sind, daß Sie noch nie im Leben etwas Positives erreicht haben, was Ihnen ein Gefühl des Selbstvertrauens hätte geben können, dann hatten Sie vielleicht einen schwierigen Start ins Leben. Vielleicht waren Ihre Eltern ungeduldig und antworteten immer an Ihrer Stelle, wenn Ihnen jemand eine Frage stellte. In diesem Fall lassen Sie die Vergangenheit hinter sich, denn dorthin gehört sie. Es ist Zeitverschwendung, über Vergangenes nachzugrübeln. Machen Sie sich bewußt, daß nun *Sie* die Kontrolle haben. Sie *können* Ihr Leben verändern, Sie *können* Ihre früheren Verhaltensmuster ablegen. Sie müssen sich lediglich für einen Neuanfang entscheiden, und damit ist schon viel gewonnen.

Wenn Sie in Ihrem Leben noch niemals Erfolg hatten, dann denken Sie sich einfach einen aus. Wählen Sie eine Erinnerung aus der Vergangenheit, bei der Sie mit größerem Selbstvertrauen mehr Erfolg gehabt hätten, und stellen Sie sich im Geiste vor, wie Sie die Situation voll Selbstvertrauen gemeistert hätten. Versuchen Sie folgendes:

- Entspannen Sie sich.
- Schließen Sie die Augen und machen Sie eine Neuverfilmung des alten Films, aber diesmal spielen Sie die Rolle des Helden. Sehen Sie sich als den glücklichen und selbstsicheren Gewinner, als denjenigen, der die Kontrolle behält, während alles um ihn herum ins Chaos fällt, als denjenigen, der mit allem fertig wird, als denjenigen, der andere mag und den die anderen mögen.

Als Hilfestellung können Sie Menschen beobachten, denen die Dinge leicht von der Hand gehen, die Ihnen Probleme bereiten. Beobachten Sie, wie sie handeln, sprechen, sich bewegen. Denken Sie darüber nach und schneiden Sie die selbstsichere Verhaltensweise auf Ihre Bedürfnisse zu. Nun stellen Sie sich vor, wie Sie selbst diese schwierige Situation ohne Probleme meistern. Sehen Sie sich selbst als beliebten Kollegen, als interessanten Menschen, als guten Freund.

Es ist völlig in Ordnung, erfolgreich oder selbstsicher zu sein. Man braucht deswegen keineswegs arrogant, anmaßend oder aggressiv zu sein. Selbstsicher zu sein heißt, zu wissen, was man vom Leben will, und sich selbst genügend zu mögen, um sich zu bemühen, es auch zu bekommen. Selbstsicher zu sein heißt, erreicht zu haben, was man wollte, und zwar auf eine Art, die für Sie und andere positiv ist.

Tragen Sie das Skript von S. 114 mit sich herum und lesen Sie es regelmäßig, sooft es geht, bis Sie es auswendig können. Beginnen Sie mit leichten Aufgaben. Betrachten Sie andere Menschen, schauen Sie ihnen ins Gesicht und lächeln Sie ihnen zu (allerdings nur, wenn Sie sie mögen). Sie werden überrascht sein, wie viele Ihr Lächeln erwidern. Tut einer das nicht, dann machen Sie sich keine Sorgen deswegen. Sie haben es dann mit jemandem zu tun, der genauso schüchtern ist, wie Sie es einmal waren.

Falls Ihr gesellschaftlicher Terminkalender vor Leere gähnt oder gar nicht existiert, kann es sein, daß Sie so sehr mit Ihrer Arbeit beschäftigt sind, daß Ihnen für gesellschaftliche Ereignisse keine Zeit bleibt? Wenn Sie bisher Ihr Privatleben vernachlässigt haben, dann treffen Sie sofort eine Verabredung mit sich selbst für nächste Woche. Bitten Sie Ihre

Sekretärin, im Terminkalender festzuhalten, daß Sie am kommenden Mittwoch ab 18 Uhr eine wichtige Besprechung mit MS (mir selbst) haben, und sorgen Sie dafür, daß Sie den Termin einhalten. Sind Sie selbst die Sekretärin und leidet Ihr Privatleben wegen Arbeitsüberlastung, dann tun Sie das gleiche. Kündigen Sie deutlich an, daß Sie rechtzeitig gehen müssen, weil Sie eine wichtige Verabredung mit einer wichtigen Person haben (die wichtige Person sind natürlich Sie selbst).

Gewöhnen Sie sich und Ihren Chef daran, daß Sie auch ein Privatleben haben. Gehen Sie zu vernünftigen Zeiten nach Hause – das haben Sie verdient. Man kann nicht immer bloß arbeiten, man braucht auch seine Freizeit, denn Spaß gehört ebenfalls zum Leben. Auch langfristig ist es für Sie von Vorteil, Ihr Privatleben zu fördern. Man hat festgestellt, daß Menschen, die neben der Arbeit noch andere Interessen haben, mit ihrer Pensionierung viel besser zurechtkommen als diejenigen, die ihr ganzes Leben der Arbeit verschrieben hatten.

Rufen Sie alte Freunde, nette Nachbarn oder Bekannte an, die Sie besonders gerne haben, und laden Sie sie zu sich ein. Erneuern Sie alte Freundschaften, denn sie führen unweigerlich zu neuen Bekanntschaften, unter denen sich neue Freunde finden lassen.

Sind Sie Hausfrau und haben Kinder, dann sorgen Sie dafür, daß Sie ab und zu mal rauskommen. Organisieren Sie eine Freundin oder einen Babysitter zur Betreuung der Kinder und gehen Sie aus. Machen Sie den Kurs, den Sie schon immer machen wollten. Machen Sie ihn, solange Sie die Energie dazu haben. Sind Sie einmal Opfer des »Hausfrauensyndroms«, wird es Ihnen zunehmend schwerer fallen, Ihre Lethargie zu durchbrechen und Aktivitäten zu initiieren.

Wenn Sie ab und zu ausgehen, wird Ihnen das eine Pause von den Kindern verschaffen und den Kindern eine Pause von Ihnen. Es ist ganz normal, daß man von den lieben Kleinen auch einmal die Nase voll hat – es bedeutet nicht, daß Sie eine schlechte Mutter sind, sondern nur, daß Sie eine Pause brauchen. Sorgen Sie dafür, daß Sie sie bekommen.

Je glücklicher Sie sind, desto glücklicher machen Sie Ihre Kinder (und Ihren Mann). Und seien Sie nicht allzu enttäuscht, wenn Sie feststellen, daß die Kinder über die Aussicht auf Ihre Abwesenheit erfreut sind – es bedeutet nur, daß der Babysitter sie *vor* den Hausaufgaben fernsehen läßt.

Skript

Ich nehme mein Leben und mein Glück selbst in die Hand. Ich weiß, ich kann meine Vergangenheit hinter mir lassen und habe mich für einen Neuanfang entschieden.

Ich öffne mich nun der Außenwelt. Langsam und behutsam lasse ich andere näher an mich heran, und ich helfe ihnen, indem ich ihnen auf halbem Weg entgegenkomme. Ich mag andere, und andere mögen mich.

Ich bin ein wertvoller Mensch und ich bin stolz auf mich und meine Leistungen. Von jetzt an übernehme ich volle Verantwortung für mein Glück. Nichts kann mich jetzt aufhalten. Was ich aussende, kommt im Überfluß zu mir zurück. Ich strahle Freundschaft und Liebe aus.

Kurzformeln

Ich mag mich und andere. Es fällt mir leicht, neue Freunde zu finden.

oder

Ich bin ein glücklicher Mensch. Andere sind gerne mit mir zusammen. Ich habe viel zu geben.

Es fällt mir schwer, über meine Gefühle zu sprechen

Sie mögen ein guter Freund oder Partner sein und ein guter Zuhörer für diejenigen, die Ihnen das Herz ausschütten oder über ihre Gefühle sprechen wollen, aber wenn Sie möchten, daß eine Beziehung über ein oberflächliches Niveau hinausgeht, reicht Zuhören nicht aus.

Sobald man über seine eigenen Gefühle spricht, ist es, als ob man ein Stück seines inneren, intimen Selbst preisgibt. Im ersten Stadium einer Freundschaft neigt man zur Vorsicht, um nicht zuviel von sich selbst wegzugeben. Man spricht eher über unbedeutende Gefühle, um erst einmal die Lage zu peilen. Legt der andere dann einen Teil seiner Gefühle offen, ist man bereit, einen Schritt weiter zu gehen und etwas mehr von sich zu erzählen.

Dieses nächste Stadium hängt jedoch davon ab, ob der andere das entgegengebrachte Vertrauen erwidert. Ist das nicht der Fall, dann bleibt die Beziehung aufgrund mangelnden gegenseitigen Vertrauens stecken. Freunde werden Freunde, wenn ein Sprechen und Zuhören,

Geben und Nehmen, Vertrauen-Entgegenbringen und Vertrauen-Entgegennehmen sich die Waage halten.

Ist einer von beiden nicht bereit, über seine Gefühle zu sprechen, fühlt sich der andere bloßgestellt. Wenn Sie Ihre eigenen Gefühle in der Beziehung nicht offenlegen können, dann verunsichern Sie den anderen.

Sagt Ihnen jemand, daß er Sie mag, und Sie mögen ihn auch, können aber Ihre Gefühle nicht ausdrücken, dann fühlt sich der andere nach einiger Zeit abgewiesen. Sie denken vielleicht, er müßte doch auch so merken, daß Sie ihn gern haben, aber es geht nichts über das offene Aussprechen der Zuneigung.

Merke

Andere können Ihre Gedanken nicht lesen.

Wenn der *andere* den Mut aufgebracht hat, seine Gefühle auszusprechen, müssen Sie ihn auch aufbringen. Können oder wollen Sie das nicht, besteht die Gefahr, daß Sie den anderen verlieren.

Es scheint nie jemand da zu sein, wenn ich jemanden brauche

Dieses Problem überschneidet sich in gewissem Maße mit dem vorhergehenden. Wenn Sie nicht zugeben, daß Sie sich unglücklich und einsam fühlen, dann denken die anderen, daß bei Ihnen alles in Ordnung ist. Erwarten Sie nicht, daß andere Ihre Gedanken lesen. Wenn Sie Hilfe wollen, dann müssen Sie zuerst eingestehen, daß Sie Hilfe brauchen. Es werden keine Medaillen dafür verliehen, daß man den Helden spielt, obwohl man innerlich den Tränen nahe ist.

Viele Menschen haben Angst, über ihre Probleme zu sprechen, weil sie denken, sich lächerlich zu machen, wenn sie dabei in Tränen ausbrechen. In schlimmen Fällen, beispielsweise beim Verlust eines geliebten Menschen, haben viele Menschen Angst, daß sie nicht mehr aufhören können zu weinen, wenn sie erst einmal damit angefangen haben. Sie befürchten, daß, wenn sie ihren Kummer erst einmal an die Oberfläche kommen lassen, sie von ihren Gefühlen dermaßen überwältigt werden, daß sie sich völlig hilflos fühlen. Diese Aussicht ist so beängstigend, daß sie ihre Gefühle oft für lange Zeit unterdrücken, und das kann sehr viele physische und psychische Probleme nach sich ziehen. In diesen Fällen ist es ratsam, sich fachmännischer Hilfe zu versichern. Wenn Sie nicht mehr weinen können, obwohl Sie schlimme

Erfahrungen durchmachen und emotional unter starkem Druck stehen, dann sehen Sie sich nach einem guten Therapeuten um, der Ihnen bei der Lösung Ihrer Probleme helfen wird. Bei der Suche nach einem Therapeuten in Ihrer Nähe kann Ihnen Ihr Hausarzt helfen, oder Sie wenden sich an das Institut für Humanistische Psychologie in Eschweiler, das Ihnen ein Verzeichnis der niedergelassenen Psychotherapeuten zuschicken kann. Die Adresse finden Sie am Ende des Buches.

Wenn Sie anderen zu verstehen geben, daß Sie Hilfe brauchen, aber keine bekommen, dann sollten Sie sich Ihre Freunde etwas genauer ansehen. Sind das wirkliche Freunde, oder sind sie nur zur Stelle, wenn sie etwas von Ihnen wollen, um schnell wieder im Unterholz zu verschwinden, sobald Sie sie um einen Gefallen bitten?

Denken Sie darüber nach. Was erwarten andere Ihrer Meinung nach von *Ihnen*? Listen Sie die einzelnen Punkte auf. Dann machen Sie eine zweite Liste, auf der Sie festhalten, was Sie von Freunden erwarten. Fällt die zweite Liste kürzer aus als die erste, dann stimmt etwas nicht. Wenn Sie das Gefühl haben, nur Pflichten, aber keine Rechte zu haben, wenn Sie das Gefühl haben, daß Sie hilfsbereit sein müssen, aber selbst an andere keine Ansprüche stellen dürfen, dann ist Ihr Selbstvertrauen unter den Nullpunkt gesunken und braucht ganz entschieden Auftrieb.

Wenn mich jemand grüßt, weiß ich nicht, was ich sagen soll

Naja, Sie könnten ganz einfach zurückgrüßen und lächeln ... Wie wär´s denn damit?

Ins Gespräch zu kommen ist nichts besonders Schwieriges. Es ist nicht nötig, eine riesige Menge an Wissen, Schlagfertigkeit oder Intelligenz vorzuweisen. Machen Sie sich keine Sorgen, wenn Sie in der Schule nicht gut waren – das hat hier gar nichts zu sagen. Ich habe einen der langweiligsten Abende meines Lebens neben jemandem verbracht, der zwei Universitätsabschlüsse hatte. Denken Sie immer daran, daß die Großen nur deshalb groß sind, weil wir vor ihnen auf die Knie gehen. Das gilt für Ihren Arzt, den Lehrer Ihrer Kinder und Ihren Schwiegervater, der in der Schule auch nicht besser war als Sie. Und wenn Ihr Bildungsniveau Ihnen wirklich Sorgen macht, dann tun Sie etwas dagegen. Es gibt Volkshochschulen und Bildungseinrichtungen, in denen Sie nachholen können, was Sie in der Schule verpaßt haben.

Beobachten Sie andere. Wie fangen andere ein Gespräch an? Sie werden bemerken, daß jeder seinen eigenen Stil hat, je nachdem mit wem man spricht und in welcher Umgebung das Gespräch stattfindet. Es besteht ein himmelweiter Unterschied zwischen einer privaten Unterhaltung und einem Partygeplauder. Mit Ihrem Chef sprechen Sie anders als mit einem Verkäufer. So mancher findet es leichter, mit dem Gerichtsvollzieher zu sprechen, der gerade gekommen ist, um seinen Besitz zu beschlagnahmen, als mit den eigenen Eltern. Einigen Männern fehlen die Worte, wenn Sie sich für eine Frau interessieren. Einige Frauen haben das gleiche Gefühl, wenn Sie versuchen, mit einem Mann zu sprechen, den Sie attraktiv finden. Wo liegen *Ihre* besonderen Schwierigkeiten bei Gesprächen? Welche Gruppe von Menschen macht Sie schüchtern und unsicher?

Sagen Sie einfach irgend etwas – Sie haben nichts zu verlieren. Ist der andere unhöflich zu Ihnen, dann hat das auch sein Gutes, denn es bedeutet, daß Sie Ihre Zeit nicht länger mit jemandem vergeuden müssen, der es offensichtlich nicht verdient hat. Beglückwünschen Sie sich zu Ihrem gesunden Menschenverstand und Ihrer guten Menschenkenntnis! Ist der andere jedoch nett zu Ihnen, dann haben Sie Ihr Ziel erreicht: Sie führen ein angenehmes Gespräch. Beglückwünschen Sie den anderen, weil er guten Geschmack zeigt, indem er mit einem interessanten Menschen wie Ihnen ein Gespräch führen will.

Der Trick dabei ist wahrscheinlich, nicht zuviel zu erwarten. Vielleicht klopft Ihnen schon seit Wochen das Herz jedesmal heftig, wenn dieser hinreißende Vertreter des anderen Geschlechts an Ihrem Schreibtisch vorbeigeht, und das ist auch alles schön und gut. Das bedeutet aber noch lange nicht, daß das Objekt Ihrer Zuneigung unbedingt dieselben Gefühle für Sie empfinden muß. Um sicherzugehen, müssen Sie mit ihm oder ihr reden, und zwar sicher mehr als einmal. Erfahren Sie, daß sie einen festen Freund hat, oder daß er verheiratet ist, dann lassen Sie sich davon nicht deprimieren.

Sind Sie arg enttäuscht, dann haben Sie sich einfach falsche Hoffnungen gemacht. Sie hatten Illusionen, und diese wurden Ihnen genommen. Aber Sie haben trotzdem bewiesen, daß Sie eine Person der Tat sind und aktiv werden können, wenn Sie denken, daß es sich lohnt.

Machen Sie es sich zur Angewohnheit, mit anderen zu reden. Machen Sie sich die Mühe, ein Gespräch anzukurbeln, denn eines Tages werden Sie einem anderen, der *nicht* verheiratet ist, bzw. einer anderen, die *keinen* Freund hat, begegnen, und darauf sollten Sie vorbereitet sein.

Merke

Wenn Sie gewinnen wollen, müssen Sie auch mal was riskieren.

Skript

Ich bin ein freundlicher Mensch. Ich interessiere mich für andere, und mir fällt es zunehmend leichter, mit anderen zu sprechen.

Ich bin ruhig und gelassen. Ich spreche mühelos und flüssig. Konversation ist für mich etwas ganz Natürliches.

Ich drücke mich klar aus. Ich unterhalte mich ganz natürlich.

Mein Selbstvertrauen wächst von Tag zu Tag. Andere unterhalten sich gerne mit mir.

Kurzformeln

Ich bin ruhig und entspannt. Ich bin voller Selbstvertrauen, wenn ich mit anderen spreche.

Ich habe den Kontakt zu den Freunden von früher verloren

Dafür kann es verschiedene Gründe geben. Klassische Beispiele sind die »Neuverliebten« und die »Erstlings-Eltern«.

Bei »Neuverliebten« ist die Bandbreite der Aufmerksamkeit drastisch reduziert, was ihre Umgebung und alte Freunde angeht. Nichts und niemand zählt mehr außer dem neuen Partner, und sie verbringen jede freie Minute zusammen, so daß unter Umständen gar keine Zeit mehr für das Zusammensein mit Freunden verbleibt. Obwohl die »Neuverliebten« ihre Freunde früher vielleicht fast jedes Wochenende getroffen haben, sehen sie sie nun gar nicht mehr.

»Erstlings-Eltern« sind sehr beschäftigt mit dem neuen Baby. Sie müssen sich an ihre völlig neue Elternrolle gewöhnen, und das erfordert schon einige Umstellungen, denn ganz egal, wie viele Bücher man über das Thema gelesen hat, die Wirklichkeit, ein Baby im Haus zu haben, ist doch immer noch eine Überraschung. Es ist so, als ob Sie einen kleinen Fremdling bei sich zu Hause haben, der sich oft und lautstark in einer für Sie unverständlichen Sprache bei Ihnen beklagt. Auch hier bleibt kaum Zeit für alte Freunde.

Nach einigen Jahren ist der Reiz des Neuen am Partner jedoch abgeklungen, und das Baby kann sich nun klar und deutlich in Ihrer Sprache beklagen – Sie aber haben den Kontakt zu Ihren alten Freunden verloren.

Nun liegt es an Ihnen, die Initiative zu ergreifen. Es hat nicht viel Sinn, neben dem Telefon zu sitzen und darauf zu warten, daß jemand

Sie anruft. Für Ihre Freunde sind Sie sozusagen wie vom Erdboden verschwunden. Sie haben sich daran gewöhnt, daß Sie keine Zeit mehr für Partys oder Treffen haben, und solange Sie ihnen nicht mitteilen, daß die Situation sich geändert hat, können sie es auch nicht besser wissen.

Ein weiterer Grund, warum viele den Kontakt zu Freunden verlieren, ist, daß die Freunde geheiratet haben, während sie selbst noch alleinstehend sind. In diesem Fall muß man es einfach aufs Geratewohl versuchen: Kann Ihr verheirateter Freund behutsam dazu überredet werden, gelegentlich mit Ihnen auszugehen oder Sie einzuladen, dann ist das schön. Sie sollten auf jeden Fall mehrmals versuchen, ein Treffen vorzuschlagen, bevor Sie aufgeben. Sollten Sie dabei keinen Erfolg haben, dann konzentrieren Sie sich besser darauf, sich neue Freunde zu suchen.

Fühlen Sie sich jedoch als Alleinstehender in der Gesellschaft von Paaren nicht wohl, dann liegt das Problem bei Ihnen und nicht bei Ihren Freunden. Gehen Sie zu einem offiziellen Abendessen und nicht zu Freunden, dann kümmert sich normalerweise der Gastgeber um einen Tischnachbarn für Sie. Aber auch bei einem ungezwungenen Beisammensein brauchen Sie sich keine Sorgen zu machen, denn solange Sie nicht allzu schüchtern sind, werden Sie auch jemanden auftun, mit dem Sie sich unterhalten können. Bitten Sie den Gastgeber einfach, Sie jemandem vorzustellen, mit dem Sie gerne sprechen würden. Oder nehmen Sie die Schale mit Erdnüssen und gehen Sie auf die Person zu, die Sie interessiert. Bieten Sie Erdnüsse an und benutzen Sie dies, um ins Gespräch zu kommen. Wenn viele Menschen beisammen sind, ist es sowieso nicht offensichtlich, wer zu wem gehört. Die anderen denken vielleicht, Sie sind mit jemandem gekommen, der sich gerade mit anderen am anderen Ende des Raumes unterhält.

Allein fühle ich mich unglücklich

Warum? Wahrscheinlich weil Sie denken, Sie *müßten* sich unglücklich fühlen. Glauben Sie mir, ein solches Gesetz gibt es nicht. Allein zu sein heißt nicht zwangsläufig, einsam zu sein. Einen Partner zu haben muß auch nicht bedeuten, daß man glücklich ist. Man kann sich trotzdem sehr einsam fühlen, auch wenn man eine Frau und drei Kinder hat.

Viele glauben, daß sie allein auf keinen Fall glücklich und zufrieden sein können, weil sie niemanden haben, der für Unterhaltung sorgt. Und hier kommen wir wieder einmal auf das Thema Eigenverantwortung zurück. Es liegt an *Ihnen*, ob Sie glücklich oder unglücklich sind. Es ist Ihre Aufgabe, für Ihre Unterhaltung, Ihre Finanzen, Ihre Selbstachtung und Lebenserfüllung zu sorgen. Gestalten Sie Ihre Zukunft, warten Sie nicht ab, was sie Ihnen bringt. Sorgen Sie dafür, daß Sie bekommen, was Sie lieben, sonst müssen Sie das lieben, was Sie bekommen. Wenn Sie Ihr Leben selbst in die Hand nehmen, dann sind Sie so damit beschäftigt, alles zu organisieren, daß Ihnen keine Zeit bleibt, sich einsam zu fühlen. Wenn Sie sich erst einmal daranmachen, Ihre Bildung zu vertiefen, Ihr Privatleben und Ihre Arbeitssituation zu verbessern, dann werden Sie mit so vielen neuen Menschen in Kontakt kommen und so viele neue Freunde finden, daß Sie sich bald fragen, wo Sie früher die Zeit hergenommen haben, samstags abends Ihre Socken auszuwaschen.

Vergeuden Sie keine Zeit damit, über Dinge nachzudenken, die Sie loswerden wollen. Denkt man über Probleme nach, dann macht man sie größer, und das hilft nicht dabei, sie loszuwerden.

Merke

Alles, worüber Sie lange nachdenken, wird größer.

Teilen Sie Ihrem Unterbewußtsein mit, was Sie wollen. Stellen Sie sich vor, daß Sie Ihren Herzenswunsch erreicht haben. Gewöhnen Sie sich an, positiv zu denken. Wenn Sie positiv eingestellt sind, sind Sie attraktiv. Wenn Sie attraktiv sind, sind Sie erfolgreich. Wenn Sie erfolgreich sind, haben Sie Geld, Freunde, Gesundheit und einen großartigen Partner.

Lernen Sie, das Beisammensein mit sich selbst zu genießen:

- Schauen Sie in den Spiegel und bewundern Sie Ihr Gesicht, Ihren Körper, Ihre Haare.
- Bereiten Sie ein köstliches Essen zu, richten Sie es hübsch an und setzen Sie sich bei leiser Musik und Kerzenschein an den Tisch. Beglückwünschen Sie sich, daß Sie sich in so wunderbarer Gesellschaft befinden.
- Genehmigen Sie sich einen Wochenendausflug. Machen Sie lange Spaziergänge, lassen Sie den Alltag hinter sich. Denken Sie an all die Dinge, die Sie sich für die Zukunft wünschen. Machen Sie Pläne, stecken Sie Ihre Ziele nicht zu eng. Nur das Beste ist gut genug für jemanden, der so schön, intelligent, begabt und bezaubernd ist wie Sie. Schätzen Sie all die guten Dinge an sich. Ich verspreche Ihnen, nach all dem Grübeln über Ihre Fehler und Unzulänglichkeiten ist das eine angenehme Abwechslung.

- Legen Sie Ihre Lieblingsschallplatte auf und spielen Sie sie so laut, wie Sie sich trauen, und tun Sie so, als wären Sie der Sänger bzw. die Sängerin.

Ich habe das Gefühl, daß andere mich nicht mögen

Denken Sie, daß viele Menschen Sie nicht mögen oder geht es nur um eine bestimmte Person? Wenn es nur um eine bestimmte Person geht, dann können Sie sich wahrscheinlich bereits denken, warum Sie beide ein Problem haben. Wenn Sie nicht wissen, warum Sie nicht miteinander auskommen, dann würde ich Ihnen dringend empfehlen, ihn oder sie zu fragen.

Haben Sie Probleme mit vielen Menschen, dann sollten Sie sich fragen, ob einer der folgenden Punkte auf Sie zutrifft:

- Sind Sie generell sehr pessimistisch?
- Reden Sie schlecht über andere hinter deren Rücken (siehe »Der Hinterhältige«, Seite 42 f.)?
- Sind Sie sehr schüchtern und unentschlossen (siehe »Die Maus«, Seite 38 f.)?
- Neigen Sie zum BINF-Syndrom (»Bin ich nicht fabelhaft?« Siehe »Der Gönner«, Seite 36 f.)?
- Haben Sie schlechten Atem oder Körpergeruch?
- Unterbrechen Sie andere andauernd beim Sprechen?
- Müssen Sie immer im Mittelpunkt stehen?
- Machen Sie sich über andere lustig?

Wenn irgendeiner der obigen Punkte auf Sie zutrifft, dann fällt Ihnen mitunter vielleicht auf, daß alle sich zurückziehen oder aufhören zu reden, sobald Sie den Raum betreten. Manchmal sind diese Verhaltensweisen schon so zur Gewohnheit geworden, daß sie Ihnen gar nicht mehr auffallen. Am besten sprechen Sie einmal mit jemandem, dessen Urteil Sie vertrauen, jemand, der Sie mag, und der Ihnen freundlich, aber ehrlich die Meinung über Sie sagen wird.

Hat es vor kurzem Kritik über Ihr Verhalten gegeben? Nehmen Sie das ernst. War die Kritik berechtigt? Wenn Sie nicht verstehen, worüber der andere sich beschwert hat, dann sagen Sie es. Wälzen Sie sich nachts nicht im Bett herum wegen einer Kritik, die Sie noch nicht einmal richtig verstanden haben. Fragen Sie! Wissen Sie erst einmal, was andere bei Ihnen auszusetzen haben, *und* vorausgesetzt, der Vorwurf ist berechtigt, dann nehmen Sie sich vor, an dieser Schwachstelle bei sich zu arbeiten.

Haben Sie den Eindruck, daß die Vorwürfe gegen Sie ungerecht oder übertrieben sind, oder daß die ständige Kritik sich negativ auf Sie auswirkt, dann sollten Sie sich der Situation entziehen, egal ob es um eine Beziehung oder einen Arbeitsplatz geht! Tun Sie das aber nicht, bevor Sie nicht versucht haben, mit der betreffenden Person oder den betreffenden Personen darüber zu sprechen.

Haben Sie einfach nur das sehr allgemeine Gefühl, daß andere Sie nicht mögen, dann kann es gut sein, daß Sie es sind, der andere nicht mag. Vielleicht haben Sie Angst vor anderen, weil Sie Angst haben, verletzt zu werden.

Hat man Sie als Kind sehr verletzt? Haben Sie Schwierigkeiten anderen zu vertrauen? Sind Sie mißtrauisch, daß andere Ihnen Sand in die Augen streuen oder Sie unterkriegen wollen? Wenn Sie in einem Bus sitzen und hinter Ihnen jemand lacht, denken Sie dann automatisch, daß man über Sie lacht? Wenn Sie auf diese Fragen mit »ja« antworten, heißt das, daß Sie sich selbst nicht mögen. Wenn Sie sich selbst nicht mögen, sind Sie nicht fähig, andere zu mögen, und das merken andere dann auch schnell.

Merke

Was Sie an andere aussenden, kommt zu Ihnen zurück wie ein Bumerang.

Beginnen Sie an Ihrem Selbstvertrauen zu arbeiten. Wenn Ihnen Dinge aus der Vergangenheit zu schaffen machen, mit denen Sie allein nicht fertigwerden, dann lassen Sie sich von einem Therapeuten helfen (siehe hintere Buchklappe). Aber bevor Sie das tun, versuchen Sie für die nächsten drei Wochen mit dem Skript am Ende dieses Kapitels zu arbeiten. Vielen Menschen reicht das schon, um positive Veränderungen in ihrem Leben zu bewirken.

Mit einem mangelnden Selbstvertrauen muß man sich nicht zufriedengeben.

Mein Partner hat mich vor kurzem verlassen

Und nun sitzen Sie tief unten in einem schwarzen Loch und können nicht mehr heraus. Eine Trennung ist schlimm genug, aber vom anderen verlassen zu werden, ist weitaus schlimmer, denn jetzt geht es sofort mit der Selbstkritik los: Man hat den Partner verloren, weil man nicht schön, intelligent, amüsant, sexy, interessant oder liebenswert genug ist. Neben einem Arbeitsplatzverlust ist dies wahrscheinlich der schlimmste Schlag, der dem Selbstbewußtsein eines Menschen zugefügt werden kann.

Sie sind am Boden zerstört, sind dauernd den Tränen nahe, sind verzweifelt und denken: »Ich werde nie wieder jemanden finden!« Und Sie sind wütend und denken: »Dieser Scheißkerl!« Oder: »Dieses Miststück! Wenn ich daran denke, daß ich ihm (oder ihr) diese teure Armbanduhr zu Weihnachten geschenkt habe!« Und eine gute Portion Selbstmitleid schwingt darin auch noch mit.

Diese Gefühle sind ja auch ganz verständlich. Werden Sie diese Gefühle los. Hören Sie sich eine wirklich sentimentale Platte an und weinen Sie sich aus. Weinen ist eine große Erleichterung. Sind Sie wütend, dann hauen Sie ruhig eine halbe Stunde das dicke Sofakissen windelweich. Sobald Sie beginnen, auf Ihren ehemaligen Partner wütend zu sein, sind Sie schon wieder zur Hälfte aus dem Loch heraus. Wut macht Sie wieder aktiv. Sie müssen diese Energie nur noch in konstruktive Bahnen lenken.

Vielleicht stehen bei Ihnen sogar schon ein paar neue Kandidaten Schlange, die mit Ihnen eine Beziehung eingehen wollen. Das ist natürlich sehr praktisch und beschleunigt den Genesungsprozeß meist ungemein. Es bedeutet jedoch nicht, daß Sie das Ganze wirklich überwunden haben. Es ist ein wenig so, als würde man sich gerade das Rauchen abgewöhnen: Sie wissen, diese verdammten Glimmstengel tun Ihnen nicht gut, aber trotzdem haben Sie ein Verlangen nach ihnen. Erst wenn Sie eine Zigarette sehen können, ohne irgend etwas dabei zu empfinden, haben Sie mit dem Rauchen wirklich aufgehört. In gleicher Weise hat auch jemand, der an die Stelle Ihres Ex-Geliebten tritt, kaum Chancen bei Ihnen, denn Sie benutzen ihn nur als Tröster und Lückenbüßer. Beziehungen, die man auf die schnelle nach einer Trennung eingeht, sind selten erfolgreich.

Haben Sie keinen bereitwilligen Ersatz zur Hand, dann sollten Sie diese günstige Gelegenheit nutzen, um all Ihre überschüssige Energie in positive Bahnen zu lenken, z.B. indem Sie an Ihrer Karriere arbeiten oder sich in anderen Lebensbereichen weiterentwickeln. Tun Sie das, bevor Sie die nächste ernste Beziehung eingehen, denn dann setzt wieder diese angenehme, jedoch unproduktive Trägheit ein. Gerade *zwischen* Beziehungen bestehen die größten Chancen, Neues zu beginnen, in neue Gebiete vorzudringen und an sich zu arbeiten, um sich und Ihr Selbstvertrauen zu stärken.

Sie können sich nicht darauf verlassen, immer jemanden um sich zu haben, der Sie unterstützt und unterhält. Beziehungen sind nicht automatisch für immer und ewig. Sie erfordern ein gewisses Engagement und Flexibilität auf beiden Seiten. Es kann Meinungsverschiedenheiten und Auseinandersetzungen geben, ein Partner kann ernsthafte oder lebenslängliche Verletzungen erleiden, den Arbeitsplatz verlieren, einer von beiden kann plötzlich sterben. Wir hoffen alle, daß uns solche Dinge nie passieren, aber im Leben läuft nicht immer alles glatt. In schwierigen Zeiten brauchen Sie etwas, auf das Sie sich stützen können, und dieses Etwas können Sie nur bei sich selber finden. Wenn Sie sich selbst nicht mögen, kein Vertrauen in Ihre Fähigkeiten und eine allgemein negative Einstellung zum Leben haben, trifft Sie eine Katastrophe doppelt so hart.

Wenn Sie wegen Ihres Ex-Partners lange genug geweint haben, dann kriechen Sie aus dem Loch wieder heraus, schauen Sie sich um und überlegen Sie, wie es jetzt weitergehen soll. Konzentrieren Sie sich eine Zeitlang auf sich selbst. Ihr Alter spielt bei alldem keine Rolle. Glücklichsein ist immer möglich, egal ob Sie nun siebzehn oder fünfundsiebzig Jahre alt sind. Am Horizont wartet immer eine neue Partnerschaft, ganz egal, wie viele Falten Sie haben. Machen Sie sich keine Sorgen wegen Ihres Alters. Mein persönliches Motto war schon immer: Beschwert sich ein Mann über meine Falten, dann muß der *Mann* weg und nicht die *Falten*.

Sie sind so jung wie Ihre Hoffnungen und so alt wie Ihre Ängste. Solange Sie Ambitionen haben und solange Sie Pläne schmieden, sind Sie jung. Haben Sie die Hoffnung aufgegeben, dann sind Sie alt. Zu Hoffnungslosigkeit kommt es, wenn man die Grundprinzipien des Lebens nicht versteht. Es gibt *immer* einen Weg. Nur weil unser Denken zu begrenzt ist, um ihn zu sehen, heißt das noch lange nicht, daß es den Weg nicht gibt. Können Sie diese grundlegende Wahrheit erst einmal glauben, dann brauchen Sie sich nie mehr Sorgen zu machen.

Skript

Ich nütze von jetzt an meine freie Zeit. Ich bin kreativ und produktiv.

Ich habe jetzt eine einzigartige Gelegenheit, mich weiterzuentwickeln. Ich habe jetzt die Chance, einen großen Schritt vorwärts zu gehen.

Mit jedem Tag mache ich neue Fortschritte. Ich richte meine ganze Aufmerksamkeit auf positive neue Ziele.

Ich glaube an mich. Meine innere Kraft läßt mich durchhalten.

Kurzformeln

Alles wendet sich jetzt zum Guten. Ich bin konstruktiv und positiv und beginne, an meiner Zukunft zu arbeiten.

Obwohl ich kontaktfreudig bin, fühle ich mich einsam

Vielleicht sind Sie der Typ Mensch, der sehr beliebt ist und viele Freunde besitzt, aber doch das Gefühl hat, einfach keinen Partner finden zu können. Jeder kommt gerne mit seinen Problemen zu Ihnen, um sich Rat, Hilfe und Ermunterung zu holen. Einige rufen Sie zu jeder Tages- und Nachtzeit an, um Ihnen über die jüngste Entwicklung ihrer katastrophalen Beziehung zu berichten, und fesseln Sie stundenlang ans Telefon. Für jeden sind Sie der beste Freund, aber für niemanden der Geliebte.

Im Vergleich zu den Problemen der anderen empfinden Sie Ihre Probleme als ziemlich unbedeutend, und darum nehmen Sie weiterhin mitten in der Nacht verzweifelte Telefonanrufe entgegen und erscheinen am nächsten Morgen, weil Sie nicht genug geschlafen haben, völlig erschöpft im Büro. Bitte machen Sie sich bewußt, daß Sie *nicht* der Müllabladeplatz für jedermanns Gefühle sind.

Es ist wichtig, Freunden in schwierigen Zeiten beizustehen – das ist selbstverständlich –, aber Vorsicht vor Jammerlappen! Diese Menschen sind nicht wirklich daran interessiert, etwas gegen ihr Problem zu tun, sie jammern nur gerne (siehe »Der Märtyrer«, Seite 40). Wenn Sie solchen Leuten lange genug zuhören, dann fühlen Sie sich am Ende selber niedergeschlagen. Wenn Sie sich von den Problemen anderer mitreißen lassen, können sich deren Ängste und Hoffnungslosigkeit leicht auf Sie übertragen. Es liegt bei Ihnen, sich davor zu schützen; darum unterscheiden Sie sorgfältig zwischen den Jammerern, die Sie nur ausnutzen und Freunden, die wirkliche Hilfe brauchen und wollen.

Hören Sie anderen zuerst einmal zu, sprechen Sie mit ihnen, machen Sie Vorschläge, wie jene ihr Problem angehen können, und warten Sie dann ab, ob sie wirklich etwas tun, um ihre Schwierigkeiten in den Griff zu bekommen. Wenn sie keinerlei Anstrengungen unternehmen, dann können Sie ihnen ganz offensichtlich auch nicht weiterhelfen.

Wenn jemand Sie nur für eigene Zwecke benutzt, sagen Sie ihm, daß Sie von jetzt an nur dann bereit sind, mit ihm zu sprechen, wenn er etwas Positives zu sagen hat. Haben Sie keine Angst, daß er dann womöglich auf Sie sauer ist. Sie können dann wenigstens nachts durchschlafen.

In den meisten Fällen tun Sie diesen Menschen einen Gefallen, wenn Sie sie darauf hinweisen, wie negativ sie sind. Sobald sie erkennen, daß Sie nicht länger als Klagemauer zur Verfügung stehen, sehen sie sich vielleicht gezwungen, zu handeln und das Problem endlich in Angriff zu nehmen, statt nur darüber zu jammern.

Achten Sie darauf, daß Sie nicht nur geben, sondern auch etwas zurückbekommen.

Merke

Jeder hat sowohl Rechte als auch Pflichten.

Wenn Sie sich nur um die Probleme anderer kümmern und Ihre eigenen Bedürfnisse und Wünsche ignorieren, dann kümmern Sie sich nicht richtig um sich selbst.

Menschen, die das Gefühl haben, daß ihre eigenen Probleme sie erdrücken, versuchen diesen Druck manchmal loszuwerden, indem sie anderen helfen. Nicht nur vermeiden sie so, sich mit ihren eigenen Problemen auseinanderzusetzen, sondern sie werden auch noch von der Gesellschaft für ihre Hilfsbereitschaft bewundert.

Fassen Sie den Mut, sich an andere anzulehnen. Bitten Sie einen Freund um Zeit und Aufmerksamkeit, wenn Sie Hilfe brauchen. Sie haben das Recht auf Hilfe wie jeder andere auch. Außerdem macht es Sie auch menschlicher. Die effiziente Art, mit der Sie anderen helfen, bringt Ihnen vielleicht viel Bewunderung und Anerkennung ein, läßt Sie in den Augen anderer aber auch unerreichbar erscheinen. Ein Mensch, der völlig selbständig zu sein scheint, ist anderen mitunter etwas unheimlich. Andere haben dann das Gefühl, daß sie Ihnen nie das Wasser reichen können, und meiden Sie deshalb.

Skript

Ich mag mich und andere. Ich habe das Beste im Leben verdient, und ich setze mich dafür ein, es zu bekommen. Mein Glück ist mir wichtig.

Ich gestalte meine Zukunft selbst. Ich bin auf dem Weg, der beste Mensch zu werden, der ich werden kann. Alles, was ich zu meinem Glück brauche, steckt schon in mir. Ich bin menschlich, und ich bin ausgeglichen. Ich bin in Einklang mit meiner Umwelt. Ein Gefühl der Gelassenheit und Wärme breitet sich in mir aus, und ich fühle mich ruhig und entspannt bei allem, was ich tue.

Ich ziehe alles, was gut ist, wie ein großer Magnet an. Mein Selbstvertrauen wächst von Tag zu Tag. Andere fühlen sich von mir angezogen.

Ein großes Gefühl der Liebe erfüllt mein Dasein. Ich liebe mein Leben und folge meiner inneren Stimme, die mich immer lenkt.

Der ideale Partner wartet bereits auf mich, und ich werde ihm oder ihr am richtigen Ort und zur richtigen Zeit begegnen.

Kurzformeln

Ich stehe in Einklang mit mir und der Welt um mich herum.

oder

Meine innere Stimme leitet mich immer. Ich bin sicher.

oder

Der ideale Partner wartet bereits auf mich. Alles wendet sich zum Besten.

Krankheit

- Ich habe Magenprobleme.
- Ich habe oft Kopf- und Rückenschmerzen.
- Ich habe eine gut- oder bösartige Geschwulst.
- Ich habe Hautprobleme.
- Ich muß ins Krankenhaus.

Krankheiten erfüllen einen Zweck: Sie sind nicht einfach nur lästig, sondern ein Warnsignal. Leider gehen die meisten Menschen mit ihren Autos besser um als mit ihrem eigenen Körper.

Wenn Sie auf der Autobahn fahren und die Ölstandlampe beginnt aufzuleuchten, dann fahren Sie an der nächsten Tankstelle raus. Würde der Tankwart zu Ihnen sagen: »Kein Problem, ich bringe das für Sie in Ordnung!« und würde dann das Lämpchen herausschrauben und Ihnen dabei versichern, daß nun alles in Ordnung sei, würden Sie ihn für völlig verrückt halten. Und das ganz zu Recht, denn das Lämpchen ist völlig in Ordnung, was nicht in Ordnung ist, ist der Ölstand. Wenn Sie Magenprobleme haben, dann ist die Situation ähnlich. Der Körper gibt ein Warnsignal, daß etwas nicht in Ordnung ist. Wenn Sie dann einfach nur Tabletten nehmen, dann schneiden Sie lediglich das Warnsignal ab, ohne das eigentliche Problem anzugehen. Sie »heilen« vorübergehend das Symptom, aber nicht die Ursache.

Gehen Sie mit Ihrem Körper lange Zeit so um, wird es zu weiteren und schlimmeren Symptomen kommen, weil die Ursache noch immer nicht beseitigt ist.

Heutzutage ist es leider oft noch der Fall, daß die Medizin nur die Krankheit, d.h. die Symptome behandelt. Die Ärzte analysieren, diagnostizieren und versuchen herauszufinden, um welche Krankheit es sich handelt und welche Medikamente sie einsetzen können, um sie zu heilen. Die Krankheit steht im Mittelpunkt, alles andere an dem Patienten interessiert nicht. Der Arzt beginnt, die Krankheit zu bekämpfen, und der Patient zählt nicht mehr. Hören Sie sich an, wie Ärzte in einem Krankenhaus reden, wenn sie durch die Abteilungen gehen und über ihre »Fälle« diskutieren: »Dem Magengeschwür geht es gut«, und: »Der Blinddarm geht morgen nach Hause.«

Was ist, wenn der Patient die Krankheit selbst verursacht hat? Was ist, wenn der Patient oder die Patientin erkrankt ist, weil er oder sie mit dem Leben nicht zurechtkommt?

Krankheiten treten auf, wenn das Immunsystem geschwächt ist, wenn man Sorgen hat, wenn man sich unter Druck fühlt, wenn man deprimiert ist. Das kann entweder passieren, weil Sie zu hart arbeiten oder weil Sie in der Vergangenheit eine oder mehrere schwere Schläge verkraften mußten. Das kann der Tod eines Verwandten oder guten Freundes, der Verlust des Arbeitsplatzes oder eine Scheidung sein, um nur einige Beispiele zu nennen. Jedes Ereignis, das Ihr Leben drastisch verändert, übt Druck auf Sie aus, auch wenn es ein erfreuliches Ereignis ist, wie beruflicher Aufstieg, Heirat oder die Geburt eines Babys. Wer Schwierigkeiten hat, sich der neuen Situation anzupassen, erkrankt.

Gefühle wie Angst, Kummer, Wut, Frustration, Neid und Haß wirken alle krankheitsfördernd. Sie versetzen den Körper in eine schnellere Gangart und verbrauchen Energie, die für den Erhalt des Immunsystems nötig ist. Das ist wissenschaftlich erwiesen.

Bei einem Experiment hat man Versuchspersonen Schnupfenbakterien ausgesetzt, aber nur einige bekamen Schnupfen. Obwohl alle Versuchspersonen sich im gleichen Raum aufgehalten hatten und den gleichen Bakterien ausgesetzt waren, blieben einige der Versuchspersonen gesund. Es stellte sich heraus, daß diejenigen, die den Bakterien gegenüber resistent waren, die gleichen waren, die berichteten, mit ihrem Leben zufrieden zu sein, und die das Gefühl hatten, es unter Kontrolle zu haben. Diejenigen, die krank geworden waren, fühlten sich unsicher und unter dauerndem Streß.

Heutzutage geht man davon aus, daß mindestens 70 Prozent aller Krankheiten psychosomatischer Natur sind, d.h., die körperlichen Symptome sind Ausdruck von emotionalem Streß. Das bedeutet jedoch nicht, daß die körperlichen Beschwerden nur Einbildung sind, ganz im Gegenteil. Das Magengeschwür, das Herzklopfen, die Kopfschmerzen sind durchaus echt. Der Betroffene bildet sie sich nicht ein. Der Begriff »psychosomatisch« bedeutet, daß die Krankheits*ursache* nicht in einem genetisch bedingten Organfehler zu suchen ist, sondern darin, daß die Psyche nicht im Gleichgewicht ist und deshalb einen Körperteil ungünstig beeinflußt.

Auf welchen körperlichen Bereich sich der emotionale Streß letztendlich auswirkt, ist abhängig davon, wo wir unsere Schwachstelle haben oder auch wo wir unsere Schwachstelle *vermuten*: »Mein Vater ist Asthmatiker, mein Großvater ebenfalls und nun habe ich das gleiche Problem. Es liegt in der Familie.« Wir *rechnen* mit bestimmten Problemen, und unsere Erwartungen erfüllen sich dann ordnungsgemäß. Es ist tatsächlich möglich, eine Krankheit zu bekommen, wenn man nur lange genug an sie denkt.

Ein Hypnotiseur hat einmal sehr gut gezeigt, wie diese Gesetzmäßigkeit funktioniert. Er hypnotisierte eine Versuchsperson und nahm dann eine Münze aus seinem Geldbeutel. Er sagte der Versuchsperson, er werde ein sehr kaltes Metallstück auf ihre Hand geben und legte daraufhin die Münze auf die rechte Hand der Versuchsperson. Die Versuchsperson berichtete, sie fühle unter der »eiskalten« Münze ein zunehmendes Taubheitsgefühl in der Hand. Der Hypnotiseur nahm dann die Münze wieder weg und sagte, er werde nun ein glühend heißes Metallstück auf die linke Hand der Versuchsperson legen. Dann legte er die gleiche Münze auf die andere Hand der Versuchsperson. Die Versuchsperson sagte, sie würde nun große Hitze und einen stechenden Schmerz in der linken Hand empfinden. Als der Hypnotiseur die Münze wegnahm, hatte sich auf der Haut der linken Hand eine Brandblase gebildet.

Angst bereitet der Anfälligkeit für körperliche und geistige Probleme den Boden. Vor etwas Angst zu haben heißt, negativ darüber zu denken. Je größer Ihre Angst vor einer Krankheit, desto größer die Wahrscheinlichkeit, daß Sie tatsächlich daran erkranken.

Sie können diesen Vorgang besser verstehen, wenn Sie sich einmal darauf besinnen, wie es Ihnen ergangen ist, als Sie das letzte Mal ein medizinisches Lexikon in der Hand hatten. Sie haben angefangen, den Text zu lesen und einige der Fotos oder Bilder zu betrachten, und je mehr Sie über die Krankheit gelesen haben, desto besorgter wurden Sie, und dann war es Ihnen, als könnten Sie einige der Symptome bei sich selbst feststellen. Sie hatten plötzlich Juckreiz auf dem Kopf: Ob Ihnen jetzt die Haare alle ausfallen würden? Und der blaue Fleck am Bein. Das könnte der Beginn einer bösartigen Wucherung sein! Das soll nicht heißen, daß es nicht auch angeborene Defekte geben kann, bei denen eine Krankheit von Generation zu Generation weitervererbt wird, wie die Bluterkrankheit oder Chromosomenanomalien, die wie z. B. das Down-Syndrom die Entwicklung des Fötus beeinträchtigen. Der Großteil der Krankheiten ist jedoch familiär und nicht vererbt oder angeboren. Eine familiäre Krankheit ist eine Krankheit, die man nur deshalb bekommt, weil man in einer bestimmten sozialen Gruppe lebt, nämlich in der eigenen Familie.

Arthritis ist eine Familienkrankheit und betrifft auch adoptierte Kinder. Auch wenn sie nicht das gleiche Genmaterial wie die übrigen Familienmitglieder besitzen, erkranken sie an Arthritis. Man nimmt heute an, daß eine besonders starre und emotional kühle Atmosphäre das Auftreten der Arthritis begünstigt.

Wo Gefühle unterdrückt werden müssen, ist das psychische Gleichgewicht gestört, und das führt zu körperlichen Symptomen. Diese Krankheitszeichen können auch Symbolcharakter haben: Starrheit im Denken kann Starrheit der Glieder auslösen; die Unfähigkeit, Wut nach außen hin abzureagieren, kann dazu führen, daß sie nach innen gelenkt wird und Depressionen auslöst; Ablehnung der eigenen Weiblichkeit kann zu Menstruations- und sexuellen Problemen führen.

Fühlen wir uns durch ein zukünftiges Ereignis bedroht, werden wir oft krank. Die Krankheit ist ein Mittel, um eine Auseinandersetzung mit dem Ereignis selbst zu umgehen. Sie haben vielleicht bemerkt, daß Ihr Kind an dem Tag, an dem eine Mathematikarbeit ansteht, Fieber oder Bauchschmerzen bekommt. Bei sich selbst bemerken Sie vielleicht kurz vor einer schwierigen Besprechung beginnende Kopfschmerzen. Je größer die Angst vor einem zukünftigen Ereignis, desto stärker die Symptome. Haben Sie das Gefühl, mit etwas gar nicht zurechtzukommen, dann sorgt Ihr Nervensystem dafür, daß Ihr Körper für einige Zeit außer Gefecht gesetzt wird.

Auch Ereignisse der Vergangenheit üben Einfluß auf uns aus. Ein traumatisches Ereignis, ein starker Schock oder ein katastrophales Vorkommnis vor ein oder zwei Jahren und die begleitenden Gefühle von Schuld, Angst und Trauer gehen einer Krebserkrankung und anderen verheerenden Krankheiten voraus. Alles, was wir emotional nicht verarbeiten konnten, spiegelt sich in unserem Körper wider, bis wir das Problem verarbeitet haben oder bis zu unserem Tod.

Die Psyche kann uns *krank* machen, aber sie kann uns auch *heilen*. Nehmen wir folgendes Beispiel. Ihr Arzt ist verständnisvoll und verschreibt Ihnen Tabletten, die, wie er Ihnen versichert, sehr gut wirken und Ihnen schnell helfen werden. Schon beim Verlassen seiner Praxis fühlen Sie sich besser, weil Sie erwarten, bald gesund zu sein. Ihre Psyche hat den Heilungsprozeß bereits in Gang gesetzt. Jedesmal, wenn Sie eine Tablette einnehmen, denken Sie an die Worte des Arztes, der gesagt hatte, daß die Tabletten sehr gut wirken. Man hat nachgewiesen, daß Menschen schneller gesund werden, wenn sie erwarten, bald gesund zu werden.

In einem Krankenhaus wurde in einem Experiment ein Antidepressivum getestet. Dazu hat man die Patienten in zwei Gruppen unterteilt. Gruppe A bekam ein neues Medikament, Gruppe B ein Plazebo (ein Medikament, das wie das echte aussieht, aber keine aktiven Wirkstoffe enthält). Weder der Arzt noch die Patienten wußten, wer das wirkliche Medikament und wer das Plazebo verabreicht bekam.

Bei Beendigung des Experiments wies Gruppe A eine Erfolgsrate von 70 Prozent auf. Die Patienten der Gruppe B, die das Plazebo erhalten hatten, konnten jedoch ebenfalls eine Erfolgsrate von 70 Prozent aufweisen. Das Einnehmen einer Tablette löst im Unterbewußtsein automatisch die Assoziation aus, daß es einem »besser geht«, und genau das tritt in der Folge auch ein.

Um ein weiteres Beispiel zu nennen: Ein Kollege hatte vor einigen Jahren eine Klientin, die nach einer Operation nicht wieder so richtig auf die Beine kam. Unter Hypnose stellte sich heraus, daß die Klientin trotz Vollnarkose unterbewußt gehört hatte, wie der Chirurg während der Operation zum Assistenzarzt sagte: »Das sieht gar nicht gut aus. Das wird nur schwer heilen.« Das Unterbewußtsein der Klientin führte auch prompt diese »Suggestion« aus, und erst nachdem mein Kollege ihr gegenteilige Suggestionen eingegeben hatte, fing Sie an, sich von der Operation zu erholen.

Die Einbildungskraft ist außerordentlich wirkungsvoll. Was wir uns voller Überzeugung vorstellen, wird wahr, ob es gut ist oder schlecht.

Sorgen Sie dafür, daß Sie wissen, was sich in Ihrem *Bewußtsein* abspielt, denn nur so haben Sie unter Kontrolle, was in Ihrem *Unterbe-*

wußtsein vorgeht. Wenn Sie Ihr Unterbewußtsein nicht selbst kontrollieren, wird jemand anderer es für Sie tun, und man halst Ihnen Dinge auf, die Sie gar nicht wollen.

Ihr Wissen um die Kräfte Ihres Unterbewußtseins verpflichtet Sie, diese zu nutzen. Die Tatsache, daß Sie einen freien Willen besitzen, überträgt Ihnen automatisch die Verantwortung für das, was mit Ihnen passiert. Es mag schlecht sein, etwas Falsches zu tun, aber es ist noch schlimmer, nicht das Richtige zu tun, obwohl man weiß, was zu tun ist. Setzt man sein Wissen, seine Zeit und seine Fähigkeiten nicht positiv ein, um geistige und körperliche Gesundheit und Glück zu fördern, dann trägt man letztendlich immer selber die Konsequenzen. Egal welche Krankheit Sie haben, es ist wichtig, daß Sie lernen, sich zu entspannen. Im ersten Teil dieses Buches haben Sie einige allgemeine Übungen zur Atemregulierung und zur Vorbereitung auf eine positive geistige Haltung kennengelernt. Auf den folgenden Seiten möchte ich Ihnen eine weitere Übung vorstellen. Sie bildet die Grundlage für positive Suggestionen, die Sie sich ausarbeiten können, um gesund zu werden.

Die folgende Übung ist speziell dafür gedacht, Sie körperlich zu entspannen. Ein ruhiger Körper ist eine Voraussetzung für eine schnelle Genesung, denn wenn sich Ihr Körper entspannt, ist auch die Haut entspannt. In einer Krankenhausabteilung für Verbrennungen wurde mehreren Patienten zwei Wochen lang täglich unter Hypnose eine Entspannungstherapie vermittelt. Man stellte fest, daß die Brandwunden doppelt so schnell heilten wie in einer Kontrollgruppe. Die verminderte Spannung der Haut reduzierte den Schmerz und ließ die Entzündungen früher abklingen, so daß sich das Gewebe schneller erneuern konnte.

Zuallererst müssen Sie entscheiden, welcher Erholungsort Ihnen am meisten zusagt. Ihr Zufluchtsort, ob er nun wirklich oder nur in Ihrer Vorstellung existiert, sollte irgendwo sein, wo Sie sich ruhig und entspannt fühlen können. Das kann eine Insel in den Tropen sein, eine Höhle im Wald, ein gemütliches Zimmer oder ein Garten – ganz gleich, solange es nur ein idyllischer und angenehmer Ort ist. In der folgenden Übung habe ich einen Garten gewählt. Ist Ihnen ein anderer Ort lieber, ändern Sie die Übung einfach dementsprechend ab. Immer wenn es um Atmen geht, sollten Sie durch den Bauch atmen (siehe die Anweisungen auf Seite 26).

Entspannung durch Farben

- Machen Sie es sich im Sitzen oder im Liegen bequem. Vergewissern Sie sich, daß Ihre Kleidung Sie nicht beengt (ansonsten machen Sie Reißverschlüsse oder Knöpfe auf).

- Schließen Sie die Augen. Konzentrieren Sie sich auf Geräusche von draußen. Hören Sie ihnen einfach zu. Diese Geräusche werden während der ganzen Entspannungsübung dasein, Sie aber nicht stören, sie werden Ihnen vielmehr helfen, sich noch mehr zu entspannen.
- Nun lenken Sie Ihre Aufmerksamkeit auf das Zimmer, auf sich selbst. Seien Sie sich bewußt, wie Sie daliegen, wo Ihr Kopf, Ihre Schultern, Ihre Arme, Ihr Rumpf, Ihre Beine und Füße sind. Korrigieren Sie Ihre Lage, wenn nötig. Sorgen Sie dafür, daß Sie es bequem haben.
- Nun beginnen Sie, sich eine Treppe vorzustellen. Sie stehen am Treppenabsatz und schauen hinunter. Zehn Stufen führen nach unten. Fangen Sie im Geiste an, die Treppe hinunterzugehen, Stufe für Stufe, und zählen Sie dabei rückwärts von zehn bis null. Stellen Sie sich vor, daß Sie mit jeder Stufe, die Sie weiter hinuntergehen, in immer tiefere Entspannung schreiten.
- Sind Sie an der Treppe unten angekommen, dann finden Sie sich vor einem schmiedeeisernen Tor wieder, das zu Ihrem speziellen Ort führt. Sie erhalten hier nur Zugang, wenn Sie Ihre Tagesgedanken draußen lassen. Deponieren Sie all Ihre Probleme und Sorgen in einer Holzkiste, die Sie neben dem Tor vorfinden. Sobald Sie das getan haben, schwingt das Tor auf.
- Nun betreten Sie Ihren Zufluchtsort, den Ort vollkommener Ruhe. Der Ort ist schön, mit Bäumen und Büschen, Blumen und Gras, all Ihre Lieblingsdinge sind da, und alles gehört Ihnen ganz allein. Die Luft ist rein, die Sonne scheint am strahlend blauen Himmel, die Vögel zwitschern, und eine leichte Brise macht die Temperatur besonders angenehm für Sie.
- Suchen Sie sich einen Platz irgendwo in Ihrem Garten, wo Sie es sich bequem machen können. Legen Sie sich hin und entspannen Sie sich.
- Atmen Sie tief ein und stellen Sie sich beim Ausatmen die Farbe *Rot* vor. Gleichzeitig entspannen Sie Ihren Kopf – die Kopfhaut, die Stirn, die Augen und alle Muskeln im Augenbereich und die Kiefermuskeln.
- Atmen Sie wieder tief ein und stellen Sie sich beim Ausatmen die Farbe *Orange* vor. Gleichzeitig lassen Sie die Schultern und Arme locker hängen und entspannen die Brustmuskeln. Das tun Sie, indem Sie sich *vorstellen*, daß all diese Körperteile sich entspannen, und dann geschieht das automatisch.
- Atmen Sie wieder tief ein. Stellen Sie sich beim Ausatmen die Farbe *Gelb* vor. Gleichzeitig lassen Sie alle Spannung im Bereich von Bauch und Beinen fortschweben. Stellen Sie sich vor, daß alle Muskeln und Fasern schlaff und locker werden und daß Ihr ganzer Körper so träge wird, daß es einfach zuviel Mühe macht, sich zu bewegen.

- Atmen Sie wieder tief ein und stellen Sie sich beim Ausatmen die Farbe *Grün* vor. Nun lassen Sie Ihren Geist zur Ruhe kommen. Alle noch verbliebenen Gedanken werden nun ganz ruhig. Wehren Sie sich nicht gegen sie, wenn Sie das Gefühl haben, daß sie sich aufdrängen, lassen Sie sie einfach davonziehen wie kleine weiße Wolken.
- Nun atmen Sie wieder tief ein, atmen Sie aus und stellen Sie sich die Farbe *Blau* vor. Ihre geistige und körperliche Ruhe wird immer tiefer, und Sie sinken immer tiefer in Entspannung.
- Atmen Sie tief ein und stellen Sie sich beim Ausatmen die Farbe *Lila* vor. Ihr Geist ist nun völlig ruhig, und ein Gefühl des Friedens durchdringt Ihr ganzes Dasein.
- Atmen Sie wieder tief ein und stellen Sie sich beim Ausatmen die Farbe *Violett* vor. Stille und Gelassenheit sind in jeder Faser Ihres Körpers. Sie sind selbst Ruhe geworden. Sie sind nun im Zentrum Ihres Daseins. Sie sind eins mit allem, von dem Sie in Ihrem Garten umgeben sind, Sie sind Teil der Natur und in Einklang mit sich selbst und Ihrer Umgebung. Sie sind gelöst und entspannt.
- Bleiben Sie in diesem Zustand, solange Sie wollen. Wenn Sie die Übung beenden, dann stellen Sie sich einfach vor, daß Sie aufstehen und zurück zum Tor gehen. Treten Sie nach draußen und schließen Sie das Tor hinter sich. Dann gehen Sie die Stufen wieder hoch und zählen dabei im Geiste mit. Wenn Sie zur zehnten Stufe gelangen, öffnen Sie Ihre Augen wieder. Bleiben Sie einen Moment lang bewegungslos liegen und lassen Sie Ihre Gedanken wieder zur Wirklichkeit zurückfinden.

Das Gefühl der Ruhe und Entspannung wird Sie noch eine Weile begleiten. Je öfter Sie diese Übung machen, desto leichter und schneller werden Sie sich entspannen können. Nehmen Sie sich die Zeit und machen Sie diese Übung wenigstens drei Wochen lang einmal am Tag.

Wenn Sie Probleme haben

Haben Sie Schwierigkeiten, sich die Farben vorzustellen?
In diesem Fall hilft es Ihnen vielleicht, sich Gegenstände in der jeweiligen Farbe vorzustellen, wie zum Beispiel Tomaten, Orangen, Zitronen usw. Stellen Sie sich beispielsweise eine ganze Mauer aus Zitronen vor, um ein Gefühl für die Farbe Gelb zu bekommen. Fällt es Ihnen immer noch schwer, dann betrachten Sie einen gelben Gegenstand, schließen die Augen und versuchen, sich die Farbe wieder vorzustellen. Wiederholen Sie das mehrmals, und Sie werden sehen, daß Ihre Gedanken sich einen »Eindruck« von der Farbe schaffen, den Sie reproduzieren können, wenn Sie Ihre Augen schließen.

Haben Sie Schwierigkeiten mit Unterbrechungen?
Einige Menschen werden sehr irritiert, wenn sie schlucken oder husten müssen. Sie haben mitunter das Gefühl, daß es sie gleich an der Nase juckt oder daß sie sich am Ohr kratzen müssen. Lassen Sie sich durch solche Dinge nicht aus dem Konzept bringen und davon abhalten, mit der Übung fortzufahren. Müssen Sie sich räuspern, dann räuspern Sie sich; müssen Sie sich an der Nase kratzen, dann tun Sie es. Was Sie auch machen, wehren Sie sich nicht gegen derlei Bedürfnisse, denn Sie wissen ja jetzt, wie wahr der folgende Merksatz ist:

Merke

Je mehr man versucht,etwas nicht zu tun, desto unwiderstehlicher wird es.

Je mehr Sie versuchen, sich gegen das Verlangen, Ihre Nase zu kratzen, zu wehren, desto stärker wird das Verlangen, also tun Sie es doch einfach sofort. Das hilft Ihnen, die Störung auf ein Minimum zu beschränken. Wenn Sie die Übung bereits einige Male gemacht haben, verschwinden derartige Bedürfnisse ganz von selbst. Lassen Sie sich nicht von Nebensächlichkeiten ablenken. Je weniger Bedeutung Sie ihnen beimessen, desto weniger Einfluß haben sie auf Sie.

Haben Sie Probleme mit Gedanken, die sich Ihnen aufdrängen?
Leisten Sie auch hier keinen Widerstand. Sobald Sie sich selbst dabei ertappen, daß Ihre Gedanken zum reparaturbedürftigen Boiler und den Schulproblemen Ihrer Kinder abschweifen, stupsen Sie sich sachte (sachte!) an den Ausgangspunkt zurück. Wenn Sie an einer bestimmten Stelle immer wieder steckenbleiben, gehen Sie einfach zum nächsten Punkt über. Ihr erstes Ziel ist, die Übung überhaupt zu machen, Ihr zweites Ziel ist, sie von Anfang bis Ende durchzuziehen, und erst an dritter Stelle steht das Ziel, die Übung gut zu machen. Machen Sie einfach weiter, und Sie werden sehen, daß es immer besser klappt.

Wenn Sie nicht viel Übung im Meditieren haben, ist es unwahrscheinlich, daß Sie ganz verhindern können, daß andere Gedanken Ihnen durch den Kopf gehen. Akzeptieren Sie sie einfach als Teil der Übung. Sie tun letztendlich der entspannenden Wirkung der Übung keinen Abbruch.

Ich habe Magenprobleme

Wissen Sie genau, was mit Ihrem Magen nicht in Ordnung ist? Leiden Sie manchmal oder recht häufig an Sodbrennen? Haben Sie diese Probleme bereits seit geraumer Zeit?

Sorgen Sie dafür, daß Sie wissen, was los ist. Es hat keinen Sinn, die Symptome zu ignorieren, in der Hoffnung, daß sie von alleine verschwinden werden – besonders wenn Sie schon lange Magenprobleme haben. Sie sollten zum Arzt gehen, um feststellen zu lassen, ob sich bereits ein ernstes Problem entwickelt hat.

Nur weil Sie sich weigern, sich mit einem Problem zu konfrontieren, verschwindet es nicht. Darum tun Sie den ersten Schritt und sehen Sie den Tatsachen ins Auge, egal, was dabei herauskommt. Sie sind besser in der Lage, ein Problem anzugehen, wenn Sie genau darüber Bescheid wissen.

Eine Krankheit ist ein Warnsignal, das auf eine negative Kettenreaktion in der Geist-Körper-Verbindung hinweist, die durch unausgeglichene Gefühle hervorgerufen wurde. Saure Gedanken führen zu einem sauren Magen.

Seien Sie mal ehrlich. Wie viele Menschen können Sie im Moment nicht ausstehen? Auf wie viele Menschen sind Sie sauer, weil Sie das Gefühl haben, von ihnen auf die Zehen getreten worden zu sein? Wie viele Menschen versuchen Ihrer Meinung nach, Sie geschäftlich zu übervorteilen? Wenn Sie Schwierigkeiten haben, einen Menschen einzuschätzen, schließen Sie einfach die Augen und denken Sie einen Moment an ihn oder sie. Reagiert Ihr Magen, dann müssen Sie denjenigen auf die »Ressentiment«-Liste setzen. Zählen Sie, wie viele auf der Liste stehen. Je mehr Menschen Sie auf diese Liste setzen können, desto schlimmer muß Ihr Magenproblem sein.

Ich will damit nicht sagen, daß diese Menschen Ihnen tatsächlich schaden wollen, sondern ich will sagen, *daß Sie glauben, sie wollten Ihnen schaden*. Es kann sein, daß Sie recht haben, aber es kann genauso gut sein, daß Sie unrecht haben. Je mehr Menschen Sie für Feinde halten, desto ängstlicher werden Sie. Sie fühlen sich in die Enge getrieben, und das macht Sie aggressiv und überängstlich. Ihr Körper ist kampf- oder fluchtbereit, die Magenregion zieht sich zusammen, verhärtet sich und trifft Vorbereitungen, falls die potentielle Faust eines potentiellen Gegners auf ihr landet. Wenn Sie darüber hinaus Ihrem Magen auch noch üppiges und fettes Essen verabreichen, viel rauchen und trinken, treiben Sie den Zerstörungsprozeß noch weiter voran. Erstens kann Ihr Magen nicht richtig funktionieren, weil er verkrampft ist, und zweitens muß er gleichzeitig mit schwerverdaulicher Nahrung und giftigen Substanzen fertig werden. Eine Überlastung ist unvermeidlich, und der Magen beginnt stärkere Warnsignale auszusenden.

Die Schmerzen nehmen zu, und schließlich bildet sich ein Geschwür. Natürlich können Sie das noch immer ignorieren. Sie nehmen Ihre Tabletten, sind weiterhin dauernd verärgert und essen, trinken und rauchen, was Ihnen gerade unterkommt. Natürlich wird das Geschwür schlimmer, bis es durch Medikamente nicht länger unter Kontrolle gehalten werden kann. Dann passiert das Unvermeidliche: Ein Teil Ihres Magens muß operativ entfernt werden.

Ich will Ihnen nicht angst machen. Ich liefere Ihnen nur harte Fakten aus dem täglichen Leben eines Streßmagens. Inzwischen wissen Sie sicher, auf welcher Stufe Sie Ihre Magenprobleme einzuordnen haben. Von nun an tragen Sie die Verantwortung, ob sich Ihr Zustand verbessert oder verschlechtert. Sie haben die Wahl. Auch wenn Sie keine Entscheidung treffen, haben Sie eine Entscheidung getroffen, nämlich für eine Verschlechterung. In diesem Fall lohnt es sich kaum für Sie, dieses Kapitel zu Ende zu lesen.

Haben Sie sich dafür entschieden, etwas gegen Ihre Magenprobleme zu unternehmen, gibt es zwei Ansatzpunkte. Der eine ist der Aspekt Streß (siehe Seite 62 ff.). Teilen Sie sich Ihre Zeit besser ein, machen Sie Pausen, sorgen Sie für Urlaub und halten Sie sich die Wochenenden frei für Ihr Privatleben. Der zweite Ansatzpunkt ist der körperliche Aspekt. Unterstützen Sie Ihren Körper, indem Sie ihm helfen, zu entspannen und somit den Genesungsprozeß zu beschleunigen. Nehmen Sie gesunde Nahrung zu sich und sorgen Sie für etwas Bewegung.

Krankheit ist Mangel an Gesundheit. Um wieder gesund zu werden, müssen Sie sich in Gedanken mit der Gesundheit beschäftigen und den Gedanken über Krankheit Einhalt gebieten. Gedanken über Krankheit machen krank. Gedanken über Gesundheit machen gesund. Denken Sie an das, was Sie wollen, und nicht an das, was Sie nicht wollen.

Der Aufenthalt im Krankenhaus verschlimmert Ihren Zustand, denn Sie sind von Gegenständen umgeben, die Sie an Krankheit erinnern – Tabletten, Röntgenapparate, Spritzen, und der Geruch von Desinfektionsmitteln liegt in der Luft. Einige Menschen können sich kaum dazu durchringen, jemanden im Krankenhaus zu besuchen, denn allein diese Gegenstände lösen in ihnen schon ein starkes Angstgefühl aus. Um wie vieles schlimmer muß sich jemand fühlen, der wegen einer Krankheit ins Krankenhaus muß! Ohne die freundlichen Krankenschwestern wären das wirklich trostlose Aussichten.

Gesundheit ist der Normalzustand, nicht Krankheit. Doch trotz all unseres Wissens, trotz medizinischer Forschung und technischer Apparate, Gesundheitsuntersuchungen und Krankenhäusern scheinen wir immer kränker zu werden. Der tägliche Streß erzeugt Disharmonie in uns. Der ständige Konkurrenzkampf und Wettbewerb läßt uns den

Zugang zu uns selbst, unseren Wünschen und Bedürfnissen verlieren. Nur weil sich tausende Menschen dieser destruktiven Lebensweise unterwerfen, heißt das aber nicht, daß sie auch richtig ist. Das wäre, als würde man sagen: »Hundert Millionen Mücken trinken Blut. Hundert Millionen Mücken können nicht unrecht haben.« Ist das Gleichgewicht zwischen äußeren und inneren Werten einmal wiederhergestellt, wird Ihr Körper auf ganz natürliche Weise zu seinem früheren guten Gesundheitszustand zurückfinden.

Und so lösen Sie Ihre Magenprobleme auf geistiger Ebene. Ich gehe davon aus, Sie haben die Farbenentspannungsübung von Seite 132 inzwischen ausprobiert und Ihr geistiger Entspannungsort ist Ihnen vertraut. Sobald Sie an Ihrem inneren Ort der Ruhe sind und Ihr Körper weitgehend entspannt ist, tun Sie folgendes:

- Gehen Sie in Gedanken die Liste der Menschen durch, die Sie hassen oder fürchten. Denken Sie an jeden einzelnen und schicken Sie ihm oder ihr Ihre besten Wünsche. Ernsthaft. Verzeihen Sie ihnen, was sie Ihnen angetan haben, zumindest solange Ihre Übung andauert. Seien Sie großzügig, großmütig, ein Held oder Riese unter den Menschen, aber *verzeihen Sie ihnen*. Sie sind weiser als jene, Sie können sich diese Einstellung erlauben (außerdem wollen Sie ja Ihr Geschwür loswerden). Das ist wahrscheinlich der wichtigste Teil der Übung.
- Konzentrieren Sie sich auf Ihre Magenregion. Zu Beginn kann es helfen, eine Hand auf den Bauch aufzulegen.
- Stellen Sie sich vor, daß ein strahlendes Licht (wenn Sie sich im Freien sehen, kann das die Sonne sein) auf Ihren Magen scheint.
- Stellen Sie sich vor, Ihre Magenregion wird von einer sanften Wärme durchströmt, die in alle Richtungen ausstrahlt, in Ihre Brust und die Lungen, in die Rücken- und Darmregion. Konzentrieren Sie sich aber weiterhin auf den Magen und das Wärmegefühl dort. Natürlich wird die Wärme von Ihrer Hand hervorgerufen, aber auch ohne die Hand auf den Bauch zu legen, können Sie durch Ihre Vorstellungen ein Wärmegefühl erzeugen. Fühlt sich der Magen warm an, heißt das, daß er sich entspannt.
- Stellen Sie sich vor, Sie können sich ganz klein machen, kleiner und immer kleiner, bis Sie so winzig sind, daß Sie in Ihrem Magen Platz haben und dort herumgehen können.
- Stellen Sie sich Ihren Magen vor. Vielleicht haben Sie die Vorstellung einer Höhle oder eines Fuchsbaus (akkurate Anatomie ist hier unerheblich). Stellen Sie sich vor, wie die Feuchtigkeit von den Wänden tropft. Das ist das Übermaß an Säure, das Ihre Magenprobleme verursacht.

- Sehen Sie sich selbst mit einem großen weichen Schwamm, der viel Flüssigkeit aufnehmen kann, in Ihrem Magen umhergehen und stellen Sie sich vor, wie Sie all die überschüssige Säure sachte von den Wänden und vom Boden abtupfen. Gehen Sie in jedes Eck. Machen Sie Ihre Arbeit gründlich.
- Sind Sie mit Ihrer Aufgabe fertig, stellen Sie sich einen samtigen, sehr weichen Stoff vor und beginnen Sie damit, die Innenseite Ihres Magens auszukleiden. Stellen Sie sich vor, wie wohltuend es sich anfühlt, wenn eine seidige weiche Schutzschicht Ihren Magen von innen überzieht.
- Verlassen Sie nun Ihren Magen. Stellen Sie sich vor, wie Sie wieder Ihre Normalgröße annehmen. Lenken Sie Ihre Gedanken wieder auf Ihren Entspannungsort. Ruhen Sie sich nach der geleisteten Arbeit für einen Moment aus und verlassen Sie dann Ihren Zufluchtsort wieder, indem Sie den gleichen Weg zurückgehen, auf dem Sie gekommen sind.
- Wenn Sie das Tor hinter sich zumachen, werfen Sie den Schwamm in die Holzschatulle neben dem Tor. Müll gehört in die Mülltonne!

Machen Sie diese Übung regelmäßig. Wenn Sie erst einmal in der Lage sind, sich schneller zu entspannen, können Sie den Anfang der Übung abkürzen. Sie müssen dann nicht die ganze Farbenpalette durchlaufen, weil Ihr Unterbewußtsein gelernt hat, die Farbe Violett mit tiefer Entspannung zu assoziieren. Denken Sie einfach gleich an die Farbe Violett, um sich zu entspannen. Je größer Ihre Magenprobleme sind, desto häufiger sollten Sie diese Übung machen.

Den Teil, den Sie niemals auslassen oder verkürzen sollten, ist das Verzeihen. Ich kann nur immer wieder betonen, wie wichtig dieser Teil ist. Sie werden ausgezeichnete Ergebnisse erzielen und feststellen, daß er sehr angenehme positive Nebenwirkungen hat. Ich stelle das immer wieder bei Klienten fest, die diese Methode anwenden. Sie kommen plötzlich mit Menschen zurecht, die sie für ihre Feinde gehalten haben. Wenn man anfängt, Gutes von einem anderen zu denken und ihm beste Wünsche zu schicken, dann ändert man seine Einstellung. Man sieht den anderen mit mehr Gelassenheit, und das merkt auch die Umwelt. Anstatt böse zu werden, lachen Sie. Der andere entspannt sich und hält es vielleicht nicht mehr für nötig, aggressiv, kühl oder überheblich zu sein.

Denken Sie immer daran, daß Aggressivität und Verachtung Zeichen von Angst und mangelndem Selbstvertrauen sind. Andere haben vielleicht Angst vor Ihnen, weil Sie so streng, ernst und anspruchsvoll sind. Ändern Sie Ihre Haltung anderen gegenüber, dann geben Sie sich und anderen eine Chance, in Harmonie miteinander zu leben, und alle sind zufrieden. Zeigen Sie, welch großartiger Mensch Sie in Ihrem Innersten wirklich sind. Seien Sie ein Held, machen Sie den Sprung zu positivem Denken. Sie können dabei nur gewinnen.

Ich habe oft Kopf- und Rückenschmerzen

Der erste Schritt ist wieder, etwas mehr über diese Beschwerden herauszufinden. Führen Sie ein Tagebuch und notieren Sie sich, was kurz vor oder nach den Schmerzen geschieht. Manchmal werden die Kopfschmerzen durch eine allergische Reaktion auf Schokolade, Käse oder Wein hervorgerufen. Eine weitere Ursache für Kopf- oder Rückenschmerzen können eine falsche Haltung, schlechte Sitzgelegenheiten oder eine Beschäftigung sein, bei der die Wirbelsäule oder die Augen stark belastet werden, wie beispielsweise beim Maschineschreiben oder stundenlangem Schreiben mit der Hand.

Diesen Dingen kann man leicht abhelfen. Es ist nicht nötig, sich am Arbeitsplatz mit einem miserablen Stuhl zufriedenzugeben, wenn Sie davon Rückenschmerzen bekommen. Sie haben ein Recht auf geeignete Hilfsmittel für Ihre Arbeit, und ein guter Stuhl gehört dazu. Bestehen Sie darauf. Sagen Sie Ihrem Chef, daß Sie gute Arbeit leisten wollen, aber dazu sind Sie nur in der Lage, wenn Sie einen guten Stuhl bekommen. Wenn Sie sich nicht selbst um Ihre Gesundheit kümmern, wird sich auch kein anderer darum kümmern.

Kopf- und Rückenschmerzen haben ihre Ursache nicht immer in ernährungsbedingten oder mechanischen Problemen. Lesen Sie Ihr Tagebuch sorgfältig durch. Treten die Kopf- oder Rückenschmerzen immer dann auf, wenn Sie bei der Arbeit mit einer bestimmten Situation konfrontiert werden? Stellen sich die Kopfschmerzen immer dann ein, wenn Sie etwas tun müssen, wovor Sie Angst haben? So banal es auch klingen mag: Bekommen Sie immer dann Kopfschmerzen, wenn Ihr Mann mit Ihnen schlafen will?

Angst liegt jeder Krankheit zugrunde. Angst bewirkt, daß man sich verkrampft. Der Körper wird steif, man ist »vor Angst wie gelähmt«. Die Spannung, die durch die Angst hervorgerufen wird, äußert sich in Form von Schmerzen.

Vielleicht haben Sie das Gefühl, nicht die nötige Ermutigung oder emotionale Unterstützung zu bekommen, daß niemand Ihnen »den Rücken stärkt«, und das tut weh. Gleichzeitig fühlen Sie sich vielleicht zu schwach, die Situation selbst anzugehen. Sie haben nicht die Kraft und das »Rückgrat«, um sich zu behaupten.

Nehmen wir einmal an, Sie haben Freitag nachmittags regelmäßige

Besprechungen mit Ihrem Chef, um ihn oder sie über den Fortschritt eines bestimmten Projektes auf dem laufenden zu halten. Nehmen wir außerdem an, daß Sie nach einer solchen Besprechung immer Rückenschmerzen bekommen. Sie denken darüber nach und kommen zu dem Schluß, daß Ihr Chef und die Tatsache, daß Sie ihm oder ihr Bericht erstatten müssen, die Rückenschmerzen verursachen. Aber wenn Sie den Ablauf der Ereignisse genauer betrachten, stellen Sie fest, daß die Probleme bereits zu einem viel früheren Zeitpunkt einsetzen. Da Sie wissen, daß Sie jeden Freitag zu der Besprechung gehen müssen, haben Sie Zeit, sich seelisch darauf vorzubereiten, und genau das ist der entscheidende Punkt. Überprüfen Sie das einmal. Schließen Sie die Augen und denken Sie an die nächste Besprechung mit dem Chef. Stört Sie der Gedanke daran nicht, wird Ihr Körper keine Reaktion zeigen. Haben Sie Angst vor der Besprechung, dann werden Sie eine Reaktion in Form einer Muskelanspannung registrieren. Das Ausmaß der Anspannung hängt vom Ausmaß Ihrer Angst ab. Erreicht die Spannung einen bestimmten Schwellenwert, dann macht sie sich als Symptom bemerkbar. Das können unter anderem Magen-, Kopf-, Rücken- oder Nackenschmerzen sein. Anstatt zu sagen, daß Ihr *Chef* die Nackenschmerzen verursacht, sollten Sie sagen, daß Sie sich *selbst* diese Schmerzen zufügen. Nicht die Besprechung als solche ruft das körperliche Symptom hervor, sondern was Sie über die Situation denken, entscheidet, ob Sie sich danach krank fühlen oder nicht.

Hören Sie einmal den Gedanken zu, die Sie sich über diese Besprechungen machen. Sie stellen sich vielleicht bereits am Dienstag oder Mittwoch ein. Was geht Ihnen durch den Kopf, wenn Sie an den Freitag denken? Lassen Sie mich raten. Wahrscheinlich denken Sie: »Ich konnte den Kunden diese Woche nicht erreichen. Das wird meinem Chef gar nicht gefallen.« Oder: »Ich bin mir nicht sicher, ob ich die richtige Entscheidung getroffen habe. Vielleicht hätte ich mit meinem Chef noch mal Rücksprache halten sollen, bevor ich der Produktion grünes Licht gab.« Oder: »Himmel, hat der heute schlechte Laune. Ich weiß nicht, wie ich ihm morgen gegenübertreten soll, um ihm mitzuteilen, daß wir den Auftrag, um den wir uns beworben haben, nicht bekommen!« Oder: »Ich habe mein Bestes getan, aber es ist mir nicht gelungen, einen besseren Vertrag mit dem Kunden auszuhandeln. Jetzt hält mein Chef mich bestimmt für einen Versager.« Sie machen sich Sorgen, Sie sind ängstlich, Sie betrachten sich selbst als minderwertig, und Hokuspokus Fidibus, paßt sich Ihr Nervensystem der Geisteslage an und schaltet auf »düster und hoffnungslos« um. Weil Sie ängstlich denken, haben Sie den Lauf der Dinge auf »negativ« gepolt. Beachten Sie jedoch, wie all diese unangenehmen Körpergefühle sich in Luft auflösen, sobald Sie erfahren, daß Ihr Chef mit diesem Kunden nicht mehr zusammenarbeiten will, und plötzlich ist es unerheblich, daß Sie ihn nicht erreichen konnten.

Lassen Sie nicht zu, daß Ihre Selbstzweifel Sie dominieren. Schwierigkeiten können jederzeit auftreten, wenn Sie an einem Projekt arbeiten. Solange Sie Ihr Bestes tun, um ein Problem zu lösen, haben Sie sich nichts vorzuwerfen.

Lassen Sie sich weder von sich selbst noch von anderen vorwerfen, inkompetent zu sein, wenn Sie wissen, daß es nicht stimmt. Stehen Sie zu den Entscheidungen, die Sie getroffen haben. Es gibt immer mehrere Möglichkeiten, ein Problem anzugehen, und daher können Sie immer nur die Möglichkeit wählen, die zum jeweiligen Zeitpunkt am günstigsten scheint. Erklären Sie, warum Sie gerade diesen Weg gewählt haben, aber entschuldigen Sie sich nicht dafür.

Einige Menschen stellen fest, daß ihre Kopfschmerzen immer dann auftreten, wenn sie mit einer unangenehmen Aufgabe konfrontiert werden. Eine meiner Klientinnen bekam immer dann migräneartige Kopfschmerzen, wenn sie den Verwandten ihres Mannes einen Besuch abstatten mußte. Es stellte sich heraus, daß sie sich bedroht fühlte, weil die Familie ihres Mannes beruflich hochqualifiziert war und auf sie herabsah.

Bei näherer Untersuchung stellte sich heraus, daß die Klientin gegen die Familie ihres Mannes eingestellt war, »weil sie es im Leben besser gehabt hatten« als sie selbst, und darum weigerte sie sich, mit ihnen zu reden. Jeden Versuch der Schwiegerfamilie, mit ihr zu sprechen, blockte sie sofort ab. Entweder ignorierte sie den Gesprächspartner oder gab eine schroffe Antwort. Allmählich unternahm die Schwiegerfamilie immer weniger den Versuch, mit ihr zu kommunizieren, und sie interpretierte das bereitwillig als Zeichen von Hochnäsigkeit. Sie sah ihre schlimmsten Befürchtungen bestätigt. Die Vorstellung, daß ihre angeheirateten Verwandten sie verachteten, verfestigte sich in ihr und erhöhte die Angst vor den Besuchen. Es kam außerdem zu Auseinandersetzungen mit ihrem Mann, der ihr vorwarf, unsozial und paranoid zu sein. Darum war es auch gar nicht so schlimm, daß sie jedesmal Kopfschmerzen bekam, wenn ein weiterer Besuch anstand. In gewisser Weise war es eine Erleichterung, denn nun hatte sie eine Entschuldigung, um nicht mitgehen zu müssen.

Es machte ihr ziemliche Schwierigkeiten, ihre Neidgefühle abzulegen, aber sie war eine intelligente Frau, die erkannte, daß ihr eigener Minderwertigkeitskomplex für die unangenehme Besuchsatmosphäre und für ihre Kopfschmerzen verantwortlich war. Nachdem sie die Ursache ihres Problems erkannt hatte, war sie in der Lage, ihre Einstellung zu ändern, und die Kopfschmerzen verschwanden. Nun kommt sie mit der Familie ihres Mannes gut zurecht und freut sich auf die Besuche.

Wer an mangelndem Selbstvertrauen leidet, zweifelt an sich selbst. Sie zweifeln an Ihrer Fähigkeit, Ihre Ziele zu erreichen, Sie zweifeln daran, daß Sie Ergebnisse erzielen können. Zweifel läßt Sie zögern, wenn Sie sich einer Sache sicher sein sollten; er läßt Sie aufgeben, wenn Sie weitermachen sollten. Zweifel ist destruktiv. Vergeuden Sie keine Zeit mit Zweifeln, fangen Sie an zu glauben. Glauben Sie daran, daß Sie es schaffen werden. Es ist besser, Sie glauben sich zu Tode, als daß Sie auch nur eine Minute länger an Selbstzweifel verschwenden.

Merke

Glauben Sie an sich.

Sie sind einzigartig. Sie sind wichtig. Es gibt einen Platz auf der Welt, den nur Sie ausfüllen können und niemand sonst. Streben Sie nach dem Besten. Warum mit dem Auto fahren, wenn man fliegen kann? Sorgen Sie dafür, daß Sie all Ihre Fähigkeiten zu Ihrem Vorteil einsetzen. Sorgen Sie dafür, daß Ihr Leben glücklich ist. Je mehr Selbstvertrauen Sie entwickeln, desto leichter wird es für Sie sein, Ihre Ziele zu erreichen.

Selbstvertrauen hat nichts mit Selbstgefälligkeit zu tun. Ein selbstgefälliger Mensch brüstet sich mit seinem Erfolg in einer Art und Weise, daß man sich fragt, was er wohl mit einem Laib Brot und zwei Fischen anfangen könnte ... In Wirklichkeit sind solche Menschen unsicher und können den Erfolg anderer nicht anerkennen. Ein selbstsicherer Mensch hat es nicht nötig, die Leistung anderer zu schmälern, ganz im Gegenteil: Es freut ihn, wenn andere erfolgreich sind, weil er weiß, daß er selber erfolgreich ist. Neid und Eifersucht sind überflüssig, wenn man an sich selbst glaubt.

Wenn eine Frau Kopfschmerzen bekommt, sobald ihr Mann mit ihr ins Bett will, ähnelt das dem oben angeführten Beispiel von meiner Klientin und ihrer Schwiegerfamilie. Auch hier wieder liegen den Kopfschmerzen und sexuellen Problemen negative Angstvorstellungen zugrunde.

Wie wir im Kapitel über Streß auf den Seiten 75 ff. gesehen haben, ist Sex nur im entspannten Zustand möglich. Wenn Sie Sex aus irgendeinem Grunde als unmoralisch, lästige Pflicht, Bedrohung oder als etwas Beschämendes betrachten, wird Ihr Unterbewußtsein Sie blockieren. Ihr Körper reagiert auf Ihre negativen Gedanken und »verschließt sich«

und macht Geschlechtsverkehr schmerzhaft und unmöglich. Dies verstärkt natürlich Ihre vorgefaßte Meinung, Sex sei etwas Unerfreuliches, und beim nächsten Mal geschieht das gleiche. Sie fangen an, Sex zu hassen und zu verachten, und entsprechend stellen sich die Kopfschmerzen dann immer wieder ein.

Viele Frauen wissen nicht viel über ihren eigenen Körper. Sie sind mit der Vorstellung groß geworden, ihr Körper sei irgendwie unsauber und deshalb müßten sie sich regelmäßig waschen. Was sich in der »unteren Region« abspielt, wurde von Mutter und Tochter kaum angesprochen. Menstruation und Schwangerschaft wurden nur in aller Kürze abgehandelt, und damit war die Sexualerziehung abgeschlossen. Wenn dann ein Mädchen in einer solchen Situation seine erste Periode bekommt, hat es bereits verstanden, daß man über Genitalien nicht spricht und daß Fragen nur mit peinlichem Schweigen beantwortet werden. Jegliches körperliche Lustgefühl, das entfernt mit Sex zu tun hat, wird mit dem Gefühl assoziiert, etwas Schlechtes zu tun. In einer solchen Atmosphäre ist es nicht verwunderlich, wenn der Sexualakt bei der erwachsenen Frau noch größere Schuldgefühle auslöst.

Unwissenheit schürt die Angst vor Sex. Weil die Genitalien des Mädchens ignoriert werden, folgert es, daß sie ein Tabubereich sind, den man nicht anschauen soll. Wenn sie sich berührt, so tut sie das heimlich, und manchmal ohne wirklich zu wissen, welcher Teil der Genitalien ihr dieses angenehme Gefühl verschafft. Viele Frauen wissen nichts über ihr eigenes Timing, welche Art der Stimulation sie bevorzugen und wo ihre erogenen Zonen sind, ganz zu schweigen davon, was sie sich von einem Mann während des Geschlechtsverkehrs wünschen.

Es ist eigentlich gar nicht so schwer, dieses fehlende Wissen nachzuholen. Sie sind nun erwachsen. Erlauben Sie sich, Ihren Körper im Spiegel zu betrachten. Achten Sie auf alle Einzelheiten. Nehmen Sie sich Zeit dafür. Das ist Ihr Körper, und es ist wichtig, daß Sie genau wissen, wie er aussieht.

- Betrachten Sie Ihre Arme und Beine, die Form Ihrer Schultern und Ihres Busens, Ihre Taille und Ihre Hüften. Betrachten Sie sich von jeder Seite und aus jedem Winkel. Gewöhnen Sie sich an Ihre Figur. Wiederholen Sie diese Übung jeden Tag, bis Sie ein angenehmes Gefühl dabei haben. Sie tun nichts Seltsames, Sie lernen sich lediglich selbst kennen.
- Nehmen Sie einen kleinen Spiegel und betrachten Sie Ihre Genitalien. Sie müssen kein schlechtes Gewissen dabei haben, ganz im Gegenteil: Es ist höchste Zeit, daß Sie wissen, wie dieser Teil Ihres Körpers aussieht.

Sex macht Spaß und ist etwas ganz und gar Normales – ganz egal, was Ihre Mutter Ihnen gesagt hat. Sie hat auch sonst schon mal etwas Falsches gesagt, oder? Sex gehört zum Leben, erzeugt Glücksgefühl und ist darum ein wichtiger Bestandteil der Persönlichkeitsentwicklung. Haben Sie Komplexe wegen Sex, so tun Sie etwas dagegen. Wie bei all Ihren anderen Zielsetzungen müssen Sie auch hier Geduld haben. Negative Einstellungen lassen sich nicht in ein paar Minuten ändern. Lassen Sie nicht locker, und allmählich werden Sie Veränderungen wahrnehmen, auch wenn Ihnen das im Moment völlig unwahrscheinlich erscheint.

Kennen Sie sich und Ihren Körper erst einmal besser, stellen Sie vielleicht fest, daß bestimmte Bedürfnisse von Ihrem Partner nicht erfüllt werden. Macht er etwas, was Sie nicht mögen, dann stoppen Sie ihn. Macht er etwas, was Ihnen nichts bringt, sagen Sie es ihm – nett und freundlich. Ziehen Sie *nicht* die Illustrierte unter dem Bett hervor und beginnen zu lesen, um darauf hinzuweisen, daß Sie das, was er tut, kalt läßt. Taktgefühl ist sehr wichtig im Bett, aber Reden ist nicht verboten. Sagen Sie, was Sie wollen, aber sagen Sie es ohne Vorwurf und ohne zu beleidigen, denn sonst setzen Sie Ihren Partner unter Streß, und inzwischen wissen wir ja, welche Folgen das für das Sexualleben hat ...

Hätten Sie gerne, daß Ihr Partner etwas Bestimmtes tut, dann versuchen Sie ihn anzuleiten, indem Sie seine Hand führen oder ihm sagen, was Sie wollen. Denken Sie daran, daß er es nicht richtig machen kann, es sei denn, er weiß, was Sie wollen.

Vielleicht möchten Sie ihm schon vorher erklären, daß Sie etwas Neues ausprobieren wollen. Dann ist er bereits auf Änderungen in der gegenseitigen sexuellen Routine eingestellt und kann leichter auf Ihre Wünsche eingehen.

Merke

Es ist ganz in Ordnung, zu sagen, was man will.

Das gilt für jeden Lebensbereich, auch für Sex.

Skript

Ich fühle mich frei. Ich bin erfüllt von Harmonie und Liebe.

Ich liebe mich und meinen Körper. Ich bin stolz auf meinen Körper und fühle mich von Tag zu Tag wohler in meiner Haut.

Ich bin mir gegenüber zunehmend positiv eingestellt. Ich lasse meine Vergangenheit hinter mir und beginne ein neues Leben. Ich genieße meine neue Freiheit und schaue voller Zuversicht in die Zukunft. Mein Selbstvertrauen wächst von Tag zu Tag.

Ich sehe mit Freude, wie schön mein Körper ist. Es freut mich, daß sich mir nun ein neuer Lebensbereich öffnet.

Kurzformeln

Es ist mir wichtig, mich selbst kennenzulernen. Ich liebe meinen Körper und freue mich an seiner Schönheit.

Ich habe eine gut- oder bösartige Geschwulst

Es ist sehr beunruhigend, wenn man am eigenen Körper irgendwo einen Knoten entdeckt, der dort gar nicht hingehört. Sie entdecken ihn vielleicht ganz zufällig oder erfahren davon bei einer Routineuntersuchung. Ganz egal, wo sich der Knoten befindet, der erste Gedanke, der einem durch den Kopf schießt, ist »Krebs«, und das ist in der Tat *sehr* beängstigend. Ich spreche aus Erfahrung, denn mir ist das in jungen Jahren selbst passiert. Als ich siebzehn war, entdeckte ich einen Knoten in meiner rechten Brust. Ich war entsetzt. Ich ging zu meiner Ärztin. Sie untersuchte mich und empfahl mir, den Knoten entfernen und untersuchen zu lassen. Sie dachte, der Knoten würde sich wahrscheinlich als gutartig herausstellen, aber sie wollte kein Risiko eingehen.

Obwohl sie mich beruhigte, hatte ich doch Angst. Ich machte mir Sorgen wegen der Operation und welche Auswirkungen sie auf die Form meiner Brust hätte. Wie groß würde die Narbe sein? Würde die operierte Brust kleiner als die andere sein? All diese Fragen scheinen banal, wenn man bedenkt, daß es wirklich Krebs hätte sein können, aber diese Möglichkeit schien zeitweise weiter weg zu sein als die eher unmittelbaren Befürchtungen, daß mein Körper durch die Operation entstellt werden könnte.

Ich ließ mich operieren. Die Operation wurde unter örtlicher Betäubung durchgeführt und dauerte zwanzig Minuten. Nach der Operation entließ man mich sofort nach Hause, und einige Tage später erfuhr ich zu meiner großen Erleichterung, daß der Knoten gutartig war. Die Wunde heilte gut und hinterließ eine Narbe, die heute kaum mehr zu sehen ist.

Fünfzehn Jahre später entdeckte ich wieder einen Knoten, nur war er diesmal wirklich groß, wenigstens dreimal so groß wie der erste. Obwohl ich wußte, daß er aller Wahrscheinlichkeit nach gutartig sein würde, da der erste ja auch gutartig gewesen war, jagte mir die Größe Angst ein. Diesen Knoten zu entfernen hieße, mir die halbe Brust wegzuoperieren, und dann wäre ich ein Krüppel.

Einige Wochen lang war ich vor Angst nicht einmal imstande, zum Arzt zu gehen. Ich hatte einfach zu große Angst vor den Folgen. Schließlich gelang es mir, genügend Mut zu sammeln, um meine Ärztin aufzusuchen. Nachdem sie meine Brust untersucht hatte, eröffnete sie mir, daß der Knoten mit großer Wahrscheinlichkeit nicht bösartig sei und daß sie deshalb keinen Grund sehe, ihn im Moment zu entfernen. Ich war einerseits erleichtert, hatte aber andererseits das Gefühl, eine Art Zeitbombe mit mir herumzutragen, die sich jederzeit in eine bösartige Geschwulst verwandeln konnte. Ich wollte den Knoten loswerden, aber nicht um den Preis, dafür meine halbe Brust zu verlieren.

Ich begann daraufhin mit meinen Gedanken gegen den Knoten anzukämpfen. Ich beschloß, daß diese Geschwulst ein unwillkommener Gast in meinem Körper war, den ich loswerden wollte. Ich stellte mir die Geschwulst als einen schwarzen Müllsack vor. In meinen Gedanken stieß ich mit meinem Fuß immer wieder kräftig gegen ihn, bis er sich vom Boden löste und schließlich in einen Abwasserkanal rollte, wo er weggeschwemmt wurde.

Diese Vorstellung brachte mich zum Lachen, denn ich komme aus einer Familie, in der man keine Müllsäcke herumstößt, und als Mädchen schon gar nicht. Es war, als würde ich gegen meine Eltern rebellieren, und das gefiel mir. Ich stieß in Gedanken mit meinem Fuß immer wieder gegen diesen Müllsack, und nach einigen Wochen stellte ich fest, daß der Knoten kleiner geworden war. Ich machte diese Gedankenübung noch weitere zwei Wochen, dann war der Knoten ganz verschwunden. Ohne es damals zu wissen, hatte ich eine Methode des positiven Denkens angewandt.

Natürlich habe ich keinerlei wissenschaftlichen Beweis dafür, daß die Veränderung auf meine Gedanken zurückzuführen ist. Vielleicht wäre der Knoten von ganz alleine verschwunden. Es ist jedoch eine Tatsache, daß die Gedanken das Geschehen im eigenen Körper beeinflussen. Heute haben wir die technischen Möglichkeiten, eindeutig nachzuweisen, daß unsere Vorstellungskraft die chemische Zusammensetzung des

Blutes beeinflussen kann. Biofeedback-Apparate zum Beispiel lassen sich einsetzen, um einem Menschen beizubringen, Blutdruck, Herzfrequenz oder Magensäureproduktion zu kontrollieren, d.h. Reaktionen zu kontrollieren, die sich normalerweise der willentlichen Kontrolle entziehen. Um den Blutdruck zu kontrollieren, wird der Patient an den Biofeedback-Apparat angeschlossen und aufgefordert, seinen Gedanken freien Lauf zu lassen. Fällt der Blutdruck des Patienten unter ein bestimmtes Niveau, blinkt ein Lämpchen auf. Das ist eine direkte Rückmeldung für den Patienten, der damit herausfinden kann, was er oder sie denkt, wenn der Blutdruck niedrig ist, und er kann diesen Gedanken dann wiederholen, um den Blutdruck niedrig zu halten.

Positives Denken wirkt sich auch auf die Funktionsweise des Gehirns aus. Das läßt sich mit einem Elektroenzephalogramm (EEG) messen, das die Frequenz geringster Hirnstromwellen aufzeichnet. Wenn Sie meditieren oder Entspannungsübungen machen, tritt eine Veränderung in der Gehirnwellenfrequenz auf. Das Gehirn produziert dann Alpha-Wellen, die regelmäßiger sind als die im normalen Wachzustand auftretenden Wellen.

Rufen Gedanken starke Emotionen hervor, dann sind die physischen Auswirkungen noch ausgeprägter. Zwei Schwestern im Alter von acht bzw. zehn Jahren wurden in einem Zimmer untergebracht, in dem sich ein Einwegspiegel befand, der sie von den Eltern im Nebenzimmer abtrennte. Die Mädchen konnten ihre Eltern beobachten, aber die Eltern konnten die Mädchen nicht sehen.

Beide Kinder hatten Diabetes – das ältere Mädchen hatte starken, das jüngere nur leichten Diabetes. Während die Kinder die Eltern im angrenzenden Zimmer beobachteten, wurden ihre Blutwerte kontrolliert. Als die Eltern anfingen sich zu streiten, veränderte sich das Blutbild der Mädchen so drastisch, daß sogar die jüngere Schwester vorübergehend starken Diabetes aufwies. Dieser erhöhte Blutwert blieb auch dann noch bestehen, als der Streit zwischen den Eltern bereits lange zu Ende war.

Das Wissen um die enge Verbindung zwischen Geist und Körper hat dazu geführt, daß man Strategien entwickelt hat, die es Betroffenen ermöglichen, den Körper günstig zu beeinflussen und somit die Bekämpfung von Krankheiten zu unterstützen. Krebskliniken setzen diese Techniken bereits seit Jahren ein, oft mit ausgezeichneten Resultaten.

Sie selbst beschließen vielleicht, sich einer konventionellen Behandlung wie der Strahlen- oder Chemotherapie zu unterziehen, und wenden geistige Methoden nur zusätzlich an. Egal, wofür Sie sich entscheiden, Sie sind es sich selbst schuldig, die konventionelle Behandlungsmethode zu unterstützen und Ihren physischen Abwehrmechanismus zu stärken, indem Sie die Kräfte Ihres Unterbewußtseins nutzen. Mobilisieren Sie Ihre innere Kraft. Versetzen Sie Ihren Körper wieder in einen harmonischen Zustand.

- Sorgen Sie dafür, daß Sie über den Stand der Dinge informiert sind. Ignorieren Sie eine Geschwulst nicht – konsultieren Sie einen Facharzt, um festzustellen, was es ist.
- Sorgen Sie dafür, daß Sie umfassende Informationen über die verschiedenen Behandlungsmethoden bekommen. Informieren Sie sich, welche Nebenwirkungen Sie zu erwarten haben, damit Sie sich seelisch wappnen können.
- Beginnen Sie sofort mit Entspannungsübungen. Sie werden Ihnen helfen, eventuelle unangenehme Nebenwirkungen leichter zu überwinden und Ihr Immunsystem auf Vordermann zu bringen.
- Suchen Sie sich ein Symbol für Ihre Geschwulst. Stellen Sie sie sich als Gegenstand vor. In meinem Fall habe ich mir einen schwarzen Müllsack gedacht, aber Sie stellen sich vielleicht eine verschmutzte Oberfläche vor, die geschrubbt werden muß, oder einen großen Felsbrocken, der den Weg versperrt, oder eine Schicht dicker Materie, die Stück für Stück abgetragen werden muß, damit die darunterliegende Haut wieder frei atmen kann.
- Entscheiden Sie, wie Sie die Geschwulst gerne entfernen möchten. Wie können Sie gegen den Schatten auf der Lunge oder den Fleck auf der Haut vorgehen? Man könnte ihn wegschrubben, man könnte ihn abmeißeln, man könnte auf ihn schießen, so daß er Risse bekommt und schließlich zerbröckelt. Man könnte ihn in kleine Stücke zertrampeln und dann die Stückchen wegtragen und ins Meer werfen.
- Suchen Sie sich eine Aktivität aus, die Ihnen effektiv erscheint. Ganz gleich, wofür Sie sich entscheiden, es muß Ihnen gefallen und Sie begeistern. Sie müssen das Gefühl haben, etwas geleistet zu haben. Wählen Sie keine Methode, die Sie wütend macht, denn das würde den Heilungsprozeß stören.
- Wenn Sie Unterstützung in Ihrem Phantasiebild haben möchten, dann erfinden Sie Helfer. Das können Riesen oder Rausschmeißer, wirkliche Menschen oder Phantasiegestalten sein. Integrieren Sie sie in Ihre Kampfstrategie und stellen Sie sich vor, wie sie Ihre Anstrengungen unterstützen, die Geschwulst zu vernichten.

Nehmen wir einmal an, Sie stellen sich den Fleck auf Ihrer Lunge als großen schwarzen Betonklotz vor und Sie wollen ihm mit Hammer und Meißel zu Leibe rücken. Tun Sie nun folgendes:

- Zuallererst entspannen Sie sich. Das ist äußerst wichtig, weil es Ihren Körper ins Gleichgewicht bringt und das an sich schon eine heilende Wirkung hat.
- Stellen Sie sich vor, daß sich der große schwarze Klotz genau vor Ihnen befindet. Stellen Sie sich vor, Sie sind stark wie Herkules. Sehen Sie sich Hammer und Meißel in die Hand nehmen. Fangen Sie an einer Seite des Klotzes an und hämmern Sie drauflos. Sie sehen die ersten Risse entstehen, die ersten Splitter abspringen und auf den Boden fallen. Machen Sie weiter, bis der ganze Klotz zertrümmert ist.
- In Ihren Gedanken schnippen Sie mit den Fingern und lassen den Schutt verschwinden. Lassen Sie ihn von einem großen Lastwagen abtransportieren und auf einer Müllhalde abladen oder lassen Sie ihn durch eine Regenflut wegschwemmen.
- Seien Sie mit Ihrer Leistung zufrieden. Seien Sie stolz auf sich.
- Wiederholen Sie diese Übung *mindestens* zehnmal am Tag. Mindestens! Zusätzlich bietet Ihnen das Durchlesen des folgenden Skripts Hilfe:

Skript

Mein Körper ist stark und gesund. All meine Muskeln und Organe funktionieren harmonisch und reibungslos.

Liebe erfüllt mein ganzes Sein und läßt alles, was meiner Gesundheit abträglich ist, verschwinden.

Mein ganzer Körper von den Zehenspitzen bis zum Kopf ist voller Frieden und Harmonie. Gesundheit und Wohlbefinden erfüllen jede einzelne Zelle meines Körpers. Die Liebe in mir ist so stark, daß sie mein ganzes Wesen erfüllt.

Ich bin voller Harmonie. Ich erzeuge Harmonie. Ich bin Harmonie.

Kurzformeln

Jede Zelle meines Körpers ist voller Liebe und Harmonie. Die Geschwulst löst sich auf. Ich bin gesund.

Ich habe Hautprobleme

Hautprobleme wie Akne, Ekzem oder Psoriasis sind Anzeichen einer Stoffwechselstörung. Der Stoffwechsel wird beeinflußt durch die Nahrung, die man zu sich nimmt, aber auch dadurch, wie man mit dem Leben im allgemeinen zurechtkommt.

Überprüfen Sie zuerst, was Sie essen. Besteht Ihr Ernährungsplan etwa darin, daß Sie so viele Packungen Chips wie möglich essen, sie mit einigen Büchsen Cola hinunterspülen und danach noch einige Tafeln Schokolade hinterherschieben, um die letzten Löcher in Ihrem Magen zu stopfen?

Ich bin sicher, Sie wissen, daß diese Art von Nahrung nicht nur ungesund ist, sondern auch Ihren Stoffwechsel blockiert, so daß Ihr Verdauungsapparat nicht mehr richtig funktionieren kann. Substanzen, die ausgeschieden werden sollten, werden nicht mehr abgegeben, sondern bleiben im Körper und werden schließlich auf der Haut sichtbar.

Es kommt ganz auf den einzelnen an, wie stark seine Eßgewohnheiten den Körper beeinflussen. Manche können den ganzen Tag lang Schokolade essen, ohne daß es sich nachteilig auf die Haut auswirkt, andere wiederum brauchen ein Stück Kuchen nur anzuschauen, und schon haben sie Pickel. Warum reagieren Menschen so unterschiedlich?

Wir haben in den vorhergehenden Kapiteln festgestellt, daß die Funktionsweise des Körpers davon abhängt, was wir ihm zuführen. Das bezieht sich nicht nur auf das Essen, sondern auch auf die Art von geistiger Nahrung, die wir ihm geben. Die Qualität unserer Gedanken entscheidet über unseren Gesundheitszustand. Positive Gedanken führen zu positiven Gefühlen und letztendlich zu guter Gesundheit. Negative Gedanken und Gefühle »verstopfen« Geist und Körper gleichermaßen. Sind Sie gefühlsmäßig ausgeglichen, dann sind Sie gesund. Geistige Ausgeglichenheit läßt den Körper perfekt funktionieren, so daß ungesundes Essen vertragen wird, solange man nicht riesige Mengen davon zu sich nimmt.

Interessanterweise sind es nicht die gefühlsmäßig ausgeglichenen Menschen, die übermäßig nach fetter Nahrung oder Süßigkeiten greifen, sondern Menschen mit emotionalen Problemen. Naheliegend ist daher, daß Eßgewohnheiten von der seelischen Verfassung abhängig sind. Das erklärt auch, warum Menschen einen bestimmten Ernährungsplan problemlos einhalten können, solange sie zufrieden sind, aber größte Schwierigkeiten damit haben, wenn es ihnen schlechtgeht.

Vergleicht man den menschlichen Verdauungsapparat mit einem Gefäß mit einem Abflußkanal, der sich nur dann öffnet, wenn man entspannt ist, dann könnte man sagen, daß Menschen, die ausgeglichen sind, ihren Abfluß funktionsfähig halten und es sich deshalb leisten können, ungesunde Substanzen zu sich zu nehmen. Menschen, die jedoch nicht ausgeglichen sind, sammeln giftige Substanzen in einem Gefäß mit blockiertem Abfluß. Der Giftspiegel erhöht sich immer mehr, bis das Gift über den Rand des Gefäßes tritt. An diesem Punkt kommt es dann zu Hautausschlag, Ekzemen und anderen Hautproblemen.

Eine Stoffwechselstörung kann auch streßbedingt sein. Sind Sie die ganze Zeit angespannt, kann Ihr Körper nicht richtig funktionieren. Ihre Verdauung hat nicht deshalb Probleme, weil Sie dem Körper Schlechtes zugeführt haben, sondern weil sie physisch nicht in der Lage ist, normal zu arbeiten. Ein verspannter Magen kann nicht richtig funktionieren, und das gleiche gilt für einen verspannten Darm.

Die Haut ist der Spiegel der Seele. Sie ist die äußere Leinwand, die zeigt, welcher Film im Inneren abläuft. Wenn Sie sich nicht in Einklang mit sich selbst befinden oder sich selbst nicht leiden können, dann wird das auf der Haut sichtbar.

Neben pubertätsbedingten hormonellen Veränderungen kann Akne in der Pubertät durchaus in der Angst vor der eigenen Sexualität begründet sein. Man versucht ein Gefühl zu unterdrücken, das einem Angst macht, weil es neu und ungewohnt ist. Man versucht zu verhindern, daß es sich in einem breitmacht, kann es aber nicht. Es läßt sich nicht zurückhalten, also zeigt es sich auf der Haut.

Ein Ekzem ist eine krankhafte Störung, die als Folge von Erniedrigung oder Degradierung auftreten kann. Wer andere erniedrigt, ist als Kind selbst erniedrigt worden. Man kann nur weitergeben, was man selbst kennt, und wenn Liebe und Verständnis nicht zu Ihrem emotionalen Vokabular gehören, können Sie die Sprache der Liebe nicht sprechen. Spott ist die Waffe eines emotional schwachen Menschen. Erniedrigen Sie einen anderen, dann fühlt er sich klein und beschämt, gleichzeitig erzeugen Sie aber auch Haß und Widerstand in ihm, weil Sie seine Würde zerstören. Deswegen kann man mit Erniedrigung keinem etwas beibringen, keinen von etwas abbringen. Um jemand anderen zur Kooperation zu bewegen, müssen Sie mit ihm in einer für beide Seiten akzeptablen Weise umgehen. Sie können ein Kind durch Erniedrigung vielleicht dazu zwingen, aufzuhören, seinen kleinen Bruder zu schlagen, aber in dem Moment, in dem Sie ihm den Rücken zukehren, wird das Kind dasselbe wieder tun. Sie haben Ihrem Kind also nicht wirklich etwas beigebracht, ganz im Gegenteil. Weil sich das Kind in seiner Würde verletzt fühlt, kommt es sich hilflos vor. Um seine Selbstachtung wiederherzustellen, muß es sich selbst beweisen, daß es noch immer Macht hat, und der einzige, der schwächer ist als es selbst, ist sein kleiner Bruder, der in der Hackordnung ganz unten steht. Nun muß es den Bruder aus Prinzip schlagen.

Das Gefühl, einem tyrannischen Vater oder einer tyrannischen Mutter hilflos ausgeliefert zu sein, ruft Aggressivität, Frustration und Angst hervor. Da man die Eltern nicht hassen soll, haben Kinder wegen ihrer negativen Gefühle den Eltern gegenüber ein schlechtes Gewissen, und das führt dann zu einem ewigen inneren Konflikt: Das Kind will die Eltern lieben, wird aber abgewiesen, das Kind ist wütend, darf das aber nicht zeigen, um die Liebe der Eltern nicht zu verlieren. Was das Kind auch tut, es ist falsch.

Sind Sie unter derartigen Bedingungen aufgewachsen, möchte ich Ihnen folgendes sagen:

- Andere müssen sich Ihre Liebe *verdienen*.
- Niemand hat ein automatisches Anrecht auf Ihre Liebe.
- Das gilt für Ihre Eltern genauso wie für jeden anderen.

Nur weil Ihre Eltern Ihre Eltern sind, heißt das noch lange nicht, daß sie Sie schlecht behandeln können und trotzdem auf Ihre Liebe bestehen. *Sie sind nicht neurotisch, nur weil Sie sich nicht gerne herumschubsen lassen.*

Innere Konflikte erzeugen Spannung, und diese Spannung muß auf die eine oder andere Art freigesetzt werden. Ist die Haut Ihre Schwachstelle, dann wird die Spannung dort an die Oberfläche kommen.

Skript

Ich bin ein starker und positiver Mensch. Ich habe Mut und fühle mich sicher in dem Bewußtsein, daß der Kern meiner Persönlichkeit gesund und unverwundbar ist.

Nichts kann mich stören. Ich liebe mich und andere. Ich akzeptiere mich und bin für Neues offen. Ich begrüße meine Sexualität als Teil meines Selbst.

Ich bin ein Ganzes. Ich bin gesund und glücklich. Ich kann sehen, wie meine Haut weich, sauber und gesund ist.

Ein großes Gefühl der Ruhe breitet sich in meinem ganzen Körper aus und löst sämtliche Spannungen.

Meine positive Einstellung fördert den Heilungsprozeß. Meine Haut spiegelt meine neue Einstellung wider. Ich bin ruhig und entspannt. Ich fühle, wie Liebe und Glück meinen Körper und Geist durchströmen. Meine Haut ist rein.

Kurzformeln

Ich bin stark und positiv eingestellt. Mein Geist ist erfüllt von Ruhe, und meine Haut ist gesund.
oder
Das Innerste meines Selbst ist unversehrt. Meine Haut ist rein.

Ich muß ins Krankenhaus

Wenn Sie ins Krankenhaus müssen, dann hat das zwei Seiten: Es kann beängstigend, aber auch wünschenswert sein. Es kann ein Entkommen aus dem Streß und den Belastungen des täglichen Lebens sein. Das Krankenhaus kann ein Ort der Zuflucht sein, genauso wie die Krankheit, wegen der Sie ins Krankenhaus müssen, Zuflucht sein kann.

Körperliche Probleme sind immer Zeichen emotionaler Disharmonie. Leben Sie Ihre Gefühle nicht aus, entstehen Spannungen. Spannungen führen zu Aggressionen, und wenn diese nicht auf die eine oder andere Weise freigesetzt werden, richten sie sich nach innen, und geistige und körperliche Krankheiten sind die Folge.

Viele physische Probleme werden vom Unterbewußtsein geschaffen, um den Betroffenen vor etwas zu schützen. Eine Frau, die dauernd Essen in sich hineinstopft, ist vielleicht unglücklich wegen ihres Gewichts und ihrer Unattraktivität, hat aber nun eine ausgezeichnete Verteidigungsmauer aufgebaut, um sexuelle Beziehungen mit Männern zu umgehen! Sie wird kaum in der Lage sein, eine Schlankheitskur zu machen und Gewicht zu verlieren, aus dem einfachen Grund, weil sie es im Unterbewußtsein gar nicht will.

Am anderen Ende dieses Spektrums steht die Magersucht. Obwohl sie das exakte Gegenteil der Freßsucht ist, kann sie genau demselben Zweck dienen. Indem man den Körper aushungert, werden alle femininen Züge auf ein absolutes Minimum beschränkt. Je magerer der Körper, um so kleiner der Busen und um so kleiner die Gefahr, die Aufmerksamkeit des anderen Geschlechts auf sich zu ziehen.

Krankheit kann aber auch eine Methode sein, Aufmerksamkeit auf sich zu lenken. Als Kind haben Sie es vielleicht genossen, wenn Ihre Mutter Sie umsorgt hat, wenn Sie krank waren. Freunde kamen Sie besuchen, Sie erhielten kleine Geschenke, die Katze durfte es sich auf Ihrem Bett bequem machen, und man kochte Ihre Lieblingsspeise. Sie haben die Erfahrung gemacht, daß Kranksein seine positiven Seiten hat, und das haben Sie nicht vergessen. Wenn Ihnen also die Probleme über den Kopf wachsen und Sie nicht gelernt haben, wie ein Erwachsener mit ihnen umzugehen, werden Sie im Unterbewußtsein einen anderen Ausweg suchen. Sie werden krank, und wenn Sie Ihre Lebenseinstellung nicht ändern, kann Sie das ins Krankenhaus bringen, wo Sie von aller Verantwortung befreit sind. Was von nun an geschieht, ist Sache der Ärzte – so denken Sie wenigstens.

Im Krankenhaus haben Sie viel Zeit. Nutzen Sie diese Zeit gut aus. Beginnen Sie mit regelmäßigen Entspannungsübungen. Wenn Sie wieder zu Hause sind, haben Sie vielleicht nicht die Zeit dazu. Der Krankenhausaufenthalt bietet Ihnen eine einzigartige Gelegenheit, Ihre Einstellung zu ändern.

Füllen Sie Ihre Gedanken mit den Zielen, die Sie erreichen wollen. Vergeuden Sie keine Zeit, über Probleme nachzudenken, die Ihnen auf dem Weg zum Ziel unterkommen könnten. Hatten Sie einen Schlaganfall und können Sie den linken Arm und das linke Bein nicht mehr bewegen, dann stellen Sie sich vor, wie Sie wieder zu Hause sind und mit den Kindern Ball spielen, dabei mit Leichtigkeit beide Arme benützen und mühelos umherlaufen. Haben Sie Probleme mit Ihren Lungen, so stellen Sie sich vor, wie Sie tief und mühelos atmen. Niemand kann Sie dazu zwingen, beängstigenden Gedanken nachzugeben. Wenn Ihnen bestimmte Gedanken daher unangenehm sind, setzen Sie an ihre Stelle konstruktive Gedanken an Gesundheit und Glück. Sobald Sie sich bei düsteren und hoffnungslosen Gedanken erwischen, unterbrechen und überstempeln Sie sie mit einem positiven Gedanken an Gesundheit. *Bestehen Sie darauf,* daß Sie gesund werden wollen, und behalten Sie Ihr Ziel ständig im Auge.

Hören Sie auf, andere für das, was Ihnen passiert ist, verantwortlich zu machen. Räumen Sie mit sämtlichem emotionalen Schutt auf, den Sie mit sich herumschleppen. Werfen Sie Ressentiments, Haß und Neid fort. Öffnen Sie sich anderen gegenüber, suchen Sie bewußt nach ihren guten Seiten. Beschließen Sie, sich selbst und andere von jetzt an zu mögen. Verzeihen Sie sich und anderen für vergangene Vorkommnisse und machen Sie einen neuen Anfang. Stecken Sie sich neue Ziele und machen Sie Platz für erstaunliche neue Möglichkeiten. Überraschen Sie sich selbst.

Erlauben Sie Ihrem wirklichen Selbst, zum Vorschein zu kommen – dem guten Menschen, der Sie in Wirklichkeit sind. Werfen Sie den ganzen emotionalen Ballast ab, den Sie die ganzen Jahre mit sich herumgeschleppt haben – er gehört nicht zu Ihrem wirklichen Selbst und hält Sie nur zurück. Betrachten Sie sich als stark und positiv, sehen Sie sich als den Bestimmer Ihres eigenen Schicksals, ob es sich nun um Gesundheit, Wohlstand oder Glück handelt.

Müssen Sie sich einer Operation unterziehen, dann nehmen Sie sich eine Kassette auf, die Sie während der Operation und auch später in der Genesungszeit anhören können (siehe das Skript auf Seite 157). In einigen Krankenhäusern findet diese Methode bereits Verwendung. Während der Operation wird für den Patienten über Kopfhörer ein Tonband abgespielt. Das Band enthält Suggestionen für eine schnelle Genesung, die das Unterbewußtsein registriert, obwohl der Patient unter Narkose ist. Es konnte nachgewiesen werden, daß Patienten, denen man diese Bänder vorspielt, schneller genesen und nach der Operation weniger an Übelkeit und Depressionen leiden.

Lassen Sie sich von pessimistischen Prognosen nicht beirren. Nur weil Ihr Arzt keinen Ausweg sieht, heißt das noch lange nicht, daß sich Ihr Zustand nicht bessern kann. Es heißt lediglich, daß dieser Arzt nicht weiterweiß. Es gibt viele Beispiele, wo Ärzte bereits aufgegeben hatten und der Patient trotzdem wieder gesund wurde.

Einem Mann wurde erzählt, er habe nur noch zwei Monate zu leben. Als er sein Todesurteil vernahm, sagte er für eine Weile lang gar nichts, und dann hatte er einen Wutanfall. Er schimpfte sich alle Spannungen seines Lebens von der Seele. Jeder dachte, er wäre vor Verzweiflung verrückt geworden. Der Mann ging nach Hause und begann ein neues Leben. Er setzte sich neue Prioritäten, und anstatt sich zu sorgen, fing er an, Dinge zu genießen – und wurde wieder vollkommen gesund. Die Ärzte konnten für seine Genesung keine Erklärung finden.

Solange Sie nicht aufgeben, können Sie gesund werden. Das stärkste Heilmittel tragen Sie in sich: den Glauben an Ihre Genesung. »Nach deinem Glauben geschieht dir«, wie es in der Bibel heißt. Sie müssen diesen Glaubensmechanismus nur mit positiver Energie laden, alles übrige können Sie der Natur überlassen. Wie immer wird Ihr Unterbewußtsein zuverlässig ausführen, was Sie ihm in Form von Suggestionen zukommen lassen.

Vorstellungen von Gesundheit erzeugen Gesundheit. Die Dinge, denen Sie sich in Gedanken häufig widmen, ziehen Sie auch an. Ihre Worte sind das »Sesam, öffne dich«, das Hindernisse aufhebt und Schranken beseitigt. Ihre Gedanken sind das Mittel, Berge zu versetzen.

Skript

Mein Körper ist voller Gesundheit und Stärke. Mein Geist ist ganz auf Genesung eingestellt, meine Gedanken sind voller Optimismus und Glück.

Von jetzt an verbringe ich viel Zeit damit, an meine Ziele zu denken. Die natürlichen Heilkräfte in mir beginnen zu arbeiten, sie bringen Körper und Geist in Einklang und erzeugen eine enorme Energie, die mir hilft, mein Ziel zu erreichen.

Ich sehe mich selbst ganz klar als gesunden Menschen vor mir und genieße das Leben. Meine positiven Gedanken ziehen alles an, was gut und gesund ist.

Ich genese schnell und leicht. Ich danke dem Himmel, daß es mir wieder gutgeht.

Kurzformeln

Ich genese schnell und leicht. Ich glaube an die heilenden Kräfte meiner Gedanken. Ich stehe unter göttlichem Schutz.

Eifersucht und Neid

- Wenn ich sehe, daß meine Freundin mit einem anderen Mann spricht, werde ich eifersüchtig.
- Ich finde mich häßlich. Ich beneide all die anderen Frauen, die so schön sind.
- Es ärgert mich kolossal, daß mein Mann ein kleineres Auto fährt als seine Kollegen.
- Ich bin die zweite Frau meines Mannes. Ich bin eifersüchtig auf die erste Familie meines Mannes, weil er sich viel um sie kümmert.

Eifersucht entsteht, wenn man einen anderen Menschen besitzen will. Eifersucht hat mit Liebe nichts zu tun, sondern damit, daß man sein schwaches Ego festigen will, indem man sich die ungeteilte Aufmerksamkeit des Partners verschafft. Der Partner wird zum Liebesspender, und der Eifersüchtige kann nur glücklich sein, wenn er rund um die Uhr Aufmerksamkeit bekommt, aber auch das reicht ihm nicht aus.

Eifersüchtige Menschen sind sehr egoistisch und nehmen keinerlei

Rücksicht auf die Bedürfnisse des Partners. Sie meinen, den Partner zu lieben, weil sie ihn bemuttern, aber ihr Verhalten hat sehr wenig mit Fürsorglichkeit zu tun. Sie vertrauen dem Partner nicht, und kommt er spät von der Arbeit zurück, vermuten sie immer eine Affäre dahinter.

In Extremfällen schrecken solche Menschen vor nichts zurück, um herauszufinden, was der Partner vorhat. Sie sind von dem Gedanken besessen, daß ihr Partner jemand anderen attraktiver finden und sie dann verlassen könnte. Darum kontrollieren sie Kleidung, Aktentasche und Briefe des Partners, kontrollieren, ob der Partner im Büro ist, und sind sie selbst ausgegangen, rufen sie nachts zu Hause an, um festzustellen, ob der Partner auch zu Hause ist. Oder sie engagieren sogar einen Privatdetektiv, um dem Partner nachzuspionieren. Selbst wenn der Detektiv ihnen versichert, daß nichts geschehen ist, glauben sie es nicht. Sie haben einen derartigen Minderwertigkeitskomplex, daß sie nicht glauben können, daß der Partner bei ihnen bleiben möchte. Kein Reden wird sie von der Treue des Partners überzeugen, und alle Aufmerksamkeit der Welt wird sie nicht beruhigen. Sie sind wie ein bodenloses Faß, das man tagtäglich mit Liebe und Verständnis füllen kann, mit dem einzigen Ergebnis, daß man am folgenden Tag wieder ganz von vorne beginnen muß.

Die Folge eines solchen Verhaltens ist offensichtlich. Man erntet, was man sät. Setzt man den anderen dauerndem Verdacht aus, wird dieser Verdacht schließlich wahr. Da Ihr Partner keine Möglichkeit sieht, Sie von seiner Unschuld zu überzeugen, wird er am Ende tatsächlich eine Affäre anfangen, so daß jetzt wenigstens Ihre Anschuldigungen begründet sind. Eifersucht ist ein verläßliches Mittel, um eine Beziehung kaputt zu machen.

Neid ähnelt der Eifersucht gewissermaßen, mit dem Unterschied, daß sie sich auf die Besitztümer oder Lebenssituation anderer bezieht, die als größer, besser, teurer oder modischer als die eigenen angesehen werden. Dabei hängt Glück nicht nur vom Besitz teurer Gegenstände ab, sondern auch davon, daß andere sehen können, daß man das Beste hat. Man will das Prestigeobjekt nur, um die Nachbarn zu übertrumpfen. Neid ist auf die Gegenwart anderer angewiesen. Auf einer einsamen Insel mit nur einem Einwohner kann es Neid nicht geben.

Es geht gar nicht einmal darum, daß Sie einen Rasenmäher mit Vierradantrieb *brauchen*, aber Sie können es einfach nicht mitansehen, wie Ihr Nachbar mit seinem herumsaust. Es macht Sie krank, wenn Sie sein überlegenes Lächeln sehen, während er den Rasen mäht.

Wenn Sie Neid empfinden, dann gehören Sie wahrscheinlich zu den Menschen mit der Einstellung »Wenn doch nur ...«: »Wenn ich doch nur ein besseres Gehalt hätte, dann wäre ich glücklicher.« – »Wenn ich doch nur ein größeres Haus hätte, dann wäre ich glücklicher.« Dabei wären Sie dann gar nicht glücklicher, denn sobald Ihre Freunde Sie eingeholt hätten, müßten Sie mit Ihrem »Wenn doch nur ...« wieder anfangen. Wenn Sie neidisch sind, können Sie nie gewinnen, denn es gibt immer jemanden, der etwas Größeres, Besseres und Neueres hat als Sie.

Sie können auch jemanden um seine Lebensweise beneiden. Ihre Freundin geht fast jeden Abend aus, weil sie alleinstehend ist. Sie können das nicht machen, weil Sie verheiratet sind und sich um die Kinder kümmern müssen. Ist das vielleicht der Grund, warum Sie nicht protestieren, wenn jemand eine abschätzige Bemerkung über die Lebensweise Ihrer alleinstehenden Freundin macht? Gerede und Gespött sind nur ein Zeichen von Eifersucht.

Eifersucht und Neid sind die schlimmsten Zerstörer von Beziehungen. Sie sind wie Gift, das den Geist vernebelt und die Wahrnehmung verzerrt. Diese zerstörerischen Gefühle bringt man oft aus dem Elternhaus mit. Sie entstammen einem grundlegenden Mangel an Selbstvertrauen, das in der Ansammlung von Besitztümern (Gegenständen oder Menschen) Ausgleich sucht.

Wenn ich sehe, daß meine Freundin mit einem anderen Mann spricht, werde ich eifersüchtig

Ein junger 26jähriger Mann, nennen wir ihn Jochen, suchte mich auf, weil er das Gefühl hatte, daß seine Eifersucht die Beziehung zu seiner Freundin gefährdete. Das war ihm nicht zum ersten Mal passiert – seine früheren zwei Beziehungen hatten, wie er selbst zugab, aufgrund seiner Eifersucht katastrophal geendet.

Er berichtete, daß er zu Beginn der Beziehung keine Probleme mit seiner Freundin hatte, denn zu diesem Zeitpunkt fühlte er sich ihr gegenüber noch ziemlich auf Distanz. Aber nach einer Weile schlich sich das alte Problem wieder ein, und es ärgerte ihn, wenn sie Zeit mit ihren Freunden verbrachte, selbst wenn sie ihn bat, sich ihnen anzuschließen. Sein Unmut wurde noch schlimmer, wenn sie ein bißchen für sich sein wollte oder wenn sie mit einem anderen Mann sprach. Er dachte sofort, daß sie ihn nicht mehr wollte.

Er tat sein möglichstes, sich jeden Tag mit ihr zu treffen, um sicher zu gehen, daß sie noch immer an ihm interessiert war. Da er fast jeden Tag bei ihr war und sie ihre Freunde nicht vernachlässigen wollte, lud sie die Freunde zu sich ein, aber auch dadurch fühlte er sich ausgeschlossen. Er fühlte sich in die Enge getrieben und verwirrt. Einerseits sagte das Mädchen, es liebe ihn, andererseits hatte er den Eindruck widersprüchlicher Botschaften, denn er stand nicht immer im Mittelpunkt ihrer Aufmerksamkeit. Er erkannte, daß es bei seinem Problem im Grunde um Eifersucht ging, und erklärte, daß er die Beziehung gerne retten wolle und bereit sei, sich zu ändern, wenn er nur wüßte wie.

Er fühlte sich ziemlich hilflos in Situationen, die ihn eifersüchtig machten. Es war fast so, als würde er einen Film anschauen, den er schon hundertmal gesehen hatte. Er kannte die Sequenzen auswendig, und es schien keinen Weg zu geben, seine Gefühle im Zaum zu halten. Die Eifersucht schien zu etwas Eigenständigem geworden zu sein, das er nicht mehr unter Kontrolle hatte.

Jedesmal, wenn seine Freundin mit einem anderen sprach, hatte Jochen das Gefühl, daß er jetzt bald den Laufpaß von ihr bekommen würde, weil sie ihn »nicht mehr haben wollte«. Mit diesem Satz lieferte Jochen mir den Schlüssel zu seinem Problem. Die Botschaft, die er von seinem Unterbewußtsein erhielt, lautete, daß immer, wenn er anfing, jemanden gerne zu haben, die Gefahr bestand, abgewiesen zu werden. Je mehr er sich in der Beziehung engagierte, desto größer wurde seine Befürchtung, zurückgewiesen zu werden, und desto stärker versuchte er, das Mädchen an sich zu binden.

Wie wir im Kapitel über das Unterbewußtsein im ersten Teil festgestellt haben, haben diese Botschaften ihren Ursprung in der Vergangenheit. Als ich deshalb mit Jochen über seine Kindheit sprach, stellte sich heraus, daß seine Eltern ihn und seinen kleinen Bruder in eine Pflegefamilie weggegeben hatten, als die Kinder noch sehr jung waren, weil beide Elternteile arbeiten mußten, um die Familie zu ernähren, und nicht die Zeit hatten, sich um die Kinder zu kümmern. Als die Eltern sich nach fünf Jahren finanziell sicher fühlten, wollten sie die Kinder wieder nach Hause zurückholen. Zu diesem Zeitpunkt hatten sich die Kinder natürlich an die Pflegefamilie gewöhnt und wollten nicht mehr weg. Sie schrien und weinten, aber man sagte ihnen, sie müßten mit diesen fremden Leuten mitgehen, und man zwang sie, die geliebten Pflegeeltern zu verlassen.

Dieses traumatische Erlebnis und die Gefühle von Furcht und Angst prägten Jochen schon in jungen Jahren. Weil Kinder immer bei sich selbst die Schuld für das suchen, was ihnen zustößt, nahm Jochen unterbewußt an, daß seine Pflegeeltern ihn nicht gerne hatten und deshalb zuließen, daß Menschen, die er kaum kannte, ihn mitnahmen. Jochen liebte seine Pflegeeltern, aber er hatte den Eindruck, von ihnen zurückgewiesen zu werden, weil mit ihm etwas nicht in Ordnung war. Dieses Gefühl wurde später durch seinen eigenen Vater noch verstärkt. Verärgert, weil der Sohn ihn nicht liebte und akzeptierte, nannte der Vater ihn böse und schlug ihn oft aus nichtigem Anlaß.

Jochens Vertrauen in andere und in sich selbst war jetzt fast völlig zerstört. Sogar nachdem er von zu Hause ausgezogen war, wiederholte sich das gleiche Muster immer wieder. Seine Freundinnen fühlten sich durch sein eifersüchtiges Verhalten unter Druck gesetzt, so daß sie am Schluß nur noch von ihm weg wollten. Oder sie verließen ihn wegen eines anderen und machten damit Jochens schlimmste Befürchtungen wahr.

Es dauerte lange, bis Jochen einen Ausweg aus diesen komplexen Gefühlen fand, aber es gelang ihm schließlich, und zwar durch seine eigenen Bemühungen. Er ist nun seit zwei Jahren mit seiner Freundin zusammen und kommt gut zurecht.

Skript

Ich bin ein liebenswerter Mensch. Ich bin attraktiv, und andere sind gerne mit mir zusammen.

Ich habe Vertrauen in mich und meine Fähigkeiten, und ich glaube daran, daß ich liebenswert bin. Dieser Glaube macht mich stark, und diese innere Kraft läßt mich Vertrauen in meinen Partner haben.

Ich genieße diese Beziehung, und es fällt mir leicht, meinem Partner zu erlauben, sich ungezwungen zu verhalten. Ich bin glücklich, wenn sich mein Partner wohl und sorglos fühlt.

Mein Selbstvertrauen trägt dazu bei, daß unsere Beziehung sich gut entwickelt. Ich bin gelassen und glücklich.

Kurzformeln

Ich bin selbstsicher und gelassen. Ich vertraue mir und meinem Partner.

Ich finde mich häßlich. Ich beneide all die anderen Frauen, die so schön sind

Es gibt zwei Gründe, warum man so denkt. Entweder hat Ihr Freund Sie gerade verlassen, oder Ihre Eltern oder andere Menschen haben Ihnen in der Kindheit die Vorstellung vermittelt, Sie seien häßlich, und seither haben Sie das immer geglaubt.

Wenn man glaubt, mit dem Partner eine gute Beziehung zu haben, und er einen dann plötzlich verläßt, ist das ein schwerer Schlag für das

Ego. Man nimmt an, alles sei in Ordnung, bis man eines Tages nach Hause kommt und einen Zettel vorfindet mit der Nachricht, daß der Partner nicht mehr zurückkommt, weil er sich in jemand anderen verliebt hat oder weil er »Freiraum braucht« (was oft dasselbe bedeutet).

Nach dem ersten Schock beginnen Sie sich zu fragen, was Sie falsch gemacht haben. Sie waren immer gut miteinander ausgekommen, es hat nie ernsthaft Streit gegeben, er hat sich nie über etwas beklagt, und doch hat er Sie verlassen. Und nun schalten Sie auf die kindliche Denkweise um (»Es muß an mir liegen!«), wo alles Ihre Schuld ist. Obwohl alle Beweise dagegen sprechen, beschuldigen Sie sich selbst. Sie werfen sich vor, wie Sie nur so naiv gewesen sein konnten zu denken, daß Sie mit Ihrem schlechten Aussehen einen Mann wie ihn würden halten können. Sie hassen es jetzt, auf der Straße all die hübschen jungen Mädchen zu sehen, deren gutes Aussehen Ihnen früher nie etwas ausgemacht hat. Aber nun, wo man Sie abgewiesen hat, betrachten Sie sie mit anderen Augen. Sie betrachten sie mit den Augen Ihres Ex-Partners, und jedesmal, wenn Sie eine andere Frau sehen, fragen Sie sich unweigerlich, ob sie wohl der Typ ist, den Ihr Ex-Partner bevorzugt, ob er auf ein solches Aussehen abfährt. Plötzlich scheint die ganze Stadt überbevölkert zu sein mit schönen Schwänen, und Sie sind das einzige häßliche Entlein im Teich.

Auch wenn Sie unglücklich sind, ist dies doch nichts im Vergleich zu jemandem, der sich sein ganzes Leben lang als häßlich empfunden hat. Sobald Sie einen neuen Partner haben, leben Sie wieder auf, und Sie verwerfen dann all die früheren negativen Gedanken über Ihr Aussehen und denken wie früher, daß Sie attraktiv sind. Aber wenn Sie mit der Vorstellung groß geworden sind, daß Sie unattraktiv aussehen, daß Sie nichts dagegen tun können und daß nur eitle Menschen sich für ihr Aussehen interessieren, dann ist das Ganze um einiges komplizierter. Weil Sie diesen Botschaften von klein auf ausgesetzt waren, haben sie sich in Ihrem Unterbewußtsein verankert. Wenn Sie die erste und zweite Aussage glauben, dann glauben Sie auch die dritte.

Ganz egal, was andere Ihnen später im Leben erzählen, Sie werden sich auch weiterhin an das klammern, was man Ihnen in der Kindheit beigebracht hat. Es ist beinahe, als wäre die erste negative Botschaft in Ihrem Kopf wie in einer Kapsel so fest eingeschlossen worden, daß keine weiteren Informationen hinzugefügt werden können. Solange alte Botschaften unangefochten bleiben, bestimmen Sie Ihr Leben. Deshalb ist es notwendig, die Kapsel zu öffnen, die Botschaft herauszunehmen, sie sorgfältig zu untersuchen und festzustellen, ob sie überhaupt noch Gültigkeit besitzt.

Zuerst zu der Feststellung: »Sie sehen unattraktiv aus.« Bitte beachten

Sie, daß Schönheit im Auge des Betrachters liegt. Schönheit ist relativ. Nur weil Ihre Mutter pummelige Kinder gerne hat und Sie dünn sind, heißt das nicht, daß Sie häßlich sind. Es bedeutet lediglich, daß Ihre Mutter pummelige Kinder mag. Wenn Sie 100 Männer befragen, ob sie schlanke oder pummelige Frauen bevorzugen, dann werden 50 Prozent sagen, daß sie schlanke Frauen bevorzugen, und 50 Prozent, daß sie Frauen mögen, an denen etwas dran ist. Es ist also ziemlich egal, ob Sie dünn oder pummelig sind, denn es wird immer jemanden geben, der an *Ihnen* interessiert ist. Vorausgesetzt, Sie laufen nicht mit einem Miesepetergesicht herum ...

Merke

Sie können nicht jedem gefallen, also versuchen Sie es erst gar nicht.

Was die zweite Aussage betrifft – »Es gibt nichts, was Sie dagegen tun können ...« –, so ist das Unsinn! *Natürlich* können Sie etwas tun, um vorteilhaft zu erscheinen. Haben Sie schon einmal Fotomodelle ohne Make-up oder gestylte Frisur gesehen? Sie wirken ziemlich unscheinbar und sehen fast aus wie das Mädchen von nebenan. Auf der Straße würde sich niemand nach ihnen umdrehen.

Als Frau haben Sie den großen Vorteil, daß Sie, wenn Sie wollen, Kosmetika benutzen können. Sie müssen nicht viel machen. Betrachten Sie Ihr Gesicht. Welche Gesichtszüge können Sie hervorheben, indem Sie sie etwas betonen? Nehmen Sie sich Zeit zum Ausprobieren. Stellen Sie fest, wie Sie mit Wimperntusche und etwas Lidschatten wirken. Legen Sie Make-up auf und stellen Sie fest, wie es aussieht, wenn Ihre Haut glatt erscheint. Probieren Sie Lippenstift aus. Fragen Sie eine Freundin um Rat, deren Urteil Sie respektieren und die weiß, wie man mit Make-up umgeht.

Prüfen Sie Ihre Frisur. Könnten Sie mit einer anderen Frisur besser aussehen? Versuchen Sie etwas Neues. Wenn Sie sich attraktiv fänden, was würden Sie dann am liebsten mit Ihrem Haar tun?

Prüfen Sie Ihre Kleidung, aber erst, nachdem Sie Ihre Figur geprüft haben. Suchen Sie diesmal nach Ihren guten Seiten. Kleiden Sie sich so, daß Ihre guten Seiten unterstrichen werden? Ist das nicht der Fall, dann tun Sie jetzt etwas dagegen. Kleider ohne jeden Schick drücken die Stimmung und zeigen nur, daß Sie keine Lust haben, sich um sich selbst zu kümmern. Ich spreche hier nicht über teure Designermode, sondern es geht vielmehr darum, daß Sie gut angezogen sein können, auch wenn Sie denken, daß Sie zu dünn, zu dick, zu groß oder zu klein sind.

Die dritte Aussage – »Nur eitle Menschen interessieren sich für ihr Aussehen ...« – ist nicht wahr. Sie müssen nicht eitel sein, um sich dafür zu interessieren, wie Sie sich präsentieren. Eine eitle Frau steht täglich stundenlang vor dem Spiegel, um ihr Aussehen immer wieder zu prüfen. Es würde ihr im Traum nicht einfallen, ohne Make-up aus dem Haus zu gehen. Bei ihrer rastlosen Suche nach dem Märchenprinzen verläßt sie sich weitgehend auf ihr Aussehen, um Anerkennung und Erfolg zu erreichen. Weil sie nicht versteht, daß andere Faktoren wie Charisma, die Fähigkeit zu lieben, Persönlichkeit und eine heitere Veranlagung ebenfalls eine Rolle dabei spielen, den Richtigen zu finden, konzentriert sie sich ausschließlich auf ihr äußeres Erscheinungsbild. Über kurz oder lang wird sie ihren Prinzen auftun. Aller Wahrscheinlichkeit nach ist er jemand, der eine Vorzeigefrau sucht, für den aber Charakter und Intelligenz nicht unbedingt zählen. Das alles ist auch für Ihren Fall in Ordnung, solange Sie nichts gegen einen Mann mit niedrigem Niveau haben.

Sind Schönheit und Aussehen die einzigen Werte in Ihrem Leben, wird es für Sie sehr problematisch, wenn Sie erst einmal älter werden. Sie haben alles auf eine Karte gesetzt, Ihre Glückssträhne ist vorbei, und Sie haben nichts mehr zu bieten. Wenn Sie in der Zwischenzeit keine anderen Interessen entwickelt haben, dann stehen Sie mit leeren Händen da, wenn Ihre Blütezeit vorbei ist.

Das Interesse an Ihrem Aussehen braucht Ihr Leben nicht zu dominieren, aber es ist wichtig, daß Sie mit Ihrem eigenen Aussehen vertraut sind. Es ist völlig in Ordnung, sich einige Zeit lang im Spiegel zu betrachten, um festzustellen, wo die körperlichen Stärken und Schwachstellen sind. Es ist ganz in Ordnung, sich einzugestehen, daß man bestimmte Merkmale an sich besonders mag. Das macht Sie noch nicht zu einem eitlen Menschen. Es ist auch völlig in Ordnung, seine guten Seiten herauszustellen. Vielleicht finden Sie Ihr Gesicht zu kantig, aber warum sollten Sie die Augen nicht etwas mehr betonen? Sie sind vielleicht übergewichtig, aber warum sollten Sie Ihre wohlgeformten Waden verstecken? Wenn Sie nicht sagen können, was Ihnen an Ihrem Gesicht oder Ihrer Figur gefällt, dann bedeutet das nicht, daß Sie häßlich sind, sondern nur, daß Sie nicht genau hingeschaut haben. Schauen Sie einfach noch mal hin.

Während Sie beginnen, an Ihrem *eigenen* Aussehen Gefallen zu finden, werden Sie feststellen, wie Ihr Neid auf andere verschwindet. Ihr neues Selbstbild gibt Ihnen das Gefühl, mit all den gutgekleideten, gutaussehenden Frauen, denen Sie auf der Straße begegnen, etwas gemeinsam zu haben.

Skript

Alles, was ich brauche, um attraktiv zu sein, steckt bereits in mir. Ich helfe meiner Schönheit an die Oberfläche. Ich interessiere mich für mein Aussehen.

Ich bin glücklich und zufrieden. Ich bin offen für neue positive Einstellungen mir selbst und anderen gegenüber. Ich nehme meine Schönheit nun wahr und freue mich an ihr. Ich fühle mich schön, und darum bin ich schön.

Ich freue mich, wenn ich andere gutaussehende Frauen sehe, denn Sie erinnern mich daran, daß ich eine von ihnen bin.

Merke

Ich entdecke meine eigene Schönheit. Ein großes Glücksgefühl durchströmt mich.

Es ärgert mich kolossal, daß mein Mann ein kleineres Auto fährt als seine Kollegen

Warum sollte Sie das ärgern, solange es Ihren Mann nicht ärgert? Denken Sie, er ist es seiner Position schuldig, einen größeren Wagen zu fahren? Oder denken Sie, er ist es *Ihnen* schuldig, seine Wichtigkeit durch einen größeren Wagen zu unterstreichen?

Einige Frauen leben ihr Leben durch ihren Mann. Der Erfolg ihres Mannes ist ihr *eigener* Erfolg. Der Aufstieg ihres Mannes in der Firma ist ihr *eigener* Aufstieg. Es ist, als ob das Ego der Frau vom Erfolg ihres Mannes abhängt, als ob eine Nabelschnur beide verbindet, so daß die Frau ihre eigenen Ziele über den Erfolg des Mannes erreicht.

Diese Sachlage ist aber nicht gleichzusetzen mit moralischer Unterstützung. Einen anderen zu unterstützen bedeutet, ihm zu dem zu verhelfen, was *er* will, und das ist nicht notwendigerweise das gleiche, was *Sie* für ihn wollen. Wenn Sie den anderen jedoch als einen Teil Ihrer selbst betrachten, manipulieren Sie ihn, damit er *Ihre* Ziele verfolgt, ohne Rücksicht darauf, was er selbst eigentlich will.

Diese Art von Manipulation läßt sich auch bei Eltern beobachten, die aus ihren Kindern Menschen mit bestimmten Charaktereigenschaften machen wollen oder sie in eine bestimmte berufliche Richtung drängen. Dieses Herummanipulieren an anderen wird dann als Akt der Liebe hingestellt, ist aber in Wirklichkeit nur ein Akt der Befriedigung eigener Bedürfnisse. Sie erlauben dem anderen nicht, ein eigenständiger Mensch zu sein. Wenn Sie dem anderen zusätzlich noch Schuldgefühle aufhalsen, weil er seinen eigenen Weg gehen will, dann verzerren Sie sein Selbstbild und blockieren seine Entwicklung.

Manipulation ist das Werkzeug eines schwachen Menschen. Wenn Sie gezwungen sind, sich durch einen anderen auszudrücken, fehlt Ihnen der Mut, Ihre Wünsche selbst auszuleben. Vielleicht hat man Ihnen als Kind zu verstehen gegeben, daß Ihre eigenen Wünsche unwichtig sind; vielleicht ist Ihnen gar nicht einmal bewußt, daß Sie Bedürfnisse haben, die unerfüllt geblieben sind. Dieser Mangel an Selbstkenntnis macht Sie machtlos.

Manipulation ist nicht immer ein bewußter Vorgang. Derjenige, der manipuliert, kann überzeugt sein, es nur im besten Interesse des Partners zu tun. Das ändert jedoch nichts an der Tatsache, daß die dahinterstehenden Motive selbstsüchtig sind. Damit will ich jedoch keineswegs sagen, daß es egoistisch ist, eigene Bedürfnisse zu haben, und sie erfüllen zu wollen. Das ist völlig in Ordnung und auch notwendig für Ihr Wohlergehen, wenn Sie darauf achten, daß Sie bekommen, was Sie brauchen. Egoistisch sind Sie erst, wenn Sie einen anderen als Mittel für Ihre Zwecke benutzen.

Wollen Sie Einfluß haben, können Sie das durch Ihr *eigenes* Bemühen erreichen. Wollen Sie Selbstachtung, dann streben Sie nach wirklicher Selbstachtung, nicht nach irgendeinem Ersatz. Verschaffen Sie sich Bewunderung durch Ihre *eigene* Leistung. Es ist unfair, diese Last einem anderen aufzubürden.

Verstecken Sie sich nicht hinter Sprüchen wie »Ich will doch nur dein Bestes«, wenn Sie in Wirklichkeit nur das Beste für *sich* wollen. Warum versuchen Sie also nicht, es selbst zu bekommen? Mit Drängeln und Nörgeln kommen Sie nicht weiter, es wird Sie nur von Ihrem Mann entfremden. Sie treiben ihn von sich fort.

Wenn Sie Neid empfinden, dann haben Sie das Gefühl, daß das Schicksal Sie übergangen hat. Sie sind wütend, weil Sie nicht bekommen, was Ihnen Ihrer Meinung nach rechtmäßig zusteht. Das schlimmste ist, daß alle anderen es anscheinend besitzen. Es ist, als ob alle anderen ein großes Weihnachtsgeschenk bekommen hätten und Sie nur ein mickrig kleines. In Ihren Augen hängt der Wert, den Sie sich als Mensch beimessen, vom Wert der Dinge ab, die Sie besitzen.

Das Streben nach Geld und Besitz an sich ist nicht falsch oder unmoralisch. Es ist völlig akzeptabel, einen guten Lebensstandard und finanzielle Absicherung haben zu wollen. *Nicht* akzeptabel ist es jedoch, wenn Besitztümer angehäuft werden, um die innere Leere zu kompensieren. Wenn Besitztümer zum Ersatz für unbefriedigte Wünsche und damit zum Lebenszweck werden, dann ist etwas nicht in Ordnung. Neid ist ein klares Zeichen dafür, daß Sie Besitztümern einen falschen Wert zusprechen.

Die meisten Menschen, die Sie beneiden, mußten sich das, was sie besitzen, erarbeiten. Es wäre falsch anzunehmen, daß es ihnen in den Schoß gefallen sei. Für alles, was man bekommt, gilt es, einen Preis zu entrichten. Wenn Sie es im Leben besser haben wollen, dann müssen Sie sich selbst mehr anstrengen. Sehen Sie sich die Leute einmal an, die erreicht haben, was sie wollten. Lassen Sie sich vom Glück anderer inspirieren und begreifen Sie, wenn andere es zu Wohlstand bringen können, können Sie es auch. Fangen Sie an, Ihre Fähigkeiten voll zu nutzen. Diese Aufgabe können Sie nicht delegieren, es ist Ihre eigene, persönliche Verantwortung – nicht die Ihres Mannes.

Sie sind ein Mensch mit eigenem Willen und Verstand, und deshalb sind *Sie* verantwortlich für das, was in Ihrem Leben passiert. Hören Sie auf, Ihren Partner für Ihre Unzufriedenheit zu bestrafen. Er ist nicht auf der Welt, um Ihnen einen Lebenssinn zu verschaffen. Das ist *Ihre* Aufgabe. Sie sind ein eigenständiger Mensch und als solcher für Ihre eigene Entwicklung, Erfüllung und Zufriedenheit verantwortlich. Nur *Sie* können Ihrem Leben Sinn geben – Ihren eigenen, persönlichen Sinn. Ein Lebenszweck läßt sich am einfachsten finden, indem man danach sucht. Wer suchet, der findet. Die Frage enthält bereits die Antwort.

Skript

Ich strebe nach Glück und Zufriedenheit. Von nun an übernehme ich selbst die Verantwortung für mein eigenes Wohlergehen. Ich beginne damit, mir selbst Ziele zu stecken, die ich durch mein eigenes Bemühen erreiche. Ich bin stark und zuversichtlich. Ich baue mich selbst und mein eigenes Leben auf. Nichts kann mich mehr davon abhalten.

Ich betrachte den Erfolg anderer mit Interesse und Freude. Der Erfolg anderer gibt mir das Vertrauen, meine eigenen Pläne weiterzuverfolgen. Was andere erreichen können, kann ich auch erreichen. Ich schlage meinen neuen Weg frohen Mutes ein.

Ich höre auf meine innere Stimme, die mich immer führt. Ich weiß, es gibt immer einen Weg. Die Tatsache, daß mir ein Wunsch gegeben ist, heißt auch, daß mir ein Weg gegeben ist, diesen Wunsch zu erfüllen. Ich erwarte Erfolg, und deshalb ziehe ich den Erfolg an.

Kurzformeln

Ich sehe den Erfolg anderer mit Freude. Mein eigenes Glück ist schon zu mir unterwegs.
oder
Ich stecke mir nun neue Ziele. Zuversicht erzeugt Ideen, Ideen erzeugen Wohlstand.

Ich bin die zweite Frau meines Mannes. Ich bin eifersüchtig auf die erste Familie meines Mannes, weil er sich viel um sie kümmert

Er hat Ihnen wahrscheinlich schon alles über seine erste Frau, die Kinder und sämtliche finanziellen und emotionalen Probleme der ersten Ehe erzählt. Sie wissen alles über die Zeit nach der Scheidung, wo er gelebt hat, seine Schwierigkeiten, wieder auf die Beine zu kommen, bis zu dem Zeitpunkt Ihres Kennenlernens. Nun sind Sie mit ihm verheiratet. Mit ihm und seiner ersten Familie, um es genau zu sagen.

Sie wissen, was ihm an seiner ersten Frau nicht gefallen hat, deshalb vermeiden Sie ein ähnliches Verhalten. Sie haben stundenlang mitangehört, was für Probleme seine Ex-Frau während und auch nach der Scheidung machte, und gehofft, daß das jetzt das Ende vom Lied sei, aber dem ist nicht so. Sobald es Probleme mit den Kindern gibt, ruft sie ihn an. Müssen Mitgliedsbeiträge bezahlt oder neue Kleidung gekauft werden, ruft sie ihn an. Mit anderen Worten: Sie ruft ihn wegen allem und jedem an, und Sie fragen sich, ob das wohl jemals aufhört. Sie haben nicht das Gefühl, die Aufmerksamkeit zu bekommen, die Ihnen zusteht. Schließlich sind Sie nun seine Frau.

Jedesmal, wenn sie anruft, ärgern Sie sich. Ein Tauziehen hat begonnen, bei dem beide Frauen den Mann in verschiedene Richtungen zerren. Er soll seine Aufmerksamkeit zwischen seinen beiden Familien aufteilen, und das macht die Lage für ihn aussichtslos. Seine erste Frau scheint nicht zu verstehen, daß er nun eine neue Familie hat, und seine zweite Frau ist verärgert, weil er die Vergangenheit nicht einfach abschütteln und ganz von vorne anfangen kann, so als ob es eine erste Ehe gar nicht gegeben hätte.

Halten sich Ihre Forderungen nach Aufmerksamkeit im Rahmen des Vernünftigen? Seien Sie ehrlich zu sich selbst. Verbringt Ihr Mann wirklich viel Zeit mit den Angelegenheiten seiner Ex-Frau, oder ist es allein die Tatsache, daß er mit ihr spricht, was Ihnen so zusetzt? Sie müssen hierbei zwei Dinge berücksichtigen:

- Ihr Mann hat einige Jahre – manchmal sogar viele Jahre – seines Lebens mit einem anderen Menschen verbracht. Diese Zeit hat ihn in gewisser Weise geprägt und ist Teil von ihm. Darum hat es keinen Sinn so zu tun, als wäre das nie geschehen. Es hat eine Zeit gegeben, zu der Ihr Mann seine Ex-Frau geliebt hat, und ein Teil dieser Liebe mag sogar die Scheidung überlebt haben. Außerdem liebt er wahrscheinlich die Kinder, die er mit seiner ersten Frau hat, noch immer. Er hat Zeit mit ihnen verbracht und sie aufwachsen sehen. Sie waren ihm damals wichtig und sind es auch jetzt noch. Hätten Sie gerne einen Mann, der leichten Herzens solche Verbindungen lösen kann? Ist Ihr Mann ein liebevoller Mensch, dann können Sie von ihm nicht verlangen, daß er seine Liebe ausschließlich Ihnen schenkt.

  Liebe ist nicht wie ein Kuchen, von dem man weniger bekommt, weil man ihn mit einem anderen teilt. Liebe ist eine Einstellung, eine Quelle, die kontinuierlich fließt. Sie ist wie das Wasser aus dem Wasserhahn, dessen Fluß durch Drehen des Hahns reguliert und verändert werden kann. Ihr Mann öffnet den Wasserhahn vielleicht zu 100 Prozent für Sie und zu 60 Prozent für seine erste Familie. Und nur weil er seiner ersten Familie 60 Prozent gewährt, heißt das aber nicht, daß Sie jetzt nur noch 40 Prozent abbekommen.

  Ihr Mann hat seine erste Familie verlassen und sich später dafür entschieden, mit Ihnen einen gemeinsamen Hausstand zu gründen. Sie müssen darum eine Frau sein, die eine ganze Reihe Eigenschaften besitzt, die ihn anziehen. Er hat es vorgezogen, die Zukunft mit Ihnen zu verbringen. Nur weil er seine erste Familie noch immer liebt, heißt das nicht, daß er Sie deswegen weniger liebt. Warum versuchen Sie nicht einfach ihm zu vertrauen? Die Tatsache, daß er die Vergangenheit nicht auslöschen will, spricht eher *für* als *gegen* ihn. Er ist offensichtlich ein Mensch, der zu seinen Verpflichtungen steht.

  Es hat keinen Sinn, gegen die Situation anzukämpfen, also warum akzeptieren Sie sie nicht einfach? Haß und Eifersucht werden Ihrer Ehe nichts Gutes bringen, ganz im Gegenteil.

  Sollten Sie wirklich das Gefühl haben, daß Ihr Mann zuviel Zeit für die Angelegenheiten seiner Ex-Familie aufwendet, dann sprechen Sie mit ihm darüber. Machen Sie ihm keine Vorwürfe, sondern weisen Sie ihn auf Tatsachen hin. Sagen Sie, Sie würden gerne mehr Zeit mit ihm verbringen. Fragen Sie ihn, ob sich das irgendwie machen läßt. Vielleicht können Sie sich auf einen Ausflug am folgenden Wochenende einigen, um das neue Konzept auszuprobieren?

  Haben Sie seine Ex-Frau eigentlich schon einmal getroffen? Vergessen Sie nicht, daß Sie nur die eine Seite der Geschichte kennen. Vielleicht verstehen Sie sich ja sogar gut mit ihr. Warum treffen Sie sich

also nicht auf neutralem Boden zu einer Tasse Kaffee und lernen einander kennen? Sie haben nichts zu verlieren und alles zu gewinnen. Vielleicht stellen Sie überrascht fest, daß seine Ex-Frau sich genauso viele Gedanken um Sie macht, wie das umgekehrt der Fall ist. Sie müssen nicht die allerbesten Freundinnen werden, aber Sie werden es einfacher finden, wenn Sie bei ihrem nächsten Anruf die Frau am anderen Ende der Strippe kennen.
- Sie haben bei Ihrer Heirat ein Ehegelöbnis abgelegt. Unterstützen Sie Ihren Mann; er braucht Sie.

Skript

Ich habe mich für meinen Mann entschieden und er sich für mich. Wir haben eine gute und liebevolle Beziehung. Ich liebe ihn, weil er ein fürsorglicher Mensch ist. Er tut sein Bestes, die Angelegenheiten zwischen ihm und seiner ersten Familie zu regeln. Ich schicke ihnen meine besten Wünsche.

Ich habe Vertrauen in mich. Meine innere Kraft macht es mir möglich, meinem Mann in schwierigen Zeiten beizustehen. Wir ziehen an einem Strick. Unsere Bindung wird von Tag zu Tag stärker. Ich vertraue ihm, und er vertraut mir. Ich unterstütze ihn, und er unterstützt mich. Wir sind einander nahe und kümmern uns umeinander. Ich fühle mich sicher in dem Wissen, geliebt zu werden.

Kurzformeln

Die Bindung zwischen mir und meinem Mann ist stark. Ich unterstütze ihn und wünsche seiner ersten Familie alles Gute.

Vierter Teil

Hypnose und Selbsthypnose

Im ersten Teil bin ich auf das Unterbewußtsein eingegangen – wie es funktioniert und wie Sie sich seine Kräfte nutzbar machen können, um Ihr Leben zu verbessern.

Sie werden sich erinnern, daß das Unterbewußtsein als Lagerraum für vergangene Erfahrungen dient und sowohl das Ereignis wie auch die damaligen Gefühle gespeichert werden. Diese Gefühle können körperliche oder seelische Ursachen haben oder auch beides. Als zum Beispiel Ihre Lieblingstante starb, haben Sie die Beerdigung (das eigentliche Ereignis) erlebt und *gleichzeitig* tiefe Trauer empfunden (ein emotionales Gefühl). Als Sie hörten, wie Ihre Eltern sich gegenseitig beschimpften (das eigentliche Ereignis), haben Sie Angst (ein emotionales Gefühl) bekommen und hatten Atembeschwerden (ein körperliches Gefühl), weil Sie das so beunruhigt hat. Ihr Unterbewußtsein speichert all diese Gefühle, und je öfter ein Ereignis sich wiederholt, desto tiefere Spuren hinterläßt es in Ihrer Erinnerung.

Normalerweise können wir uns an ziemlich viele Dinge aus unserer Kindheit erinnern. Wir sind mitunter noch in der Lage, den Spielplatz zu beschreiben, auf dem wir im Alter von vier Jahren gespielt haben. Wir erinnern uns an die erste Schule, in die wir gegangen sind, und an einige Ereignisse aus dieser Zeit. Vielleicht können wir uns nicht an alles ganz genau entsinnen, aber Bruchstücke dieser Erinnerungen ab einem Alter von sechs Jahren sind uns noch gegenwärtig.

Es gibt jedoch auch viele Dinge, an die wir uns nicht erinnern, Dinge, von denen wir gar nichts wüßten, wenn nicht andere davon erzählt hätten. Ihre Mutter kann sich vielleicht noch lebhaft daran erinnern, wie Sie z. B. im Alter von drei Jahren Ihre schmutzige Windel Onkel Matthias an den Kopf geworfen haben. Oder Ihr Vater erzählt Ihnen vielleicht, wie Sie einmal den Tulpen im Garten die Köpfe abgepflückt haben. Aber da wir uns selbst an diese Ereignisse nicht erinnern können, *ist es, als ob sie gar nicht passiert wären.* Nur weil wir unseren Eltern glauben, daß dies stattgefunden hat, wissen wir davon.

Nehmen Sie nun doch einmal den Fall an, daß niemand gesehen hätte, was Sie taten, und daß niemand beobachtet hätte, was Ihnen damals passiert ist. Weil Sie sich nicht daran erinnern, ist es, als wäre der Vorfall nie passiert. Obwohl das Unterbewußtsein dieses Ereignis gespeichert hat, kann die Information nicht mehr ins Bewußtsein gerufen werden, weil sie zu tief sitzt. Im Gegensatz dazu sind Informationen und Erinnerungen, die für Ihr jetziges Leben relevant sind, mehr an der Oberfläche gespeichert, wo man ohne große Mühe an sie herankommt.

Informationen werden aus zwei Gründen tief unten gespeichert. Entweder sind diese Erinnerungen für Ihr Erwachsenenleben nicht mehr relevant, oder sie waren zu jener Zeit so furchterregend und beunruhigend, daß sie unterdrückt werden mußten.

Diese Unterdrückung geschieht nicht willentlich, sondern automatisch und ist von der Funktion her ein geistiger Selbstverteidigungsmechanismus. Wird ein Ereignis unterdrückt, erinnern Sie sich nicht mehr daran, und es ist, als wäre es nie geschehen: Der Erwachsene, dem Sie vertrauten, hat sich niemals an Ihnen vergriffen; der Hund, den Sie liebten, ist niemals überfahren worden; der Besenschrank, in den man Sie einsperrte, hat niemals existiert. Doch diese Ereignisse waren auch von Gefühlen wie Schuld, Scham, Kummer oder furchtbarer Angst begleitet. Und diese Gefühle kommen wieder zum Vorschein – sie lassen sich nicht verdrängen, auch wenn das Ereignis selbst vergessen ist.

Gefühle kommen immer an die Oberfläche, und zwar so lange, bis man herausgefunden hat, welches Ereignis diese Gefühle ursprünglich verursacht hat. Nur wenn Sie diese Verbindung hergestellt haben, nur wenn Sie beispielsweise Ihr Schuld- und Schamgefühl mit dem Ereignis verbinden, wie Ihr Lieblingsonkel Sie sexuell belästigt hat, können Sie aufhören, sich schuldig und beschämt zu fühlen. Nur wenn Sie eine Verbindung hergestellt haben zwischen Ihrem Eingesperrtsein im Besenschrank als Strafe für etwas, was Sie im Alter von fünf Jahren falsch gemacht haben, und der Panik, die Sie als Erwachsener immer dann befällt, wenn Sie das Gefühl haben, einen Fehler gemacht zu haben, nur dann werden Sie in der Lage sein, dieses Panikgefühl an seinen richtigen Platz zu verweisen, nämlich in die Vergangenheit. Ist Ihnen das gelungen, dann können Sie wieder neu anfangen und mit Hilfe von Vorstellungen, die Ihr Selbstbewußtsein stärken, Ihr Leben in neue Bahnen lenken.

Verdrängung kann verschiedene Formen annehmen. Verdrängte Erinnerungen können unter anderem in Form von Angstzuständen, Panikanfällen, Depressionen oder psychosomatischen Krankheiten an die Oberfläche treten. Jeder, der schon einmal von plötzlicher Angst übermannt worden ist, weiß, wie grundlos dieser Anfall zu sein scheint.

Man fühlt sich depressiv und würde sich am liebsten im Bett verkriechen, die Decke über den Kopf ziehen und die ganze Welt aussperren; aber Sie wissen nicht, *warum* Sie sich so fühlen. Wenn Sie erst einmal so stark aus dem Gleichgewicht geraten sind, dann brauchen Sie Hilfe von außen. Bevor Sie ein neues Leben anfangen können, müssen Sie Ihre Vergangenheit in Ordnung bringen.

Es hat keinen Sinn, die Vergangenheit zu ignorieren oder zu verleugnen. Je schneller Sie vor ihr weglaufen, desto schneller rennt sie hinter Ihnen her. Mit Davonlaufen werden Sie gar nichts los. Sie müssen sich umdrehen und sich mit der Vergangenheit konfrontieren – nur dann wird sie Sie für immer in Ruhe lassen. Suchen Sie einen guten Therapeuten für analytische Hypnosetherapie auf. Er wird Ihnen dabei helfen, in verhältnismäßig kurzer Zeit (gewöhnlich zwischen 8 und 15 Sitzungen) in Ihrem Unterbewußtsein die Ursache Ihres Problems zu finden. Zur Veranschaulichung möchte ich Ihnen von einer Klientin erzählen, die mit Hilfe einer Hypnoanalyse-Therapie ihre Probleme in den Griff bekam.

Diese 45jährige Klientin, nennen wir sie Marie, suchte mich auf wegen eines allgemeinen Gefühls der Angst und Verwirrung und weil sie das Gefühl hatte, ihr Leben nicht im Griff zu haben. Sie litt unter verschiedenen Phobien und hatte große Angst, mit ihrem Auto zu fahren. Auch berichtete sie, daß sie sich immer für alles, was in ihrer Familie schiefging, persönlich verantwortlich fühlte, auch wenn die Schuld oft gar nicht bei ihr lag.

Zuallererst machte ich Marie mit Entspannungsübungen vertraut, an denen sie recht bald Gefallen fand. Ich nahm eine Selbsthypnosekassette für sie auf und forderte sie auf, sie wenigstens einmal täglich in den nächsten drei Wochen anzuhören. Gleichzeitig stellten wir ein Skript zusammen, um ihr dabei zu helfen, ihre Angst vor dem Autofahren zu überwinden (siehe Skript Seite 94).

Nachdem sie zwei Wochen mit dem Skript gearbeitet hatte, berichtete sie, daß sie wieder begonnen hätte, mit ihrem Auto zu fahren. Sie zeigte voller Stolz auf einen Mini vor meiner Praxis und sagte, sie hätte sich heute dazu entschlossen, mit dem Auto zu kommen, anstatt zu Fuß zu gehen. Sie war sehr stolz auf diesen Fortschritt, und das ganz zu Recht.

Um ihre anderen Probleme anzugehen, machte ich eine Analyse unter Hypnose mit ihr. Sie erwies sich als sehr gute Hypnosepatientin. Ich forderte Sie auf, sich an Ereignisse aus früheren Jahren und besonders aus Ihrer Kindheit zu erinnern. Während sie sich in Hypnose befand, ermutigte ich sie zu erzählen, was ihr gerade an Erinnerungen durch den Kopf ging, gleichgültig, ob diese ihr wichtig schienen oder nicht.

Marie erinnerte sich an viele traumatische Ereignisse aus ihrer Kindheit. Sie war eines von sechs Kindern, hatte eine Mutter, der es schwerfiel, Zuneigung zu zeigen, und einen Vater, den sie wegen seiner Intelligenz und Beliebtheit sehr bewunderte, den sie aber gleichzeitig wegen seines gewalttätigen Naturells in betrunkenem Zustand (und er betrank sich häufig) fürchtete. Sie konnte sich nicht erinnern, daß die Eltern sie je für etwas gelobt hatten.

In einer der Sitzungen erinnerte Marie sich daran, wie ihr Vater eines Abends betrunken nach Hause kam. Als er seine Frau nicht zu Hause vorfand, schickte er die Kinder aufs Zimmer und befahl ihnen, dort zu bleiben. Maries Mutter war ins Dorf gegangen, um ihren Mann zu suchen, aber der Vater war wütend, weil sie nicht zu Hause war. Er verdächtigte sie, eine Affäre zu haben, und begann zu schimpfen und zu toben, holte sein Schrotflinte hervor und drohte, die Mutter bei ihrer Rückkehr zu erschießen.

Die Kinder saßen auf ihren Betten und hatten fürchterliche Angst. Maries jüngere Geschwister fingen an zu weinen. Marie hatte zwar selbst große Angst, wollte aber trotzdem aus dem Haus rennen, um die Mutter zu warnen. Sie nahm allen Mut zusammen und ging die Treppe hinunter, aber ihr Vater hielt sie auf, drohte ihr und befahl ihr, sofort ins Bett zurückzugehen.

Marie hatte nun so große Angst, daß sie gehorchte. Sie ging zurück nach oben, konnte aber nicht einschlafen. Sie war ganz durcheinander und fühlte sich ohnmächtig, da sie nicht wußte, wie sie das drohende Unheil verhindern sollte.

Schließlich kam ihre Mutter nach Hause und schaute durch das Fenster. Maries Vater sah sie und schrie sie an, sie solle weggehen, sonst würde er sie erschießen. Die Mutter ging fort und kehrte mit einem Nachbarn zurück. Daraufhin ließ der Vater beide ins Haus und wurde wieder vernünftiger.

Zu Beginn der nächsten Sitzung berichtete Marie, daß sie große Erleichterung verspürt hätte, weil sie sich diese Situation wieder ins Gedächtnis gerufen hatte, und meinte, sie fände es nun leichter, an die Vergangenheit zu denken. Ich freute mich über diesen anfänglichen Erfolg, vermutete aber, daß sich hinter ihren Problemen mehr verbarg als nur dieser eine Vorfall.

Bei einer späteren Sitzung erinnerte sich Marie an eine Zeit, als sie ungefähr zehn Jahre alt war und bei einem gemeinsamen Ausflug mit ihrem Vater in einem Bett schlafen mußte. Marie wurde sehr emotional bei der Erinnerung daran, wie er versucht hatte, sie unsittlich zu berühren. Sie brach in Tränen aus und erzählte, wie sie versucht hatte, ihn abzuwehren, und wie beschämt sie wegen des Vorfalls war, ohne jedoch in der Lage zu sein, mit jemandem darüber zu sprechen. Marie weinte eine Zeitlang, aber dann beruhigte sie sich. Sie hatte deswegen ihr ganzes Leben lang ein schlechtes Gewissen gehabt, aber nun kam ihr zum ersten Mal die Wut hoch.

Nachdem ich sie aus der Hypnose zurückgerufen hatte, hatten wir ein abschließendes Gespräch darüber, was sie über sich selbst herausgefunden hatte. Marie sagte, daß sich plötzlich alles zu einem Bild zusammenfüge. Sie erkannte nun, warum sie ihr Leben lang ein schlechtes Gewissen gehabt hatte, und stellte fest, daß dies nun nicht mehr notwendig war, da sie wußte, woher dieses negative Gefühl kam. Ihre Angst war verschwunden.

Wenn Sie irgendeine der Übungen in diesem Buch ausprobiert haben, dann können Sie sich schon gut vorstellen, wie man sich im hypnotisierten Zustand fühlt, denn die Entspannungs- und Vorstellungsübungen sind nichts anderes als Selbsthypnose. Wenn ein anderer Sie hypnotisiert, werden Sie sich wahrscheinlich lediglich noch entspannter und losgelöster fühlen als bei der Selbsthypnose. Sie sind jedoch nicht bewußtlos. Ein Hypnosetherapeut kann Ihnen nicht seinen Willen aufzwingen oder Sie dazu bringen, etwas gegen Ihren Willen zu tun, oder kann Geheimnisse aus Ihnen herauslocken, die Sie nicht aufdecken wollen. Der Hypnosetherapeut ist auf Ihre Mitarbeit angewiesen – nur dann kann er Ihnen helfen.

Um einen guten Therapeuten zu finden, wenden Sie sich an eine der großen Organisationen, die Ihnen einen Spezialisten in Ihrer Nähe vermitteln können (siehe auch Buchklappe hinten). Gehen Sie zu einer Konsultation und schauen Sie sich den Therapeuten gut an.

Wenn Ihnen der Therapeut nicht zusagt, dann fangen Sie keine Therapie bei ihm an. Vertrauen Sie Ihrem inneren Gefühl. Wenn Sie ein schlechtes *Gefühl* haben, liegen Sie nicht auf der gleichen Längenwelle. Sie würden nur Ihre Zeit und Ihr Geld verschwenden, und Ihre Erfolgsaussichten wären beträchtlich herabgesetzt, wenn Sie eine Therapie bei jemandem begännen, dem Sie nicht vertrauen.

Haben Sie einmal mit Ihren Therapiesitzungen angefangen, sollten Sie die Therapie bis zum Schluß durchziehen. Unter Therapeuten ist es allgemein bekannt, daß Klienten nach einer gewissen Anzahl von Sitzungen ein Gefühl der Niedergeschlagenheit und Angst verspüren. Das ist ganz normal und nur ein Zeichen dafür, daß Sie sich dem entscheidenden Punkt nähern. Psychoanalyse im Rahmen einer Hypnosetherapie kann ein unschätzbares Mittel sein, um an die Wurzel eines Problems zu gelangen.

Unterschiedliche Menschen reagieren unterschiedlich auf Hypnose. Einige sagen mir nach einer Sitzung, sie hätten sich überhaupt nicht hypnotisiert gefühlt, sie seien sich vollkommen normal vorgekommen, so als ob sie einfach nur dalägen und auf meine Stimme hörten. Mitunter sind sie sogar enttäuscht, weil sie gehofft hatten, sich wie in einem Trancezustand zu fühlen, aber damit hat Hypnose nichts zu tun. Die Vorstellung, daß man sich in einem Trancezustand befindet, ist ein Mythos, der wohl durch Filme entstanden ist, in denen ein Mann mit bösem Blick in einem schwarzen Umhang gezeigt wird, der vor einer gutaussehenden jungen Frau eine Uhr hin und her schwingt; daraufhin bekommt die Frau glasige Augen und rammt ihrem Mann ein Küchenmesser in den Bauch. Zum Glück ist es nicht möglich, einen anderen durch Hypnose in dieser Weise zu manipulieren.

Manche empfinden unter Hypnose vielleicht ein Gefühl körperlicher Leichtheit oder Schwere. Einige berichten, daß sie sich während der Sitzung ganz normal fühlten, aber hinterher das Gefühl hatten, sie hätten stundenlang geschlafen. Natürlich war das nicht der Fall, denn sie können sich ganz deutlich an alles erinnern, was ich zu ihnen während der Sitzung gesagt habe.

Ganz gleichgültig, wie Ihre eigenen Erfahrungen während der Hypnose ausfallen, ob Sie sich anders fühlen als im normalen Wachzustand oder nicht, mit dem Ergebnis selbst hat das nichts zu tun. Es ist schon oft vorgekommen, daß Klienten mir versicherten, sie wären überhaupt nicht hypnotisiert gewesen, nur um mir eine Woche später zu erzählen, daß sie mit dem Rauchen aufgehört haben.

Überlassen Sie die Entscheidung, ob Sie nun hypnotisiert waren oder nicht, dem Therapeuten. Er wird aufgrund einiger ihm sichtbaren Anzeichen sagen können, ob Sie den angestrebten Zustand erreicht haben oder nicht. Sollten Sie Probleme haben, sich zu entspannen, dann benötigen Sie vielleicht ein oder zwei Sitzungen, um sich für die Hypnose vorzubereiten.

Auf jeden Fall lohnt sich eine Hypnosetherapie, denn sie unterstützt Sie dabei, Ihre inneren Ressourcen zu aktivieren, ohne daß Sie deshalb zu Pillen und Tabletten greifen müssen. Bereits eine Hypnosesitzung unter Anleitung eines Therapeuten kann Ihnen helfen, Ihre eigenen Suggestionen zu verstärken, falls Sie damit Schwierigkeiten haben.

Was Sie in Ihr Unterbewußtsein eingeben, bestimmt, wie Sie Ihr Leben erfahren. Warum sollten Sie also Ihr Leben nicht zum Positiven hin verändern?

Gelenkte affektive Metaphorik

Eine andere Methode, um verdrängte Erinnerungen wieder greifbar zu machen und zu verarbeiten, nennt sich »Gelenkte Affektive Metaphorik« (GAM). Ich wende diese Methode bei Klienten an, die Schwierigkeiten haben, sich in den hypnotisierten Zustand zu begeben, oder die Probleme haben, sich an ihre Kindheit zu erinnern.

Anstatt den Klienten zu hypnotisieren, verhilft man ihm nur zur Entspannung. Anstatt zu sagen: »Sie sind nun entspannt«, benutzt der Therapeut die Worte: »Lassen Sie die Arme locker werden, lassen Sie Ihre Beine locker werden ...« usw. Der Unterschied ist, daß in der Hinführung zur Hypnose dem Klienten gesagt wird, was geschehen *wird*, bei GAM dagegen wird der Klient aufgefordert, es selbst geschehen zu lassen.

GAM arbeitet mit symbolischen Vorstellungen unterbewußter Probleme. Der Klient wird aufgefordert, sich eine bestimmte Landschaft vorzustellen. Das kann beispielsweise eine Wiese, ein Bach, ein Wald oder ein Berg sein. Der Therapeut schlägt eines dieser Bilder vor, nehmen wir einmal an, eine Wiese, und bittet den Klienten, ganz genau zu beschreiben, wie die Wiese in seiner Vorstellung aussieht. Der Klient entwickelt ein spontanes geistiges Bild, das einen Einblick in seine Einstellung und seinen Background vermittelt. Eine Wiese mit weichem grünem Gras und vielen Blumen spiegelt beispielsweise eine emotional stabile Persönlichkeit wider. Ein Stück Wiese mit kurzem, hartem Gras, das von hochgewachsenen Hecken umgeben ist, deutet dagegen auf den Verteidigungsmechanismus eines ängstlichen und gehemmten Menschen hin.

Emotionale Probleme drücken sich in der Symbolik der Landschaft und in den dort vorhandenen Tieren oder Gegenständen aus. Werden andere Menschen als weit entfernte Häuser wahrgenommen, ist dies ein Zeichen für die Distanz, die der Klient zu anderen hat. Eine gefährliche Situation kann bei GAM die Erscheinungsform eines wilden Tieres, etwa eines Löwen oder eines Monsters, annehmen. Die Symbolik bei GAM enthält oft Phantasiegestalten oder Märchenfiguren. Jeder einzelne Klient drückt sich anders aus.

GAM gewährt dem Therapeuten nicht nur Einblick in den emotionalen Zustand des Klienten, sondern gibt ihm gleichzeitig ein Werkzeug an die Hand, eine positive Veränderung herbeizuführen. Alte Ängste können bekämpft werden, indem der Therapeut dem Klienten dabei hilft, sich mit ihnen in seiner Vorstellung auseinanderzusetzen. Hier sind einige Beispiele, die die Funktionsweise von GAM veranschaulichen.

Fall 1

Eine meiner Klientinnen, die unter Depressionen und Angst litt, stellte sich eine Wiese vor, die von einer hohen Dornenhecke umgeben war. Auf diese Weise konnte sie nicht erkennen, was hinter ihrem kleinen Stück Wiese lag.

Sie fühlte sich durch diesen beschränkten Raum eingeengt, aber gleichzeitig hatte sie Angst vor dem, was außerhalb der Umfriedung lag. Ich ermunterte sie, die Hecke entlangzugehen und nach einer Lücke Ausschau zu halten, und schließlich entdeckte sie eine. Nach langem Zögern erklärte sie sich bereit, durch das Loch in der Hecke zu kriechen und sich über ihre Grenzen hinaus zu wagen, um herauszufinden, ob ihre Ängste vor der Außenwelt berechtigt waren. Sie war überrascht, eine schöne, offene Landschaft vorzufinden und, obwohl sie sich noch immer ganz in der Nähe der umfriedeten Wiese befand, hatte sie doch das Gefühl, etwas erreicht zu haben, weil sie den Schritt ins Ungewisse gewagt hatte. In der nächsten Sitzung berichtete sie, daß sie sich, nach langer Zeit, zu einem Schaufensterbummel in die Stadt gewagt hatte.

Fall 2

Ein anderer Klient sah sich außerstande, Dinge in seinem Leben zu Ende zu führen. Sobald ein Problem auftauchte, gab er sein Vorhaben auf und war dann enttäuscht und wütend auf sich. Er hatte ein negatives Selbstbild, das ihn daran hinderte, hartnäckig zu bleiben, und sein mangelndes Durchhaltevermögen wiederum verstärkte dieses negative Selbstbild. Er saß wirklich in der Falle.

In seiner Vorstellung sah er einen riesigen Berg am Ende der Wiese und meinte, die Aussicht vom Gipfel könnte sehr schön sein. Sobald er aber bei den Gebirgsausläufern angekommen war und erkannte, wie steil der Aufstieg war, wollte er sofort wieder aufgeben.

Ich ermutigte ihn, nach Hilfsmitteln Ausschau zu halten, die ihm beim Aufstieg helfen könnten, und schließlich fand er eine Bergsteigerausrüstung. Er begann langsam, den Berg zu besteigen, und beschrieb, wie er dabei immer weiter vorankam.

Als er müde wurde, setzte er sich, um sich auszuruhen. Dann beschloß er, er könnte nicht weitergehen. Ich fragte, ob es irgend etwas oder irgend jemandem gäbe, das oder der ihm behilflich sein könnte, die restliche Strecke bis zum Gipfel zurückzulegen. Er antwortete ganz spontan, daß er in der Tat einen Mann sehe, der den Gipfel bereits erreicht habe. Er rief zu ihm hinauf und bat ihn um Hilfe. Der andere Mann ließ ein starkes Seil herab, das der Klient sich umband, und so, während der Mann von oben zog und er selbst kraftvoll hochkletterte, kam er schließlich am Gipfel an und genoß dort oben die herrliche Aussicht. Gleichzeitig empfand er ein großartiges Gefühl des Glücks und der Erfüllung. Als er die Augen wieder aufmachte, sagte er zu mir, daß er sich so erschöpft fühle, als ob er den Berg wirklich erstiegen hätte.

Nach einigen weiteren Sitzungen, in denen er andere Hindernisse überwunden und dabei herausgefunden hatte, was hinter seiner fehlenden Ausdauer steckte, sah er sich in der Lage, seine gedachten Erfolge in die Wirklichkeit umzusetzen. Er beschloß, endlich die Prüfung zu machen, die er bereits seit einiger Zeit vor sich herschob, und zuletzt hörte ich von ihm, daß er die Prüfung bestanden und nun eine neue berufliche Laufbahn eingeschlagen hatte, die ihm viel Spaß machte.

Fall 3

Ein junges 21jähriges Mädchen suchte mich eines Tages in meiner Praxis auf. Sie litt unter Angstzuständen und nahm Beruhigungsmittel, seit sie sechzehn war.

Da sie sehr nervös war, ließ ich sie in der ersten Sitzung die Entspannungsübungen machen, die sie auch zu Hause üben sollte. In der zweiten Sitzung begannen wir mit GAM, was ihr recht leicht zu fallen schien. Sie konnte die Szenen in lebendigen Farben und mit vielen Details »sehen«.

Ein Pfad führte sie von ihrer Wiese zu einem Haus am Ende der Welt. Niemand war zu sehen, und darum forderte ich sie auf, in das Haus hineinzugehen und mir zu sagen, wie es innen aussah. Zuerst ging sie in die Küche, die ganz weiß und sehr ordentlich war. Beim Öffnen der Schränke stellte sie jedoch fest, daß sie voller Nahrungsmittel waren. Das Wohnzimmer war sehr gemütlich, mit bequemen Sesseln und Sofas, es gab keine Bilder an den Wänden.

Dann stieg sie eine enge Treppe hinauf und kam zu zwei kleinen Schlafzimmern, von denen eines völlig leer war. Im anderen Schlafzimmer stand ein leerer Kinderwagen, aber es lag kein Baby darin. Neben dem Kinderwagen stand ein Stuhl. Sonst war nichts in dem Zimmer. Kein Spielzeug, keine Babysachen.

Sie stellte auch fest, daß es im Haus sehr dunkel war, obwohl es draußen sehr hell war und das Haus große Fenster hatte.

Ich bat sie, nach dem Keller zu suchen. Sie ging hinaus und fand neben der Eingangstür eine schäbige Tür, die zu öffnen sie sich weigerte. Sie hatte den Eindruck, das Hause gehöre einem Mann, der es nur an Wochenenden nutze. Sie wollte nicht in den Keller hinuntergehen, weil das der »intimste Ort im ganzen Haus« sei.

In einer der folgenden Sitzungen überredete ich sie, doch in den Keller hinabzusteigen. Da sie das sehr beunruhigte, machte ich den Vorschlag, sie solle ein magisches Schwert mitnehmen, daß sie zu ihrer Verteidigung benutzen könne, sollte es notwendig sein.

Als sie die Treppe hinabstieg, hörte sie ein Tier knurren, und dann sah sie ein riesiges hundeähnliches Wesen, das sich ihr zähnefletschend näherte. Sie hatte schreckliche Angst, benutzte aber das Schwert, um den Angreifer abzuwehren, und stieß so lange mit ihrer Waffe auf den Hund ein, bis der tot am Boden lag. Sie begann zu schluchzen und erklärte, das Tier wäre ihr Vater gewesen, der die Familie sein ganzes Leben lang terrorisiert hätte. Er war Alkoholiker, und wenn er nachts nach Hause kam, verprügelte er Frau und Kinder und schlug das Mobiliar kurz und klein.

Später fand sich dann auch die Erklärung für den leeren Kinderwagen: Die Klientin hatte einige Jahre zuvor einmal abgetrieben und fühlte sich deswegen schuldig.

Nachdem ihr diese Verbindungen klargeworden waren, erkannte sie, daß das Haus ihr eigenes Leben symbolisierte, wobei der Keller ein Symbol für ihre Kindheit war. Sie verstand plötzlich, warum sie angenommen hatte, das Haus gehöre einem Mann. In ihrem ganzen Leben hatte sie Frauen immer als schwach und hilflos kennengelernt und Männer als diejenigen, die die Kontrolle hatten und denen alles gehörte. Darum war es nicht möglich, daß ihr als Frau etwas gehörte, auch nicht ihr eigener Körper. Mit der Abtreibung hatte sie dem Druck ihres Freundes nachgegeben, obwohl sie selbst das Baby gewollt hatte.

Nachdem sie den Kampf mit dem Vater hinter sich gebracht hatte, hörten ihre Angstzustände auf, und nun kann sie allmählich unter ärztlicher Überwachung die Beruhigungsmittel absetzen.

Zusammenfassung

GAM wie auch die Hypnose und Selbsthypnose nutzen die Kräfte des Unterbewußtseins. Einige Menschen haben Bedenken, weil sie sich hierbei »Dinge ausdenken«. Aber überlegen Sie doch einmal, wie viele verschiedene Häusertypen man sich vorstellen kann. Wenn man sich schließlich für ein ganz bestimmtes Modell entscheidet, dann wird offensichtlich, daß diese Entscheidung von dem emotionalen Zustand und der eigenen Vergangenheit diktiert wird. Das Bild, das Sie sich aussuchen, steht immer in Zusammenhang mit etwas, das sich in Ihrem Leben wirklich zugetragen hat, auch wenn es sich nur symbolisch äußert. Die Metaphorik bei GAM gibt dem Unterbewußtsein die Möglichkeit, sich dem Klienten gegenüber in einer weniger bedrohlichen

Form auszudrücken, als es bei der Erinnerung an das tatsächliche Ereignis der Fall wäre.

Sie werden sich erinnern, daß das Unterbewußtsein nicht zwischen Vorstellung und Realität unterscheiden kann. Haben Sie sich mit einem beunruhigenden Ereignis der Vergangenheit emotional auseinandergesetzt, dann verliert es seinen negativen Einfluß. Ein gutes Ergebnis hängt nicht davon ab, ob diese Aufarbeitung nun symbolisch geschieht oder dadurch, daß man das tatsächliche Ereignis unter Hypnose noch einmal erlebt.

Positives Denken ist ein weiteres Hilfsmittel, mit dem Sie Ihr Leben zum Besseren wenden können, und es funktioniert auf ähnliche Weise. Nutzen Sie die Kräfte Ihres Unterbewußtseins zu Ihrem Vorteil, und Sie können erreichen, was immer Sie wollen.

Merke

Es ist ganz egal, aus welcher Richtung der Wind weht. Wichtig ist nur, wie Sie Ihr Segel setzen.

Merksätze

Je mehr man versucht, etwas nicht zu tun, desto unwiderstehlicher wird es.

Der beste Zeitpunkt, neue Vorsätze umzusetzen, ist jetzt (und nicht der 1. Januar).

Stehen Willenskraft und Vorstellungsvermögen miteinander im Widerspruch, setzt sich das Vorstellungsvermögen letztlich durch.

Geben Sie niemals auf!

Ist die Tatsache-Erinnerung-Verhaltenskette einmal hergestellt, funktioniert sie automatisch.

Gefühle, die in der Erinnerung gespeichert sind, drücken sich immer als Verhalten aus.

Je öfter eine Botschaft wiederholt wird, desto tiefer prägt sie sich im Unterbewußtsein ein.

Je intensiver das Gefühl, das ein bestimmtes Ereignis begleitet, desto intensiver prägt sich dieses Gefühl im Unterbewußtsein ein.

Die Qualität Ihrer Gedanken bestimmt die Qualität Ihres Lebens.

Was Sie an andere aussenden, kommt wie ein Bumerang zu Ihnen zurück.

Jemand, der interessiert ist, ist auch interessant.

Es ist von größter Wichtigkeit, daß Sie sich um sich selbst kümmern und danach streben, glücklich zu sein.

Jede Errungenschaft hat ihren Ursprung in einer Idee.

Körperliche Anspannung erzeugt geistige Anspannung.
Geistige Anspannung erzeugt körperliche Anspannung.

Je krampfhafter Sie versuchen, sich zu entspannen, desto weniger gelingt es Ihnen.

Sie können es, weil Sie glauben, daß Sie es können.

Andere können Ihre Gedanken nicht lesen.

Sie selbst sind Ihr bester Freund. Seien Sie nett zu sich.

Das Äußere ist ein Spiegelbild des Inneren.

Je höher der Aufwand an Willenskraft, desto schwerer läßt sich ein Ziel erreichen.

Nur weil Sie momentan keinen Ausweg sehen, heißt das nicht, daß es keinen Ausweg gibt.

Glauben Sie nicht an Wunder. Verlassen Sie sich auf sie.

Letztendlich klappt alles.

Was Sie einmal vollbringen können, können Sie immer wieder vollbringen.

Wenn Sie gewinnen wollen, müssen Sie auch mal was riskieren.

Alles, worüber Sie lange nachdenken, wird größer.

Jeder hat sowohl Rechte als auch Pflichten.

Glauben Sie an sich.

Es ist ganz in Ordnung zu sagen, was man will.

Sie können nicht jedem gefallen, also versuchen Sie es erst gar nicht.

Es ist ganz egal, aus welcher Richtung der Wind weht.
Wichtig ist nur, wie Sie Ihr Segel setzen.

Stichwortverzeichnis